숭실대학교 한국문학과예술연구소 학술총서 54

[개정판] 千字文 註解
천자문 주해

주흥사 저
조규백 역주

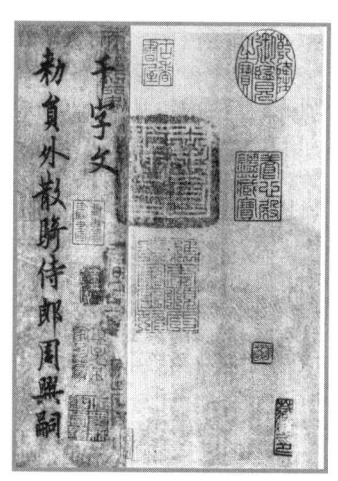

明文堂

序文

　『천자문(千字文)』은 1400~1500년 전, 중국 남북조시대 양(梁)나라의 주흥사(周興嗣)가 양무제(梁武帝)의 명(命)에 따라 하루 밤새에 지은 1천 자로 된 고시(古詩) 형태의 4언시(四言詩)이다. 그 구성이 짜임새가 있고 함축된 뜻이 깊고 오묘하다. 이를 짓는데 워낙 고심한 까닭으로, 주흥사는 검었던 머리가 밤새 하얗게 변했다는 전설이 있다.

　예로부터 우리나라 사대부 집안의 아들이라면 누구나 암송해야 하는 한학(漢學) 교육의 입문서가 바로 『천자문』이다. 첫머리의 "천지현황(天地玄黃)" 곧 '하늘 천, 따 지, 검을 현, 누를 황'은 누구나 익히 알고 있다. 필자도 중국학으로서의 한학을 공부하는데 있어 이 책이 필독의 입문서라고 말하는 것을 주저하지 않는다. 그러나 『천자문』은 전공자가 읽기에도 쉽지 않은 구절이 많다. 이 어려운 천자문을 어떻게 하면 쉽게 공부할 수 있을까, 고민을 많이 하였다. 쉽게, 또 명료하게 핵심을 빠뜨리지 않도록 의도하였다.

　조선시대에는 『천자문』을 5~10세 어린이가 배웠다. 학동(學童)이 공부할 때에는 한자의 읽기와 쓰기를 배우는 입문서이다. 그 어린이가 훗날 성장함에 따라 글자 자체의 의미는 물론 외울 당시는 몰랐던 우주와 자연, 그리고 정치·사회·역사·문화 및 올바른 삶의 자세 등 인간사를 두루 언급한 『천자문』의 이치를 자연히 깨닫게 되어 각 방면의 무한한 가능성의 열쇠를 보유하게 되는 것이다. 또 50~60대 교사나 교수가 가르치기 위해 준비하는 경우, 한학(漢學)의 기초를 튼튼히 하는 교학(敎學)의 자료이자 한학의 이치를 푸는 열쇠요, 나아가 하늘과 땅, 그리고 사람의 오묘한 이치를 터득하는 하나의 문화적 코드라 할 수 있다.

『천자문석의(千字文釋義)』(淸, 汪嘯尹 纂輯, 孫謙益 參注)에 의하면, 『천자문』의 내용은 크게 ①**하늘과 땅과 사람의 도(道)**, ②**군자의 수신(修身)하는 도**, ③**통치자의 천하 경영**, ④**은거하는 선비의 처신과 치가(治家)의 도** 등의 네 부분으로 나눌 수 있다.

한 구 한 구 전체의 천자문을 검토해 보면 암암리에 전체적인 조화의 세계를 추구하고 있음을 알 수 있다.

요즘 알게 된 사실이 있다. 오래된 천자문 판본인『지영진서천자문(智永眞書千字文)』(수대隋代)과 『구양순행서천자문(歐陽詢行書千字文)』(당대唐代 초기)에는 "榮業所基, 藉甚無竟(영업소기, 자심무경 : 영화로운 사업의 기초가 되는 바이니, 명성이 자자하여 끝이 없으리라)"으로 되어 있다. 또 "升階納陛, 弁轉疑星(승계납폐, 변전의성 : (신하가) 계단을 올라 천자에게 인사드리니, (신하가 쓰는) 고깔의 (구슬) 움직임이 마치 별과 같이 반짝인다)"으로 되어 있다.

현재 천자문의 여러 통행본에는 "榮業所基, 籍甚無竟(영업소기, 자심무경)"으로 되어 있고, "陞階納陛, 弁轉疑星(승계납폐, 변전의성)"이라고 되어 있다.

지영과 구양순의 글자가 더 합리적이다. 오래된 천자문 판본의 가치를 알게 된 것도 본서를 집필하면서 얻은 수확의 하나이다.

나는 20~30대 시절, 수준 높은 한학자(漢學者) 선생님들을 모시고 사서오경(四書五經) 등 수많은 중국고전(中國古典) 원전(原典)을 공부하여 많은 심득(心得)이 있었다. 물론 제대로 모르고 지나간 부분도 매우 많았다. 훗날 저절로 터득하게 된 부분도 있고, 강의 준비를 통해, 연구를 통해 이해한 부분도 있다. 그래서인지 한학 공부에 있어 "서두르지 말고 천천히, 느릴수록 좋다"라는 말은 나의 경험담이다.

이 『천자문』의 역주에는 한학자 연청(研靑) 오호영(吳虎泳) 선생님의 강(講)에 힘입은 바가 크다. 오래 전엔 서울 북가좌동 댁으로, 또 그 이후 여러 해 동안은 방학 중 틈틈이 선생님께서 귀향하신 보은(報恩)의 댁에 가서 기숙하며 중국고전 강(講) 및 시대의 이야기, 선비로서의 삶 이야기 등을 듣곤 했다. 그 가운데는 『천자문』도 들어있었다. 2006년 선생님은 89세로 영면(永眠)하셨다. 노사(老師)께 깊이 감사드리며 명복을 빈다. 2009년 내가 제주도로부터 귀경한 후, 그의 아드님 한학자 오규근(吳圭根) 선생님을 북가좌동 댁으로 찾아뵙고 질문을 통해 가르침을 받았다. 그도 벌써 78세이시다. 한학의 실력자인 그는 『천자문』에 관한 질문에 일일이 답해주셨다. 두 분께 깊이 감사드린다.

본서는 학술적 가치가 높은 청대(淸代)의 『천자문석의(千字文釋義)』를 많이 참조하였다. 더불어 단국대출판부에서 영인한 조선시대의 세 가지 판본 『광주천자문(光州千字文)』·『석봉천자문(石峰千字文)』·『주해천자문(註解千字文)』도 참조하였다. 특히 『주해천자문』은 나름의 가치가 있는 책으로 옆에 비치하여 자주 보곤 했다.

『천자문』은 원문 그 자체도 쉽지 않지만 그 주해(註解) 역시 쉬운 작업은 아니라는 것을 실감한다. 나 자신도 역주 작업을 통해 학문과 인생 공부(工夫)를 많이 하게 되었다고 자부한다.

나의 아들딸, 그리고 이 땅의 젊은이들을 위해 중국고전과 『천자문』에 관한 책을 남겨주는 것은 나의 오랜 희망이었다. 여기서는 어려운 천자문을 가급적 쉽게 풀이하려고 노력하였다.

독자들이 이 책을 차근차근 공부하면서 『천자문』의 한자(漢字) 쓰기도 꾸준히 연습한다면, 어느 분야로 나가든 좋은 기초가 될 것을 믿어 마지않는다. 초학자, 초중고생, 대학생, 한문을 기초부터 탄탄히 공부하고자 하는 분, 나아가 한자나 한문을 가르치는

분을 위해서도 도움이 될 수 있도록 했다. 한문 실력과 인생의 기초를 닦는 입문서로서, 훗날 그들이 입신양명(立身揚名)하는데 일조하기를 바란다.

  부족한 점에 대해선 제현(諸賢)의 질정(叱正)을 부탁드린다.

  좋은 책 출판을 사명으로 알고 계신 선비인 명문당 출판사의 김동구 사장님, 편집과 교정을 맡아 힘써주신 이은주 선생님 등 출판사 관계자들께 감사드린다.

방배동 상우재(尙友齋)에서
曹圭百 삼가 고쳐 쓰다
2016년 9월 27일

2017년 9월 6일
다시 고쳐 쓰다

凡 例

❖ 본서는 『천자문』에 대한 주해(註解)이다.

❖ 본서는 『지영진서천자문(智永眞書千字文)』(진陳나라~수隋나라)을 저본으로 삼았다. 이는 현존 최고(最古) 천자문 판본의 하나이다. 이를 따르지 않을 경우, 저본의 글자를 표기해 놓았다. 그 외에도 여러 판본의 천자문을 참조하여 이본(異本)의 글자는, "어떤 판본에는, 某字"로 부기(附記)하였다.

❖ 해석은 원의(原義)에 충실하게 직역하였다. 직역을 기초로 해야 한학(漢學) 실력이 배가된다는 것이 역주자의 오랜 경험이기 때문이다. 직역만으로는 이해가 불충분할 경우, 직역의 뒷부분에 이해의 편의를 위해 그 보충의미를 부가하여 의역(意譯)하였다.

❖ 훈음(訓音)에 있어, 자의(字義)는 한 글자에 훈(訓)이 여러 개 있는 경우, 가장 많이 쓰이는 훈을 앞에 배열하고, 천자문에서 쓰이는 의미의 훈을 아울러 배열하였다. 자해(字解)에서는 사전류를 많이 참조하였고, 한자(漢字 : 중국어) 훈(訓)의 경우, 청대(淸代)의 『천자문석의(千字文釋義)』를 많이 따랐다.

❖ 주해(註解)의 경우, 자의(字義)와 구(句)의 의미를 명확하게 하였다. 한학자 오호영, 오규근 선생님의 천자문 강의를 바탕으로 하였고, 청대 『천자문석의(千字文釋義)』(淸, 汪嘯尹 纂輯)와 조선시대 홍성원(洪聖源)의 『주해천자문(註解千字文)』(성백효 역주, 이충구 역주, 허경진 편역)을 많이 참조하였다. 최근에 여러 학자들이 집필한 한국학중앙연구원출판부 간본에서도 그 장점을 취할 수 있었다. 그리고 중국의 이일안(李逸安) 역주본[中華書局], 대만의 마자의(馬自毅) 역주본[三民書局], 국내의 일본 소천환수(小川環樹), 본전장의(本田章

義) 주해본을 신정근이 한역(韓譯)한 책도 참고하였다. 물론 전반적인 맥락은 본인의 견해를 가미하여 통일하였다. 관련된 글자나 어구의 경우, 중국의 13경(經), 제자백가(諸子百家), 기타 문사철(文史哲)의 원전(原典), 사전류 등을 풍부하게 인용하여 폭넓게 이해할 수 있도록 했다. 이 경우 상당수는 각기 여러 번역서의 힘을 빌렸다. 때로 원의에 충실하면서 의미를 이해하기 쉽도록 필자의 뜻대로 가감하기도 하였다. 일일이 출처를 밝히진 않았으나 역자들의 높은 뜻을 마음에 새긴다.

❖ 현토(懸吐)에 있어서는 한학자 고(故) 연청(研靑) 오호영(吳虎泳) 선생님과 그 아드님 오규근(吳圭根) 선생님의 토(吐)를 중심으로 했다.

❖ 절(節)마다 그 핵심을 요약해 일목요연하게 파악할 수 있도록 하였다.

❖ <부록>으로 『지영진서천자문(智永眞書千字文)』(진陳나라~수隋나라), 『구양순행서천자문(歐陽詢行書千字文)』(557~641)의 원문(原文)을 실어 독자들이 옛 중국 천자문 진필의 문헌적 가치를 알게 하고, 또 그 글씨를 보면서 참조할 수 있도록 하였다.

천자문 해제

『천자문』에 대한 이해를 쉽게 하기 위해 먼저 천자문에 대한 이일안(李逸安)의 글을 번역해 인용한다.

『천자문』은 중국 남조(南朝)의 주흥사(周興嗣, ?~521년)에 의해서 만들어졌다. 주흥사는 자(字)가 사찬(思纂)으로, 지금의 하남성 항성(項城) 사람이다. 조상은 일찍이 한(漢)나라 태자의 스승을 맡았으며, 가학의 소양이 두터웠다. 주흥사는 당시 문학으로 이름이 나서, 양 무제(梁 武帝) 소연(蕭衍)의 알아줌을 입어, 산기시랑(散騎侍郞)을 제수받고, 왕명을 받아 국사(國史)를 편찬하였으며, 문집 백여 권이 있다.

『천자문』은 원래 주흥사가 조서를 받아 편찬한 것으로 『왕희지가 쓴 천자에 차운함(次韻王羲之書千字)』이다. 이러한 사실은 『양서(梁書)』에 기록되었지만 간략하였는데, 다행히 송(宋)의 『태평광기(太平廣記)』에 비교적 상세히 기록되어, 『천자문』이 책으로 만들어진 과정을 전해주고 있다.

원래 양 무제는 여러 왕에게 서법을 가르치기 위해 사람을 시켜 왕희지(王羲之)의 유묵(遺墨) 가운데 중복되지 않은 1천 개의 글자를 탁본하게 하였다. 매 글자마다 한 장의 종이에 쓰게 하니 어지러이 널리어 차례가 없었기 때문에, 주흥사에게 "그대는 재주가 뛰어나니, 이 천 개의 글자를 사용하여 한 편의 운문을 만들어 달라."고 하였다. 주흥사는 하룻밤에 완성하였는데, 그의 양 살쩍도 그 하룻밤 사이에 모두 하얗게 변했다고 한다.

『천자문』은 "천지현황(天地玄黃), 우주홍황(宇宙洪荒)"으로 시작되는데, 하나도 중복되지 않는 천 개의 글자로서 조리가 관통하고 일을 서술함에 차례가 있게 하여, 천문(天文), 박물(博物), 사회, 역사, 윤리, 교육 등 만상을 포괄하는 여러 방면의 지식을 읊고 있다. 또한 구조가 엄정하면서도 간략하고, 문채(文彩)가 생동하며, 대구(對

句)가 정제되었으며, 협운(協韻:어떤 음운의 글자가 때로는 다른 음운과 통용되는 것)이 유창하여 사람을 탄복하게 한다.

글자를 알게 하며, 서예를 배우고 문장을 익힐 수 있으며, 또한 견문을 넓히고, 유가의 윤리사상을 계몽시킨, 중국 역사상 종합적 성격의 몽학서(蒙學書)의 첫 번째 작품이다. 후대의 『몽구(蒙求)』, 『삼자경(三字經)』, 『용문편영(龍文鞭影)』, 『제자규(弟子規)』 등 몽학서 시리즈의 체례(體例)와 내용에 깊은 영향을 주었다.

『천자문』은 중국 수(隋)나라 때부터 크게 유행하기 시작하였다. 남조(南朝) 진(陳)나라 말기부터 수(隋)나라 초기에 걸쳐 살았던, 왕희지의 7세손(七世孫)인 서법가 지영화상(智永和尙)은 당시 사람들의 요구를 만족시키기 위해 일찍이 『천자문』을 8백 본이나 임모(臨摹)하여 친구들에게 나눠주어, 강남의 각 사원에 한 부씩 간직하도록 하였다. 이로 인해 『천자문』은 널리 전해졌다.

청대(淸代)에 이르러 『천자문』은 이미 가장 광범위하고 가장 오래된 몽학(蒙學)의 교과서가 되었다. 어른이나 어린이나 모두 알게 되었을 뿐 아니라, 문서나 책도 "천지현황(天地玄黃), ……"의 순서에 따라 배열하는 정도까지 되었다. 청(淸)나라 초기의 학자 고염무(顧炎武)는 『천자문』을 "다만 문장으로만 전해진 것이 아니라, 그 기능 쪽의 뛰어남으로써 전해졌다(不獨以文傳, 而又以其巧傳)"라고 하여, 세상에 오래도록 전해진 까닭을 밝혀내었다.

주흥사의 『천자문』 뒤에도 당나라의 『범어천자문(梵語千字文)』, 송나라의 『서고천자문(叙古千字文)』, 『속천문(續千文)』, 『중속천문(重續千文)』, 원나라의 『계고천문(稽古千文)』, 명나라의 『광역천문(廣易千文)』, 『정자천문(正字千文)』, 청나라의 『훈몽천자문(訓蒙千字文)』, 『속자문(續千字文)』 등의 모방적 성격의 작품이 세상에 나왔다. 이것들이 비록 주흥사의 『천자문』과 겨룰 수는 없었지만, 그만큼 주흥사 『천자문』의 영향이 대단함을 엿보게 해준다.
[이상, 李逸安, 『千字文』(『三字經, 百家姓, 千字文, 弟子規』, 中華書局, 2015, 101-102쪽)]

여기서 이기문(李基文)의 우리나라 『천자문』의 특징과 그 판본에 대한 글을 부분적, 요약, 인용하여 학술적 뒷받침으로 삼겠다.

『천자문(千字文)』이라면 오늘날도 모르는 사람이 없을 만큼 널리 알려진 책이름이다. 이 책은 너무나 오랫동안 우리나라에서 가장 대표적인 한문 초독서(初讀書)로 사용되어 왔다. 천자문은 6세기에 중국에서 이루어져 일찍 우리나라에 전해졌고, 백제(百濟)에서 일본(日本)에 전해졌으니, 고대에 이미 널리 보급되었던 흔적이 역력한 것이다. 중국에는 『천자문』이란 이름의 책이 하나만은 아니었다지만, 그 중 저명한 것이 6세기에 양 무제의 명을 받아 주흥사가 지었다고 전하는 책이다. 이것은 1구가 4자로 250구, 합계 천자(千字)로 된 고시(古詩)이다. 우리나라에 들어와 일반화된 것도 이 천자문이다.

이리하여 과거 천수백년(千數百年) 동안 우리나라에서 이루어진 천자문의 판본(板本)과 사본(寫本)은 헤아릴 수 없을 정도로 많았음을 짐작하기 어렵지 않다. 문헌의 인멸(湮滅)이 극심한 우리나라이기에 고대(古代)의 것은 말할 것도 없고 근대(近代)의 것들도 오늘날까지 전하는 것이 많지는 않지만, 그래도 흩어진 책들을 애써 모아 본다면 상당한 양(量)에 달할 것이다.

천자문을 각 글자에 석(釋: 새김)과 음(音)을 달아 읽는 것은 우리나라에서만 볼 수 있는 특이한 관습이다. 이 전통은 자못 오랜 옛날에 성립된 것으로 짐작되지만, 천자문의 현존본(現存本)으로서 석음표기(釋音表記)를 보여주는 것은 16세기 후반 이전으로 거슬러 올라가는 것이 없다.

한자의 석음(釋音) 표기를 가진 천자문으로서 가장 널리 알려져 온 것은 『석봉천자문(石峰千字文)』이었다. 이 책은 여러 차례 판(板)을 거듭하였는데, 우리 주변에서 볼 수 있는 것은 대개 「갑술중간본(甲戌重刊本)」인데, 그 초간본(初刊本)도 1968년 필자에 의해 발견, 확인되었다. 이 무렵 필자는 일본에서 또 천자문의 한 고본(古本)을 보았는데, 선조(宣祖) 8년(1575)에 광주(光州)에서 간행된 것임을 알 수 있다. 이 『광주천자문(光州千字文)』은 『석봉천자문』보다도 연대가 오히려 앞선 것이었다.

이제 그때에 얻어온 사진과 마이크로필름으로 이 두 책을 영인(影印)을 통해서나마 우리 학계에 소개할 수 있게 된 것은 필자로서 큰 기쁨이 아닐 수 없다. 이들은 우리의 선인들이 간행한 오랜 천자문이라는 서지학적(書誌學的) 관점에서 뿐 아니라 한자의 석(釋)과 음(音)에 관한 자료로서 그 가치가 매우 큰 것이다. 그리고 이 기회에 이들보다 연대는 훨씬 뒤지지만,『주해천자문(註解千字文)』1책(冊)을 아울러 영인하기로 하였다. 이것은 19세기 초에 이루어진 천자문의 주해서(註解書)로서 그 당시의 국어자료로서도 중요하지만 하나의 학문적 업적으로서도 그 가치가 인정된다."

(李基文, <(3종의 千字文)「解題」>,『千字文』, 단국대출판부, 279~281쪽)

한치윤(韓致奫)의 『해동역사(海東繹史)』 제41권, 교빙지(交聘志) 9의 기록을 보자.

- 진나라 무제 태강 5년이다. - 응신천황 15년(284, 고이왕 51) 가을 8월 정묘에 백제의 왕이 아직기(阿直歧)를 파견하여『역경(易經)』,『효경(孝經)』,『논어(論語)』,『산해경(山海經)』및 양마(良馬) 2필을 바쳤다. 아직기는 경서(經書)에 능통했으므로 태자인 토도아랑자(菟道雅郞子)의 스승으로 삼았다.

처음으로 경전을 배움에 응신천황이 아직기에게 묻기를, "그대 나라에는 그대보다 더 뛰어난 박사(博士)가 있는가?" 하니, 아직기가 대답하기를, "왕인(王仁)이라는 사람이 저보다 더 뛰어납니다. 그는 수재입니다." 하였다. 이에 상모야군(上毛野君)의 선조인 황전별(荒田別)과 무별(巫別)을 백제에 파견하여 왕인을 불러오게 하였다. 다음해 봄에 왕인이『천자문』을 가지고 왔다.

(「일본과 통교(通交)한 시말(始末)」)

여기서 명백하게 알 수 있는 점은 백제(百濟)의 왕인(王仁, 405년경)이 일본에 전해 준『천자문』은 그 시기가 주흥사(470년 추정~521년)의『천자문』보다 훨씬 이르므로, 그 이전에 나온 다른 판본의 고본『천자문』임은 분명하다는 것이다.

그리고『천자문』의 압운(押韻)과 평측(平仄)에 대해서는 이충구,『교수용 지도서 주해천자문』(전통문화연구회, 2010)에 잘 정리되어 있어 참고할 만하다.

[目次]

序文 … 3

凡例 … 7

천자문 해제 … 9

제1장 하늘과 땅과 사람의 도(道) … 21

1. 天地玄黃이요 宇宙洪荒이라 … 22
2. 日月盈昃이요 辰宿列張이라 … 25
3. 寒來暑往이요 秋收冬藏이라 … 28
4. 閏餘成歲요 律呂調陽이라 … 30
5. 雲騰致雨요 露結爲霜이라 … 34
6. 金生麗水요 玉出崑崗이라 … 37
7. 劍號巨闕이요 珠稱夜光이라 … 40
8. 果珍李柰요 菜重芥薑이라 … 44
9. 海鹹河淡이요 鱗潛羽翔이라 … 47
10. 龍師火帝와 鳥官人皇은 … 49
11. 始制文字하고 乃服衣裳이라 … 53

12. 推位讓國은 有虞陶唐이요 … 55
13. 弔民伐罪는 周發殷湯이라 … 59
14. 坐朝問道하니 垂拱平章이라 … 62
15. 愛育黎首요 臣伏戎羌이라 … 64
16. 遐邇壹體로 率賓歸王이라 … 67
17. 鳴鳳在樹요 白駒食場이라 … 69
18. 化被草木이요 賴及萬方이라 … 71

제2장 군자의 수신(修身)하는 도(道) … 75

19. 蓋此身髮은 四大五常이라 … 76
20. 恭惟鞠養컨대 豈敢毁傷가 … 79
21. 女慕貞烈이요 男效才良이라 … 81
22. 知過必改요 得能莫忘하라 … 83
23. 罔談彼短이요 靡恃己長하라 … 85
24. 信使可覆이요 器欲難量이라 … 88
25. 墨悲絲染이요 詩讚羔羊이라 … 90
26. 景行維賢이요 克念作聖이라 … 94
27. 德建名立이요 形端表正이라 … 96
28. 空谷傳聲이요 虛堂習聽이라 … 100
29. 禍因惡積이요 福緣善慶이라 … 104

30. 尺璧非寶니 寸陰是競하라 … 107
31. 資父事君하니 曰嚴與敬이라 … 111
32. 孝當竭力이요 忠則盡命하라 … 114
33. 臨深履薄이요 夙興溫凊하라 … 117
34. 似蘭斯馨이요 如松之盛이라 … 120
35. 川流不息이요 淵澄取映이라 … 122
36. 容止若思요 言辭安定이라 … 125
37. 篤初誠美요 愼終宜令이라 … 127
38. 榮業所基니 藉甚無竟이라 … 129
39. 學優登仕요 攝職從政이라 … 131
40. 存以甘棠한대 去而益詠이라 … 133
41. 樂殊貴賤이요 禮別尊卑라 … 135
42. 上和下睦이요 夫唱婦隨라 … 138
43. 外受傅訓이요 入奉母儀라 … 140
44. 諸姑伯叔이요 猶子比兒라 … 144
45. 孔懷兄弟하니 同氣連枝라 … 146
46. 交友投分하야 切磨箴規라 … 148
47. 仁慈隱惻을 造次弗離하라 … 152
48. 節義廉退를 顚沛匪虧하라 … 154
49. 性靜情逸이요 心動神疲라 … 156
50. 守眞志滿이요 逐物意移라 … 158
51. 堅持雅操면 好爵自縻니라 … 160

제3장 통치자의 천하 경영 … 163

52. 都邑華夏하니 東西二京이라 … 164
53. 背邙面洛이요 浮渭據涇이라 … 166
54. 宮殿盤鬱이요 樓觀飛驚이라 … 168
55. 圖寫禽獸요 畫綵仙靈이라 … 171
56. 丙舍傍啓요 甲帳對楹이라 … 173
57. 肆筵設席이요 鼓瑟吹笙이라 … 176
58. 升階納陛하니 弁轉疑星이라 … 179
59. 右通廣內요 左達承明이라 … 182
60. 旣集墳典이요 亦聚群英이라 … 184
61. 杜藁鍾隷요 漆書壁經이라 … 187
62. 府羅將相이요 路挾槐卿이라 … 190
63. 戶封八縣이요 家給千兵이라 … 193
64. 高冠陪輦하니 驅轂振纓이라 … 195
65. 世祿侈富하니 車駕肥輕이라 … 197
66. 策功茂實하니 勒碑刻銘이라 … 199
67. 磻溪伊尹은 佐時阿衡이라 … 201
68. 奄宅曲阜하니 微旦孰營가 … 206
69. 桓公匡合하여 濟弱扶傾이라 … 209
70. 綺廻漢惠요 說感武丁이라 … 212

71. 俊乂密勿하니 多士寔寧이라 … 215

72. 晉楚更霸요 趙魏困橫이라 … 218

73. 假途滅虢이요 踐土會盟이라 … 221

74. 何遵約法이요 韓弊煩刑이라 … 224

75. 起翦頗牧은 用軍最精이라 … 227

76. 宣威沙漠이요 馳譽丹靑이라 … 230

77. 九州禹跡이요 百郡秦幷이라 … 233

78. 嶽宗恒岱요 禪主云亭이라 … 238

79. 鴈門紫塞와 鷄田赤城과 … 242

80. 昆池碣石과 鉅野洞庭은 … 245

81. 曠遠綿邈하고 巖岫杳冥이라 … 248

| 제4장 | 은거하는 선비의 처신과 치가(治家)의 도(道) … 251 |

82. 治本於農하니 務玆稼穡이라 … 252

83. 俶載南畝하니 我藝黍稷이라 … 254

84. 稅熟貢新하니 勸賞黜陟이라 … 256

85. 孟軻敦素요 史魚秉直이라 … 259

86. 庶幾中庸인댄 勞謙謹勅하라 … 263

87. 聆音察理요 鑑貌辨色이라 … 265

88. 貽厥嘉猷하니 勉其祗植하라 … 268

89. 省躬譏誡요 寵增抗極이라 … 271

목차 17

90. 殆辱近恥니 林皐幸卽이라 … 274

91. 兩疏見機하니 解組誰逼가 … 276

92. 索居閑處하여 沈默寂寥라 … 279

93. 求古尋論이요 散慮逍遙라 … 281

94. 欣奏累遣이요 感謝歡招라 … 283

95. 渠荷的歷이요 園莽抽條라 … 285

96. 枇杷晚翠요 梧桐早凋라 … 287

97. 陳根委翳요 落葉飄颻라 … 289

98. 遊鵾獨運하여 凌摩絳霄라 … 291

99. 耽讀翫市하니 寓目囊箱이라 … 294

100. 易輶攸畏니 屬耳垣墻이라 … 296

101. 具膳餐飯하니 適口充腸이라 … 298

102. 飽飫烹宰요 飢厭糟糠이라 … 300

103. 親戚故舊에 老少異粮이라 … 302

104. 妾御績紡이요 侍巾帷房이라 … 304

105. 紈扇圓潔이요 銀燭煒煌이라 … 306

106. 晝眠夕寐하니 藍筍象床이라 … 308

107. 絃歌酒讌하니 接杯擧觴이라 … 310

108. 矯手頓足하니 悅豫且康이라 … 312

109. 嫡後嗣續하니 祭祀蒸嘗이라 … 314

110. 稽顙再拜하니 悚懼恐惶이라 … 316

111. 牋牒簡要요 顧答審詳이라 … 318

112. 骸垢想浴이요 執熱願凉이라 … 320

113. 驢騾犢特은 駭躍超驤이라 … 322

114. 誅斬賊盜요 捕獲叛亡이라 … 324

115. 布射僚丸과 嵇琴阮嘯와 … 326

116. 恬筆倫紙와 鈞巧任釣는 … 330

117. 釋紛利俗하니 並皆佳妙라 … 334

118. 毛施淑姿는 工嚬妍笑라 … 336

119. 年矢每催하니 曦暉朗曜라 … 339

120. 璇璣懸斡이요 晦魄環照라 … 341

121. 指薪修祜하니 永綏吉劭라 … 344

122. 矩步引領하여 俯仰廊廟라 … 347

123. 束帶矜莊하니 徘徊瞻眺라 … 349

124. 孤陋寡聞하니 愚蒙等誚라 … 351

125. 謂語助者는 焉哉乎也라 … 354

주요 참고문헌 … 356

색 인 … 357

역주자 후기 … 360

저자 소개 … 363

역자 소개 … 364

■ 부 록(附錄) … 365

1. 지영진서천자문(智永眞書千字文) 원문 … 429[1~44]

2. 구양순행서천자문(歐陽詢行書千字文) 원문 … 385[45~63]

목 차 19

제 1 장

하늘과 땅과 사람의 도(道)

1

天地玄黃이요 宇宙洪荒이라
천 지 현 황   우 주 홍 황

직역	하늘은 검푸르고 땅은 누르며, 우주는 넓고 거칠다.

의역	검푸른 하늘과 누런 대지 우주는 넓고 혼돈상태로 가없이 너르다.

天地玄黃

【훈음】

- 天(천) : 하늘 천. 지극히 높아 그 위가 없다(至高無上).
- 地(지) : 땅 지.
- 玄(현) : 검을 현. 가물 현. 짙은 남색으로 검은색에 가까운 색. 또는 검은색으로 붉은 빛이 감돈다(黑而有赤色). 심오하다. 오묘하다. 심원(深遠)하다. 깊다. 유원(幽遠: 그윽하고도 멀다)하다. 현묘(玄妙)하다. 유현(幽玄)하다.
- 黃(황) : 누를 황.

【주해】

- 玄(현) : 높은 하늘의 짙은 푸른색.
- 玄黃(현황) : 검푸르고 누르다. 여기서는 하늘과 땅의 색깔을 말한다. 서로 쌍성(같은 자음의 음절이 쌍을 이룬 것)을 이루고 있

어, 이를 쌍성연면어(雙聲連綿語)라고 한다. 연면어란 두 음절이 모여 하나의 의미 단위를 이루는 어절을 말한다. 즉 두 글자이지만 뜻은 하나인 경우이다. 글자를 연결하여 새로운 하나의 뜻을 나타내는 어취이다. 성(聲)이 같은 것을 쌍성이라 한다.
◆『周易(주역)·坤卦(곤괘)』 - "검푸르고 누른 것은 천지(天地)의 (색깔이) 섞인 것이니, 하늘은 검푸르고 땅은 누르다(夫玄黃者, 天地之雜也, 天玄而地黃)."
◆『老子(노자)·제1장』 - "가믈고 또 가믈도다, 뭇 묘(妙)함이 모두 그 문에서 나온다(玄之又玄, 衆妙之門)."

宇宙洪荒

【훈음】
◆ 宇(우) : 하늘 우. 집 우. 공간개념. 上下四方. 東西南北上下. 세계.
◆ 宙(주) : 하늘 주. 집 주. 시간개념. 往古來今. 무한한 시간.
◆ 洪(홍) : 넓을 홍. 클 홍. 大也.
◆ 荒(황) : 거칠 황. 천지창조 이전의 혼돈상태(草昧也). 황량하다. 황막하다. 황무(荒蕪)하다. 먼 곳. 변방.

【주해】
◆ "천지를 횡(橫: 공간)으로 말하면 상하와 사방이 되고, 종(縱: 시간)으로 말하면 왕고래금(往古來今)이 되니, 넓어 아득하여 가가 없고 끝이 없다."(『註解千字文』)
◆『淮南子(회남자)』 - "사방상하를 우(宇)라 이르고, 지난 옛날에서 지금까지를 주(宙)라 한다(四方上下謂之宇, 往古來今謂之宙)"
◆ 洪荒(홍황) : 넓고 거칠다. 옛사람의 상상 가운데의, 우주의 혼돈스럽고 몽매한 상태. 혼돈상태. 혼돈스럽고 몽매한 상태. 첩운연면

어(疊韻連綿語)에서 유래되어 하나의 어휘로 굳어졌다. 첩운은 같은 운자를 거듭하여 쓴 것이다.

◆ 양자(揚子)는 "까마득한 옛날〔홍황지세洪荒之世〕. 태곳적. 크고 혼돈한 세상"이라 했다. 대지가 처음 개벽할 때를 얘기하는데, 그때는 모든 것이 혼돈상태〔草昧〕이다. 홍황(洪荒)은 혼돈스럽고, 어둡고 몽매한 상태로서, 아주 오랜 옛날을 말한다. 홍황의 시대에는 사람과 짐승의 구분조차 없었다.(『千字文釋義』) 양자(揚子)는 양웅(揚雄)이다. BC 53-AD 18. 서한(西漢)의 관리이자 철학자. 『태현경(太玄經)』을 지었다.

* 제1장의 강령(綱領)이다. 천지우주(天地宇宙)로부터 시작하니, 그 스케일이 엄청나다.

2

日月盈昃이요 辰宿列張이라
일 월 영 측   신 수 렬 장

직역	해와 달은 차고 기울며, 별과 별자리들은 벌여 있고 펼쳐져 있다.
의역	해는 동쪽에서 떠서 서쪽으로 지고, 달은 찼다가 이지러짐을 반복하고, 하늘의 별들은 질서 있게 배열되어 있다.

日月盈昃

【훈음】

- 日(일) : 해 일. 날 일.
- 月(월) : 달 월.
- 盈(영) : 찰 영. 여기서는 (달이 둥글게) '가득 찬 것'을 의미한다.
- 昃(측) : 기울 측. 해 기울어질 측. 여기서는 해[태양]가 (서쪽으로) '기우는 것'이다.

【주해】

- 盈昃(영측) : 달이 둥글다가 기운다[이지러진다]. 여기서 기운다는 말은 중의적이다. 위치상으로 정점에 이르렀다가 아래쪽으로 내려가는 것과, 모양이 둥근 상태에서 조금씩 이지러지며 변해 가는 것을 동시에 가리킨다.

◆ 천지가 개벽하자, 해와 달과 별이 하늘에 형상을 드리우게 되었다. 태양[日]은 양(陽)의 정수요, 달[月]은 음(陰)의 정수이다. 달은 보름이 되면 가득 차고, 해는 정오가 지나면 서쪽으로 기운다.
◆ 『周易(주역)・豐卦(풍괘)』 - "해는 중천에 있으면 기울게 되고, 달은 차면 먹힌다. 천지의 차고 빔도 때와 더불어 나아가고 물러나는데, 하물며 사람에게 있어서랴(日中則昃, 月盈則食. 天地盈虛, 與時消息, 而況於人乎)."

辰宿列張

【훈음】

◆ 辰(신) : 별 신. 다섯째지지 진. **용례)** 북신(北辰: 북극성).
◆ 宿(수) : 별자리 수. 列星. 별 수. 잘 숙. 묵을 숙.
◆ 列(렬) : 벌일 렬. 陳也. 布也.
◆ 張(장) : 벌일 장. 布也. 베풀 장.

【주해】

◆ 동양의 관점에서 별자리[宿宿]에는 28수(宿: 별자리)가 있다.
 - 동방의 7수(宿) : 각(角), 항(亢), 저(氐), 방(房), 심(心), 미(尾), 기(箕).
 - 북방의 7수(宿) : 두(斗: 南斗), 우(牛: 牽牛), 여(女: 須女), 허(虛), 위(危), 실(室: 營室), 벽(壁: 東壁).
 - 서방의 7수(宿) : 규(奎), 루(婁), 위(胃), 묘(昴), 필(畢), 자(觜), 삼(參).
 - 남방의 7수(宿) : 정(井: 東井), 귀(鬼: 輿鬼), 유(柳), 성(星: 七星), 장(張), 익(翼), 진(軫).
◆ 『淮南子(회남자)・泰族訓(태족훈)』 - '하늘은 해와 달을 벌여 놓

고 별들을 벌여 놓았으며, 음과 양을 조화시키고 사계절을 베풀어 놓았다. 낮에는 햇빛을 쬐게 하며 밤에는 쉬게 하고, 바람으로 말리고, 비나 이슬로 적셔 준다. 만물을 생성하는데 있어서는 기르는 바가 보이지 않아도 만물은 자란다. 만물을 죽여 없앰에 있어서도 없애는 바가 보이지 않아도 만물은 멸망한다. 이를 신명(神明: 천지의 조화)이라고 한다(天設日月, 列星辰, 調陰陽, 張四時. 日以暴之, 夜以息之, 風以乾之, 雨露以濡之. 其生物也, 莫見其所養, 而物長. 其殺物也, 莫見其所喪, 而物亡. 此之謂神明.)'

◆ 張(장) : '일장일이(一張一弛)'라는 말이 있다. 활을 한 번 조여 줬으면 한 번 풀어주라는 말이다. 장(張)은 조인 상태를 말하고, 이(弛)는 풀린 상태를 말한다. 활은 계속 조인 상태로 두어서는 안 된다. 공부도 열심히 했으면 반드시 풀어주어야 한다.

* 일월(日月)과 별자리

3

寒來暑往이요 秋收冬藏이라
한 래 서 왕   추 수 동 장

> **직역** 추위가 오면 더위는 가고,
> 가을에는 (농작물을) 거두어들이고 겨울에는 저장해 둔다.

寒來暑往

【훈음】

- ◆ 寒(한) : 추울 한. 찰 한.
- ◆ 來(래) : 올 래.
- ◆ 暑(서) : 더울 서.
- ◆ 往(왕) : 갈 왕.

【주해】

◆ 해가 하늘을 한 바퀴 돌면 하루가 되고, 달이 29일 운행하면 나머지〔奇〕가 있는데, 해와 서로 만나 한 달을 이룬다. 석 달이 되면 계절을 이루고, 4계절이 쌓이면 1년을 이룬다. 겨울의 기운은 차고, 여름의 기운은 덥다. 만약 본문을 "더위가 오면 추위가 가고"라고 한다 해도 마찬가지 이치이다.

◆ 『周易(주역)·繫辭下傳(계사하전) 제5장』 - "해가 가면 달이 오고 달이 가면 해가 와서 해와 달이 서로 교대하면서 밝음이 생기며, 추위가 가면 더위가 오고 더위가 가면 추위가 와서, 추위와 더

위가 교대하면서 한 해〔歲〕가 이루어진다. 가는 것은 굽힘이요 오는 것은 폄이니, 굽히고 펴는 것이 서로 감촉하면서 이로움이 생긴다(日往則月來, 月往則日來, 日月相推而明生焉. 寒往則暑來, 暑往則寒來, 寒暑相推而歲成焉. 往者屈也, 來者信也, 屈信相感而利生焉)."
'寒往則暑來, 暑往則寒來'는 곧 사계절이 순환하며 바뀌는 것을 말한다.
◆ 인생, 지위 등 모든 것은 순환함으로써 힘이 생긴다. 고정된 것은 오래가지 못한다.

秋收冬藏

【훈음】
◆ 秋(추) : 가을 추.
◆ 收(수) : 거둘 수. 거두다(斂也).
◆ 冬(동) : 겨울 동.
◆ 藏(장) : 저장할 장. 간직할, 보관할 장. 감출 장.

【주해】
◆ "만물은 봄에 나고 여름에 자라며, 가을에 성숙하면 거두어들이고, 겨울에 숙살(肅殺: 추워서 초목을 말라죽게 함)하면 닫아 저장해 둔다."(『註解千字文』)
◆ 가을과 겨울을 말하였으니, 봄과 여름은 그 안에 내포되어 있는 것이다. 4언시(四言詩)라는 자수 제한 때문에 봄과 여름을 말하지 않았을 뿐이다.

* 계절의 순환

4

閏餘成歲요 律呂調陽이라
윤 여 성 세   율 여 조 양

직역 남은 것으로 (윤달을 넣어) 한 해를 이루고,
    율려(律呂)로 음양을 조화롭게 한다.

의역 윤달로 한 해의 주기를 제대로 맞추고,
    율려[음률]로 음양의 균형을 조화롭게 한다.

閏餘成歲

【훈음】
- 閏(윤) : 윤달 윤. 여분, 나머지 윤. 여분의 달(餘分之月).
- 餘(여) : 남을 여.
- 成(성) : 이룰 성.
- 歲(세) : 해 세.

【주해】
- 閏餘(윤여) : 양력의 경우, 지구의 태양 1주기가 365일 5시간 49분 46초이기 때문에 한 해를 365일로 정할 경우, 그 남는 시간이 모여 4년에 하루씩 더하여 이를 2월 말에 넣는다. 음력의 경우 354일, 혹은 355일로 하여 그 남는 시간이 3년에 무려 한 달이나 된다. 이에 대략 3년마다 한 해에 윤달을 넣어 남는 시간을 조정하

고 있다.

◆ 태음력(太陰曆)은 달이 차고 이지러짐을 기초로 하여 만든 책력이다. 곧 달이 지구를 한 바퀴 도는 시간이 약 29.5일이 되므로 한 달을 29일 또는 30일로 하고 1년을 12달로 하니, 양력의 365일과는 차이가 많이 난다. 그리하여 19년에 7번 윤달을 두었다. ＝ 음력(陰曆).

◆ 태양력(太陽曆)은 지구가 해의 둘레를 1회전하는 동안을 1년으로 하는 달력이다. 곧 일회귀년(一回歸年)을 1년의 단위로 하는데, 365일을 1년으로 정하고, 4년마다 윤일(閏日)을 두고 100년째 되는 해에는 윤일(閏日)을 두지 아니하며 또 400년째 되는 해에는 윤일(閏日)을 두는 역법(曆法)이다. 예를 들어 양력에서는 2월이 보통 28일까지 있으며, 4년마다 1번씩 29일이 있다. ＝ 양력(陽曆).

◆ 1년의 개념은 해〔태양〕가 기준이 된다. 이것이 계절의 변화를 아는 데 큰 도움이 된다. 그런데 음력에서 본 한 달은 달〔月〕이 기준이 된다. 쉽게 말해 보름에서 다음 보름까지가 한 달이 된다. 실제로 음력에서는 29일이 한 달이 되는 달도 있고, 30일이 한 달이 되는 달도 있다.

이와 달리 태양을 기준한 1년은 365일 남짓(365.2422)이다. 음력에서는 대략 2.7년마다 한 번의 윤달을 두며, 또 5년마다 재(再)윤달을 두고, 19년에 일곱 번 윤달을 두어 맞춘다. 간단히 말해 음력에서는 대략 3년 만에 한 달씩 윤달을 둔다.

◆ 4계절이 이미 정해지면 또 그 남은 날로 윤달을 만든다. 대체로 30일이 한 달이 되고, 열두 달이 1년이 된다. 이렇게 된다면 1년은 360일이다. 그러나 천기(天氣)가 일주하는 것은 이에 그치지 않는다. 금년 입춘 날부터 내년 입춘 날까지는 모두 365일에 나머

지[奇]가 있다. 이는 매년 5일이 남아 나머지[奇]가 있는 것이다. 이것을 '기영(氣盈)'이라 한다.
- 『書經(서경)·堯典(요전)』-"윤달로 사시(四時)를 정하고 한 해를 이루니, 진실로 백관을 다스려서 모든 공적이 다 넓어질 것이다(以閏月定四時, 成歲, 允釐百工, 庶績咸熙)."

律呂調陽

【훈음】
- 律(률) : 음률 률. 곡조 률. 양(陽)의 음률. 陽律. 법 률. 가락 률.
- 呂(려) : 음률 려. 곡조 려. 음(陰)의 음률. 陰呂.
- 調(조) : 고를 조. 조화로울 조.
- 陽(양) : 볕 양. 양기 양. 양지 양.

【주해】
- 율려(律呂)라는 것은 악률(樂律)의 통칭이다. 중국 고대에 12개의 상이한 율관(律管)을 사용하여 높낮이가 다른 표준음을 불어 12율(律)이라고 하였다. 12율은 낮은 데서부터 높은 데까지 차례로 배열하여, 기수(奇數: 홀수) 각 율은 양율(陽律)이 되어 "육률(六律)"이라 하고, 우수(偶數: 짝수) 각 율은 음률(陰律)이 되어 "육려(六呂)"라고 한다. 합쳐서 "율려"라고 칭한다.

 이는 음과 양을 고르게 하는 것이다. 양만 말하고 음을 말하지 않은 것은 문자를 생략하여 운(韻)에 맞추려는 것이다. 왜냐하면 천자문은 사언시의 형태이기 때문이다. 또 육률(六律: 양陽에 딸린 6음계)과 육려(六呂: 음陰에 딸린 6음계)가 있는데, 이를 합하여 '12율(律)'이라 한다. 이는 옛날 음의 고저를 결정하는 표준이다.
- 동양에서는 음(陰)과 양(陽)의 두 가지 개념으로 사물을 보는 경

우가 많다. 음양은 우주의 근원이 되는 두 가지 기운이다. 양은 적극적·능동적·남성적인 원기이고, 이에 대하여 음은 소극적·여성적인 원기이다. 바로 음양은 천지 만물의 서로 반대되는 두 가지 성질이다. 예를 들어 남자는 양(陽)이고 여자는 음(陰)이며, 해는 양이고 달은 음이다. 별은 양이고 그늘은 음이며, 더위는 양이고 추위는 음이며, 남쪽이 양이라면 북쪽은 음이다. 봄, 여름이 양이면, 가을, 겨울은 음이요, 낮이 양이면 밤은 음이다. 임금이 양이면 신하는 음이요, 밖이 양이면 안은 음이다.

* 책력과 음악

5

雲騰致雨요 露結爲霜이라
운 등 치 우 노 결 위 상

> **직역** 구름이 (하늘로) 올라가서 비를 이루고[내리게 하고],
> 이슬이 맺히어[얼어붙어] 서리가 된다.

雲騰致雨

【훈음】

- 雲(운) : 구름 운.
- 騰(등) : 오를 등. 오르다(升也). 솟을 등.
- 致(치) : 이룰 치. 이를 치. 이르게 하다.
- 雨(우) : 비 우.

【주해】

- 『說文解字(설문해자)』- "구름은 산천의 기운이다(雲, 山川氣也)."
- "산과 못에서 구름이 나오고 구름이 엉기어 날면 비를 이루니, 이는 구름과 비가 서로 따름을 말한 것이다."(『註解千字文』)
- "한 잔의 찻잔을 들고서 바다 갈매기 소리를 듣는다"라는 말이 있다. 한 잔 차의 물은 샘물에서 왔을 것이며, 그 샘물은 빗물에서 왔을 것이며, 그 빗물은 구름에서 왔을 것이다. 그 구름은 바닷물이 증발하여 생긴 것이다. 그리고 그 바닷가에는 갈매기가 날고 있을 것이다.

이러한 연관관계를 찾아가면 모든 일은 서로 인연이 있음을 알 수 있다. 오늘의 결과는 언젠가의 원인이 있다. 오늘의 원인은 언젠가 어떠한 결과를 낳을 것이다. 인간세상의 모든 것은 길든 짧든 원인과 결과가 있다.

露結爲霜

【훈음】

- 露(로) : 이슬 로.
- 結(결) : 맺을 결. 엉기다(凝也).
- 爲(위) : 될 위. 할 위. 造也.
- 霜(상) : 서리 상.

【주해】

- "밤공기가 이슬을 이루고, 이슬이 차가워져 맺히면 서리가 된다. 이는 서리와 이슬이 서로 바뀜을 말한 것이다."(『註解千字文』)
- 蔡邕(채옹), 『月令(월령)』- "이슬이라는 것은 음(陰)의 액체이다(露者, 陰之液也)." 대개 서리와 이슬은 본래 한가지인데, 윤택하면 이슬이 되고 엉기면 서리가 된다. 『시경(詩經)·진풍(秦風)』에는 "흰 이슬이 서리가 된다(白露爲霜)"라 하였다.
- '네 계절에 있어 양기(陽氣)가 있으면 구름과 비가 되어 만물을 낳게 하고, 음기(陰氣)가 있으면 서리와 이슬이 되어 만물을 이루게 하여, 이후 한 해 농사의 수확이 이루어진다.' 앞에서는 양을 말하였고, 뒤에서는 음을 말하였다.
- 음양의 기가 조화되면, 이에 양기는 증발하여 구름과 비가 되고, 음기는 엉기어 서리와 이슬이 된다.
- 위의 문장에서는 천시(天時)가 갖추어졌고, 아래 구에서는 지리

(地利)가 흥해지게 됨을 말하고 있다. 땅이 만물을 나게 함에는 보배보다 귀한 것이 없으므로, 앞에 놓고 있다.

* **구름과 비, 이슬과 서리**

6

金生麗水요 玉出崑崗이라
금생려수 　　　옥출곤강

> **직역** 금(金)은 여수(麗水)에서 나고,
> 옥(玉)은 곤륜산에서 난다.

金生麗水

【훈음】

- 金(금) : 금 금. 황금 금. 쇠 금.
- 生(생) : 날 생. 살 생. 나다(出也).
- 麗(려) : 고울 려. 美也.
- 水(수) : 물 수.

【주해】

- 麗水(여수) : 금사강(金沙江)이 지금의 운남성 여강(麗江) 경내로 흘러드는 것을 일반적으로 여수(麗水)라고 한다. 여강(麗江)이라고도 한다. 예로부터 이곳에서는 금(金)이 물밑의 모래 가운데서 나는데, 현지인은 그것을 일어 사금(砂金)을 채취한다고 한다.

玉出崑崗

【훈음】
- 玉(옥) : 구슬 옥. 美石.
- 出(출) : 날 출.
- 崑(곤) : 산 이름 곤. 곤륜산(崑崙山). 뫼 곤.
- 崗(강) : 언덕 강. 山脊. 구릉 강. '岡'의 속자(俗字). 어떤 판본에는 "岡(언덕 강)".

【주해】
- 崑崗(곤강) : '곤륜산'을 말하는데, 옥(玉)의 생산지이다. 사언시이기 때문에 두 글자로 축약해 쓰니, 운자(韻字) 때문이기도 하다.
- **일설** -"곤(崑)은 산의 이름이니 형산(荊山)의 남쪽에 있다. 초(楚)나라 사람 변화(卞和)가 이 산에서 옥을 얻어 성왕(成王 - 이충구 注 : 문왕(文王) 또는 공왕(共王)으로 쓰인 곳이 있다. 여러 전적에 문왕으로 씌었다)에게 바치니, 화씨벽(和氏璧)이라 이름하였다. 뒤에 진(秦)나라는 이것으로 옥새를 만들었다."(『註解千字文』)
- 초(楚)나라 사람 변화(卞和)가 초산(楚山)에서 박옥(璞玉)을 얻어 여왕(厲王)에게 올리자, 여왕이 옥공(玉工)을 시켜 감정하게 하였는데, 옥공이 돌이라고 하자 여왕은 변화가 속였다고 하여 그의 왼쪽 다리를 베었다. 여왕이 죽고 무왕(武王)이 즉위한 뒤 변화가 또 그 박옥을 받들어 올리자 무왕이 옥공을 시켜 감정하게 하였는데, 또 돌이라고 하자 무왕은 또 변화가 속였다고 하여 그의 오른쪽 다리를 베었다.

　무왕이 죽고 문왕(文王)이 즉위하자 변화가 그 박옥을 안고 초산 아래에서 3일 밤낮으로 통곡하니 눈물이 다하고 이어서 피가 흘렀다. 문왕이 그것을 듣고 사람을 보내 그 연유를 묻기를 "천하에 발을 잘린 사람이 많은데 그대는 어찌 통곡하기를 슬피 하는가!" 하니, 변화가 말하기를 "나는 발을 잘린 것을 슬퍼함이 아니라, 보옥(寶玉)을 돌이라 품평하고 정직한 선비를 사기꾼이라고 부르니, 이것이 내가 슬퍼하는 까닭입니다." 하였다. 문왕이 마침내 옥공을 시켜 그 박옥을 다루게 하여 보옥을 얻고 마침내 명명하여 화씨지벽(和氏之璧)이라 하였다.(≪韓非子≫ 卷4 〈和氏〉, 이충구 정리)

* 광물 자원

7

劍號巨闕이요 珠稱夜光이라
검 호 거 궐　　　주 칭 야 광

> 직 검(劍)은 거궐(巨闕)을 일컫고,
> 역 구슬은 야광주(夜光珠)를 칭송한다.

劍號巨闕

【훈음】

- 劍(검) : 칼 검. 양날이 있는 것을 '검(劍)'이라 하고, 한쪽 면만 날이 있는 것을 '도(刀)'라고 한다. 무기의 일종. **용례)** 조선검. 일본도.
- 號(호) : 일컬을 호. 이름 호.
- 巨(거) : 클 거. 크다(大也).
- 闕(궐) : 큰 집 궐. 대궐 궐. 빌 궐.

【주해】

- 巨闕(거궐) : 보검의 이름. 춘추시대 월(越)나라 왕 구천(勾〔句〕踐)의 보검으로 뛰어난 칼을 만드는 기술자 구야자(歐冶子)가 만든 보검 다섯 자루 중의 하나. 나머지 네 보검은 담로(湛盧〔廬〕), 승사(勝邪), 어장(魚腸), 순구(純鉤)이다. 그 가운데서도 거궐을 최상으로 친다.

그의 다섯 검의 이름에 대해서는 다음과 같은 이설이 있다.

　- 월왕(越王) 윤상(允常)이 구야자를 시켜 보검 다섯 자루를 주조

하였는데, 거궐(巨闕)·순구(純鉤)·담로(湛盧)·막야(莫邪)·어장(魚腸)이다.(『千字文釋義』)

- 춘추시대(春秋時代) 월(越)나라의 칼 제작자 구야자는 월왕(越王)을 위해 거궐(巨闕)·담로(湛盧)·승사(勝邪)·어장(魚腸)·순구(純鉤)의 5검을 만들고, 초왕(楚王)을 위해 용연(龍淵)·태아(泰阿)·공포(工布)의 세 검을 만들었다 한다.(≪越絶書≫ 卷11, 이충구 정리)

◆ 여기서 참고로 와신상담(臥薪嘗膽)의 고사를 인용한다.

이는 중국의 춘추전국시대 월왕(越王) 구천(勾踐)이 오왕(吳王) 부차(夫差)에게 나라를 빼앗기고 괴로움과 어려움을 참고 견디어 나라를 회복한 고사에서 나온 말이다. '섶에 눕고 또 쓸개를 맛본다'는 뜻으로 원수를 갚으려고 괴로움과 어려움을 참고 견딤의 비유로 쓰인다.

옛날 강소성 일대에 오(吳)나라가 있었고, 그 남쪽 절강성 일대에는 월(越)나라가 있었다. 월왕 윤상(允常)은 군대를 일으켜 오나라를 공격하던 중에 뜻을 이루지 못하고 병사(病死)하였다. 임종 직전에 아들 구천에게 반드시 오나라를 정벌하라고 유언하였다. 구천은 부친의 유지를 받들어 오나라를 쳐서 오왕 합려(闔廬)를 죽게 한다. 이때 오왕 합려는 아들 부차에게 월나라를 쳐서 원수를 갚으라는 유언을 한다. 부차는 3년 동안을 장작더미 위에서 잠을 자며 복수의 집념을 불태웠다. 이를 와신(臥薪)이라고 한다. 그리고는 월나라를 회계산(會稽山)에서 포위하여 구천의 항복을 받게 된다. 부차는 월왕 구천을 오나라의 수도 지금의 소주(蘇州)로 끌고 와 많은 고통을 준다.

갖은 고통 끝에 환국한 구천은 회계산의 치욕을 잊지 않으려고 짐승의 쓸개를 옆에 놓아두고 3년 동안 그 쓴맛을 삼키며 오나라에 복수를 맹세한다. 이것을 '상담(嘗膽)'이라고 한다. 그리고 마침내 권토중래(捲土重來)하여 오나라의 수도 지금의 강소성 소주를 정벌하여, 오왕 부차를 생포하고 자살하게 하였다. 이 두 가지 고사를 '와신상담(臥薪嘗膽)'이라고 한다. 이와 다소 다른 내용의 설도 있다.(이수현 정리)

◆ 지금의 소주(蘇州), 상해(上海) 지역이었던 오(吳)나라와, 항주(杭州), 소흥(紹興) 지역이었던 월(越)나라는 당시 앙숙지간이어서 훗날 오월동주(吳越同舟)라는 말도 생겨났다. 오월동주란 춘추전국시대의 오왕 부차와 월왕 구천이 항상 적의(敵意)를 품고 싸웠다는 고사에서 유래한 말이다. 서로 적의를 품은 자들이 한자리에 놓임을 가리키는 말이다. 지금도 두 지역은 서로 경쟁하면서 발전하고 있다.

珠稱夜光

【훈음】

◆ 珠(주) : 구슬 주. 진주(珍珠). 조개에서 생겨나는 것이다(蚌所生者).
◆ 稱(칭) : 일컬을 칭. 칭송할 칭. 이르다(謂也). 저울 칭.
◆ 夜(야) : 밤 야.
◆ 光(광) : 빛 광. 明也.

【주해】

◆ 진주는 조개의 체내에서 생성되는 구슬 모양의 분비물 덩어리이다. 주로 탄산칼슘으로 이루어지며, 약간의 유기물이 함유되었으며 은빛의 우아하고 아름다운 광택이 있어서 예로부터 보배로써 장식에 쓰였다. 진주조개가 가장 좋은 진주를 산출하는데, 근래에 와

서는 인위적으로 양식하기도 한다. = 방주(蚌珠). 진주〔珠〕는 조개〔蚌〕의 정수(精髓)로, 주(珠)의 뛰어난 것은 밤이 되면 빛이 난다.

◆『捜神記(수신기)』-"춘추시대에 수(隋)나라의 제후가 궁전을 나서서 길을 가다가 큰 뱀이 상처를 입어 두 동강이 나 있는 것이 보여 그것을 기이하다고 생각하여 사람을 시켜 약을 발라 주고 봉합하도록 했다. 큰 뱀은 곧 기어갈 수 있었다. 그로부터 그 터를 '단사구(斷蛇丘)'라고 이름지었다. 한 해 남짓 지나 큰 뱀이 명주(明珠)를 물고 와서 보답하였다. 명주의 지름은 한 치를 넘었는데 순백색으로 밤에도 밝은 빛이 달빛처럼 나서 그것으로써 방 안을 밝힐 수 있었다. 그래서 그것을 수후주(隋侯珠)라고 하고, 또한 영사주(靈蛇珠)라고도 말한다."

◆ "춘추시대에 수(隋)나라 임금이 용의 아들을 살려주자, 용은 지름이 한 치가 넘는 진주를 주어 그 은혜에 보답했다. 그 진주가 빛나 밤에도 대낮과 같이 환하였다. 이 진주를 초왕(楚王)에게 바치자, 초왕은 크게 기뻐하며 몇 대(代)가 지나도록 수나라에 무력침공을 가하지 않았다."(『註解千字文』)

◆ "윗글에서는 천시(天時)가 구비된 뒤에 땅의 이로움이 일어남을 말하였다. 땅이 만물을 내는 데 보배보다 귀한 것이 없으므로 우선 말하였다."(『千字文釋義』)

* 거궐 검과 야광주

8

果珍李柰요 菜重芥薑이라
과 진 리 내   채 중 개 강

> 직역
> 과일로는 오얏과 능금[사과]을 귀하게 여겼고,
> 나물로는 겨자와 생강을 소중히 여겼다.

果珍李柰

【훈음】

- 果(과) : 과실 과. 열매 과. 나무의 먹을 수 있는 열매. 木實. 『智永眞書千字文』에는 "菓(과일 과)".
- 珍(진) : 보배 진. 보배(寶也). 귀중하게 여기다. 소중히 여기다.
- 李(리) : 오얏 리. 오얏은 자두를 뜻하는 옛말. 자두 리.
- 柰(내) : 능금 내. 버찌 내. 멋 내(古語).

【주해】

- 오얏에 관한 왕융(王戎)의 이야기가 있다. 왕융은 죽림칠현(竹林七賢) 가운데 한 사람인데, 아주 인색하였다.

『世說新語(세설신어)·儉嗇(검색)』 - (진晉의) 왕융은 좋은 오얏나무를 가지고 있었는데, 그것을 팔 때 남이 그 종자를 얻을까봐 걱정하여, 항상 그 씨에 구멍을 뚫어 놓았다(王戎有好李, 賣之恐人得其種, 恒鑽其核).

◆ 죽림칠현(竹林七賢) : 진(晉)나라 초기에 노자(老子), 장자(莊子)의 허무(虛無)의 학(學)을 숭상하여 죽림(竹林)에 모여 청담(淸談)을 일삼았던 일곱 명의 선비들로, 곧 산도(山濤), 왕융(王戎), 유령(劉伶), 완적(阮籍), 완함(阮咸), 혜강(嵆康), 상수(向秀) 등을 지칭한다.

◆ 『本草綱目(본초강목)』 - "오얏은 맛이 시고 달며, 열병(오랫동안 뭉친 열)을 제거하고 뱃속의 오장육부를 조화롭게 한다(李味酸甘, 去痼熱, 調中)." 痼: 고질 고.

"내(柰)는 맛이 쓰며, 중초(中焦: 심장과 배꼽 사이)를 보(補)하고, 비장을 고르게 한다(柰味苦, 補中焦, 和脾)." 中焦: 위(胃)의 윗부분을 '상초(上焦)', 중간 부분을 '중초(中焦)', 방광의 윗부분을 '하초(下焦)'라 한다. 脾(비): 비장(脾臟).

◆ 柰(내) :

1. '능금〔林檎〕'과 동류이다. '내(梾)'라고도 한다.

明(명) 李時珍(이시진), 『本草綱目(본초강목)·果二(과이)·柰(내)』 - "내와 능금(임금)은 한 류로 2종이다. 나무의 열매는 능금과 같으며 큰데, 서역 지역에 가장 많다(柰與林檎, 一類二種也. 樹實皆似林檎而大, 西土最多)."

柰子(내자): 능금. 과일의 일종. 오얏〔李子〕과 비슷한데 육질이 붉으며 맛이 시고 달다. 오늘날의 사과는 능금이 변모 발전한 것이다.

2. 버찌. 조선시대의 천자문 판본에는 '멎'이라고 한다.

일반적으로 버찌는 대표적인 과일로 치지 않는다. 그러므로 '柰'는 능금(사과)으로 보아야 한다.

菜重芥薑

【훈음】

- 菜(채) : 나물 채. 먹을 수 있는 풀. 蔬也.
- 重(중) : 무거울 중. ↔ 輕. 중히 여길 중. 겹 중.
- 芥(개) : 겨자 개.
- 薑(강) : 생강 강.

【주해】

- 『本草綱目(본초강목)』 - "겨자는 맛이 매우며, 신장(腎臟)의 사기(邪氣: 나쁜 기운)를 제거하고, 구규(九竅: 인체의 아홉 구멍)를 순조롭게 하며, 귀와 눈을 밝게 한다(芥味辛, 除腎邪, 利九竅, 明耳目)." 九竅(구규) : 눈, 코, 귀, 입, 항문, 요도 등의 인체에 있는 9개의 구멍. = 구혈(九穴).
"생강은 맛이 매우며, 정신을 맑게 하고, 나쁜 냄새를 제거한다(薑味辛, 通神明, 去臭氣)." 神明(신명) : 사람의 정신. 臭氣(취기) : 비위를 상하게 하는 좋지 못한 냄새. 악취.
- "겨자는 위장을 따뜻하게 하고 기운을 통하게 해준다. 생강은 정신을 맑게 하고 나쁜 냄새를 제거한다. 채소는 한 종류가 아니지만 이 두 가지를 소중히 여긴다."(『註解千字文』)
- 과일과 채소 중에서 진귀한 것에는 오얏, 능금, 겨자, 생강 따위가 있다. 여기서는 4언시인 관계로 과일, 채소 중에 네 가지만 예로 들었다.

* 과일과 채소

9

海鹹河淡이요 鱗潛羽翔이라
해 함 하 담   인 잠 우 상

> **직역**: 바닷물은 짜고 강물은 싱거우며,
> 비늘 있는 물고기는 (물속에) 잠겨 헤엄치고 깃털 달린 새들은 (공중을) 난다.

海鹹河淡

【훈음】

- 海(해) : 바다 해. 모든 물이 모이는 곳.
- 鹹(함) : 짤 함. 소금 맛(鹽味).
- 河(하) : 강 하. 내 하. 물 하.
- 淡(담) : 싱거울 담. 맑을 담. 담담하다. ↔ 농(濃), 함(鹹).

【주해】

- 전통적으로 중국에서는 장강(長江: 양쯔강, 양자강揚子江)을 '강(江)', 황하(黃河)를 '하(河)'라고 하였다. 양쯔강이라는 것은 장강(長江)의 하류 부분을 일컫는 말이었다. 중국에서는 이 강의 이름을 전반적으로 장강이라 칭하게 되었다. 여기서는 일반적인 강을 말한다고 해도 되겠다.
- 『博物志(박물지)』-"천지사방(天地四方)은 바닷물로 서로 통하며, 땅은 그 가운데 있다(天地四方, 皆海水相通, 地在其中)." 바닷

제1장 하늘과 땅과 사람의 도(道)

물은 맛이 짜므로, "해함(海鹹)"이라 했다.

鱗潛羽翔

【훈음】

- 鱗(린) : 비늘 린. 물고기의 비늘. 魚甲. 물고기의 껍데기.
- 潛(잠) : 잠길 잠. 藏也.
- 羽(우) : 깃 우. 새털. 새의 털이다(鳥毛也). 鳥長毛.
- 翔(상) : 날 상. 빙 돌아 날 상. 廻飛. 飛也.

【주해】

- 鱗(인) : 여기서는 어류를 지칭한다.
- 羽(우) : 여기서는 새를 지칭한다.
- 『詩經(시경)·大雅(대아)·旱麓(한록)』 - "솔개는 날아 하늘에 이르고, 물고기는 못에서 뛰논다(鳶飛戾天, 魚躍于淵)."
- "'비늘이 있는 동물이 360가지인데 그 중에 용이 으뜸이 되고, 깃이 달린 동물이 360가지인데 그 중에 봉(鳳)이 으뜸이다' 하였으니, 비늘이 있는 동물은 물속에 살고, 깃이 달린 동물은 공중에 나는 바, 이는 모두 동물의 천성인 것이다."(『註解千字文』)

* 바다와 강, 물고기와 새

10

龍師火帝와 鳥官人皇은
용 사 화 제　　조 관 인 황

직역	용사(龍師)와 화제(火帝)와, 조관(鳥官)과 인황(人皇)은
의역	용으로 관직 이름을 붙인 복희씨와 불로 관직 이름을 붙인 신농씨와, 새로 관직 이름을 붙인 소호씨와 사람으로 관직 이름을 붙이고 인문(人文)을 갖춘 황제씨는

龍師火帝

【훈음】

◆ 龍(룡) : 용 룡. 미르 룡(古語). 鱗蟲之長.
◆ 師(사) : 스승 사. 벼슬 사. 官也. 군사 사.
◆ 火(화) : 불 화.
◆ 帝(제) : 임금 제. 상제 제. 하늘의 주재자(天之主宰).

【주해】

◆ 龍(용): 상상 속의 동물. 요즘 중국인은 스스로 '용의 후손'이라 여겨, 용에 대해 친근감을 넘어서 경배에 가까운 태도를 보이고 있다. 용춤이나 단오절의 용선(龍船) 경기가 그 예이다. 사실 뱀이 용의 원형이라

고 한다.
- 龍師(용사) : 용을 토템으로 삼아 그것으로 관직 이름을 붙인 복희씨(伏羲氏)를 가리킨다. = 복희(伏羲). 포희(庖羲). 포희(包羲).
- 태호 복희씨(太昊伏羲氏) 때에 용마(龍馬)가 황하(黃河)에서 하도(河圖)를 지고 나왔으므로, 이에 용(龍)으로써 관직 명칭을 기록하였다고 한다. 복희씨는 중국 신화에 나오는 삼황(三皇)의 한 사람이다. 처음으로 백성에게 고기잡이와 목축을 가르치고, 팔괘(八卦)를 그려 문자를 만들었다고 한다.
- 火帝(화제) : 불을 토템으로 삼아 불로 관직 이름을 붙인 신농씨(神農氏)를 가리킨다. = 신농(神農).
- 신농씨(神農氏)는 중국의 전설상의 제왕이다. 삼황(三皇)의 한 사람으로, 형상은 사람 몸에 소의 머리〔人身牛首〕, 화덕(火德)으로써 왕이 되었으므로 염제(炎帝)라고도 한다. 농업, 의료, 약사(樂師)의 신, 또 팔괘(八卦)를 겹쳐서 64괘를 만들어 역(易)의 신, 주조(鑄造)와 양조(釀造) 등의 신이 되고, 교역(交易)의 법을 가르쳐 상업의 신으로도 되어 있다.

  염제(炎帝) 신농씨는 불〔火〕로써 관직 이름을 붙였다. 주(周)나라는 800년 동안 불을 숭상했다. 현재의 중국이나 대만도 전통적으로 불〔붉은색〕을 높이고 있다.
- "복희(伏羲)는 용(龍)으로 관직을 이름 붙였으니, 창룡씨(蒼龍氏)는 양육을 주관하고, 백룡씨(白龍氏)는 죽임을 주관함과 같은 것이 그것이다. 신농(神農)은 불의 상서로움이 있어 불로 관직을 이름 붙였기 때문에 화제(火帝)라 하였다."(『註解千字文』)

鳥官人皇

【훈음】

• 鳥(조) : 새 조. 羽禽總名.
• 官(관) : 벼슬 관. 職也.
• 人(인) : 사람 인. 倮蟲之長.
• 皇(황) : 임금 황. 클 황. 大也. 천하의 큰 임금을 말한다. 천하를 소유한 사람의 통칭(有天下者之通稱).

【주해】

• 鳥官(조관) : 새[鳥]로 관직 이름을 붙인 소호씨(少昊氏)를 가리킨다. 전설에 그는 새를 토템으로 삼아 새이름으로 관직 이름을 붙였다고 한다.
• 소호씨(少昊氏) 때에 봉황(鳳凰)이 내려앉았는데, 이 때문에 새 이름으로써 관직의 명칭을 정하였다고 한다.
• 人皇(인황) : 사람으로 관직 이름을 붙인 황제씨(黃帝氏).
• 황제(黃帝)는 중국 신화상의 제왕으로, 복희씨(伏羲氏), 신농씨(神農氏)와 더불어 '삼황(三皇)'이라고 일컬어진다. 기원전 2,700년경 천하(지금의 중국의 극히 일부분 영역을 지칭)를 통일하여 문자, 수레, 배 등을 만들고, 도량형, 역법(曆法), 음악, 양잠업 등 많은 문물과 제도를 확립하여, 인류에게 문화생활을 가져다 준 최초의 제왕으로 숭상되었다.

황제씨에 이르러 사람을 관직으로 이름하여 정치를 했는데, 그 예로 대사마(大司馬), 대사구(大司寇) 등의 관직이 있었다.
• "상고시대에 천황씨(天皇氏), 지황씨(地皇氏), 인황씨(人皇氏)가 있었는데, 이를 '삼황(三皇)'이라고 한다. 인황(人皇)만을 말하

고 천황(天皇)과 지황(地皇)을 언급하지 않은 것은 하나를 들어서 다른 것을 겸한 것이다."(『千字文釋義』)

♦ 소호(少昊)가 즉위할 때에 봉황새가 이르렀으므로 새[鳥]로 관직을 이름 붙였으니, 축구(祝鳩)는 사도(司徒), 저구(雎鳩)는 사마(司馬)와 같은 것이 그것이다. 인황(人皇)은 황제(黃帝)이니, 인문(人文)이 크게 갖추어졌기 때문에 이름 붙인 것이다.(『註解千字文』)

* 역사시대 이전의 전설상의 임금들 : 삼황(三皇)

** 여기부터는 옛 임금들과 역사 이야기이다.

11

始制文字하고 乃服衣裳이라
시 제 문 자　　　내 복 의 상

> 직역
> 비로소 문자를 제정하고,
> 마침내 의복을 입게 되었다.

始制文字

【훈음】

◆ 始(시) : 비로소 시. 처음 시. 初也.
◆ 制(제) : 지을 제. 짓다(造也). 裁也. 정할 제.
◆ 文(문) : 글월 문. 무늬 문. 獨體爲文. 독체자(獨體字: 단독 자체).
◆ 字(자) : 글자 자. 合體爲字. 두 자 이상의 독체자(獨體字)가 합쳐서 된 글자. 합체자(合體字: 복합 자체).

【주해】

◆ 文(문) : '日', '月'〔상형象形〕이나 '上', '下'〔지사指事〕처럼 한 자로 이루어진 독립된 글자인데, 이를 독체자(獨體字)라 한다.
◆ 字(자) : '武', '信'〔회의會意〕이나 '江', '河'〔형성形聲〕처럼 두 글자가 합치어 한 자로 구성된 글자인데, 이를 합체자(合體字)라 한다.
◆ "상고시대에는 문자가 없었으므로 노끈을 묶어 표시하여 정치를

했는데, 복희씨가 처음으로 서계(書契: 글자, 약속부호)를 만들어서 노끈을 묶어 표시하던 것을 대신하게 하였다. 그 신하 창힐(蒼頡)이 새의 발자국을 보고 글자를 창제하니, 이것이 문자의 시초이다."(『註解千字文』)

- 창힐은 한자의 창제자로 전해져 왔으나, 창힐 한 사람의 창조는 아니다. 지금은 한자의 형성에 큰 공헌을 한 사람으로 인식되고 있다.

乃服衣裳

【훈음】

- 乃(내) : 이에 내. 그래서 내. 곧 내. 위로 인해 아래를 일으키는 말이다(因上起下語也).
- 服(복) : 입을 복. 被也. 옷 복. 몸을 꾸미는 것. 항복 복.
- 衣(의) : 옷 의. 윗옷(上衣).
- 裳(상) : 치마 상. 아래 옷(下衣).

【주해】

- "상고시대에는 옷이 없었으므로 나뭇잎과 짐승의 가죽으로 몸을 가렸다. 황제(黃帝)가 모자와 의상을 만들어 보기에 외관을 엄숙하게 보이게 하고 신분에 따라 등급을 구분하였다. 이것이 의복의 시초이다."(『註解千字文』)

* 문자와 의복

12

推位讓國은 有虞陶唐이요
추 위 양 국   유 우 도 당

직역	자리를 넘겨주어 나라를 사양한 이는, 유우(有虞)와 도당(陶唐)이다.
의역	임금의 자리를 미루어 주고 나라를 사양한 이는, 유우씨 순임금과 도당씨 요임금이다.

推位讓國

【훈음】

◆ 推(추) : 밀 추. 미룰 추. 천거할 추. 順遷. 밀 퇴.
◆ 位(위) : 자리 위. 여기서는 '임금의 자리'이다. 성인의 큰 보배를 지위(임금의 자리)라고 한다(聖人之大寶曰位).
◆ 讓(양) : 사양할 양.
◆ 國(국) : 나라 국. 土地也. 邦國通稱.

【주해】

◆ 임금의 지위와 나라를 넘겨주는 평화적 정권교체의 예이다. 요임금과 순임금은 덕과 능력을 갖춘 적임자를 자신의 후계자로 정하여 왕위 이양을 단행했으니, 바로 요임금은 순에게, 또 순임금은 우(禹)에게 국가지도권을 넘긴 것이다. 우임금은 훗날 하(夏)왕조를

건립하였다. 이후 세습제로 굳어지게 된다.

有虞陶唐

【훈음】

◆ 有(유) : 있을 유. 어조사. 여기서는 어떤 조대(朝代) 이름 앞에 붙는 접두어이다. 예) 有明(명나라) / 有淸(청나라) – '有'는 '크다'의 뜻이라 한다. 또 한 글자로 말을 이루지 못하면 '有'자를 보태어 짝하니, 예를 들면 우(虞), 하(夏), 은(殷), 주(周)는 모두 나라이름인데, 유우(有虞), 유하(有夏), 유은(有殷), 유주(有周)라고 하는 것이 그것이다.

◆ 虞(우) : 나라이름 우. 순(舜)의 국호(國號). 추측할 우. 염려할 우.

◆ 陶(도) : 질그릇 도. 와기(瓦器). 여기서는 땅이름.

◆ 唐(당) : 당나라 당.

【주해】

◆ "유우(有虞)는 순임금이요 도당(陶唐)은 요임금이다. 요(堯)임금의 아들 단주(丹朱)가 불초(不肖)하므로 순(舜)에게 양보하였고, 순(舜)임금의 아들 상균(商均)이 불초하므로 하(夏)의 우왕(禹王)에게 자리를 양보하였으니, 이것이 바로 '추위양국(推位讓國)'이다."(『註解千字文』)

◆ 虞(우) : 전설상의 왕조로서 순(舜)임금이 건국했다고 한다. 실제로는 작은 나라로서 오늘날 고을 정도의 규모였을 것이다.

◆ 有虞(유우) : 유우씨(有虞氏), 즉 순(舜), 이름은 중화(重華). 상고시대 부락연맹의 영수(領袖). 후에 순임금은 홍수를 다스리는데 공을 세운 우(禹)에게 선양(禪讓)하였다.(지위를 넘겨주었다). 전설에는 그 수령(首領)인 순(舜)은 요임금의 선양(禪讓)을 받아 포판(蒲阪)에 도읍하였다고 한다. 그 터가 지금의 산서성 영제현

(永濟縣) 동남에 있다. '유(有)'는 접두어이다.

여기서 선양(禪讓)이란 선위(禪位)라고도 하는데, 임금이 생존 중에 그 자리를 타성(他姓)의 덕과 능력을 겸비한 사람에게 물려주는 일이다.

◆ 陶唐(도당) : 도당씨(陶唐氏). 요(堯)임금. 이름은 방훈(放勛). 상고시대 부락연맹의 영수(領袖). 순(舜)을 선발하여 3년 동안 시험해 본 후, 순에게 양위하였다.

◆ 요(堯)는 "처음에 '도구(陶丘)'에서 살다가 후에 '당(唐: 지금의 하북성 당현 지방)'으로 옮겨 살았기 때문에 이렇게 칭한다."(『千字文釋義』)

◆ 요(堯)임금은 재위 70년 만에 순(舜)에게 선양하였고, 순임금은 재위 50년 만에 우(禹)에게 선양하였다. 우임금이 하(夏)나라를 세운 이래 아들에게 세습되었다.

◆『小學(소학)·稽古(계고)』 - 맹자께서 본성이 선(善)함을 말씀하시되, 말씀마다 반드시 요순(堯舜)을 일컬으셨다. 그 말씀에 "순(舜)은 천하에 법이 되시어 후세에 전해질 수 있었는데, 나는 아직도 향인(鄕人)이 됨을 면하지 못하니, 이것은 근심할 만한 일이다. 근심한다면 어찌해야 하는가? 순과 같이 할 뿐이다(孟子道性善, 言必稱堯舜. 其言曰, 舜爲法於天下, 可傳於後世, 我猶未免爲鄕人也. 是則可憂也. 憂之如何, 如舜而已矣)."

◆『中庸(중용)』 - 공자님께서 말씀하셨다. "순임금은 큰 지혜이실 것이다. 순임금은 묻기를 좋아하시고, 일상적인 데에 가까운 말을 살피기 좋아하시되, 악을 숨겨주고 선(善)을 드러내시며, 두 끝을 잡으시어 그 중(中)을 백성에게 적용하셨으니, 그 때문에 순임금이 되신 것이다"(子曰, "舜其大知也與! 舜好問而好察邇言, 隱惡而揚善, 執其兩端, 用其中於民, 其斯以爲舜乎)."

朱子注(주자주) - "순임금이 큰 지혜가 되신 까닭은 자기 지혜를 쓰지 않고 남에게서 취하셨기 때문이다. 이언(邇言)은 일상적인 데에 가까운 말인데도 오히려 반드시 살피셨으니, 그 버린 선(善)이 없음을 알 수 있다. 그러나 그 말의 선하지 못한 것은 숨겨주고 드러내지 않으며, 그 선한 것은 전파하고 숨기지 아니하여, 광대하고 광명함이 또 이와 같았으니, 사람들이 그 누가 선으로써 말해주기를 즐거워하지 않겠는가. 양단(兩端)은 중론(衆論)이 같지 않음의 극치를 이룬다. 모든 사물에는 다 양단이 있으니, 소(小)와 대(大), 후(厚)와 박(薄)과 같은 종류이다. 선(善)의 가운데에 또 그 두 끝을 잡고서 헤아려 중(中)을 취한 뒤에 쓴다면, 택함이 분명하고 행함이 지극한 것이다."

- 夏(하) : 나라 이름. 중국 전설상의 최고(最古)의 왕조로서, 치수(治水)에 공로가 있는 우(禹)가 순임금으로부터 선양을 받아서 세운 나라.
- 시대상으로는 요임금, 순임금의 차례이므로, '도당유우(陶唐有虞)'라 해야 옳겠으나, '唐'이 운자(韻字)여서 '유우도당(有虞陶唐)'으로 도치시켰다.
- "이 절은 우임금과 순임금이 천자의 지위와 넓은 토지를 다른 사람에게 양위한 것을 말하고 있다."(『千字文釋義』)

* 고대 훌륭한 임금의 후계자 선정 사례 : 선양(禪讓) - 능력과 덕을 시험한 후 후계자 선정

13

弔民伐罪는 周發殷湯이라
조 민 벌 죄   주 발 은 탕

직 역	백성을 위로하고 죄 있는 사람을 정벌한 이는, 주(周)나라 발(發)과 은(殷)나라 탕왕(湯王)이다.
의 역	(고통 받던) 백성을 위로하고 죄 있는 사람[폭군]을 정벌한 이는, 주나라 무왕(武王) 발과 은나라 탕왕이다.

弔民伐罪

【훈음】

- 弔(조) : 위로할 조. 조문할 조. 조상할 조. 불쌍히 여길 조. 위로하다(慰也). 『智永眞書千字文』에서는 "吊(조상할 조)".
- 民(민) : 백성 민.
- 伐(벌) : 칠 벌. 토벌하다. 정벌하다(征伐). 자랑 벌.
- 罪(죄) : 죄 죄. 허물 죄. 犯法.

【주해】

- "백성을 구휼(救恤)하여 위로함을 조(弔)라 하고, 죄를 밝혀 토벌함을 벌(伐)이라 한다."(『註解千字文』)

周發殷湯

【훈음】

- 周(주) : 두루 주. 주나라 주. 무왕(武王)이 소유한 나라이름.
- 發(발) : 필 발. 주 무왕(周武王)의 이름.
- 殷(은) : 은나라 은. 많을 은. 衆也.
- 湯(탕) : 끓일 탕. 끓는 물 탕. 熱水. 국 탕. 임금이름. 여기서는 은나라의 건국자 탕임금을 말한다.

【주해】

- 周(주) : 나라이름. 기원전 11세기에 은나라를 이어서 무왕(武王) 희발(姬發)이 세운 나라로, 기원전 256년에 진(秦)나라에게 멸망당했다.
- 周發(주발) : 주(周)나라의 개국 군주 무왕(武王) 희발(姬發). 그는 폭군인 상(商: 은)나라 주왕(紂王)을 토벌하여 상나라를 멸망시키고 주(周)나라를 건국하였다.
- "발(發)은 주(周)나라 무왕(武王)의 이름이고, 탕(湯)은 은(殷)나라 임금의 칭호이다. 우(禹)임금의 후대에 걸왕(桀王)이 무도(無道)하므로 탕왕(湯王)이 정벌하였고, 탕왕의 후대에 주왕(紂王)이 무도하므로 무왕(武王)이 정벌하였으니, 이것이 바로 조민벌죄(弔民伐罪)이다."(『註解千字文』)
- 殷(은) : 나라이름. 기원전 14~11세기의 중국 고대의 왕조로, 원래는 상(商)이라 하였으며, 은(殷) 지방으로 천도한 후 은(殷)나라라고 하였다.

설(契)이 상(商) 땅에 봉(封)해졌는데, 그 후에 탕왕은 하(夏)나라를 멸하고 상(商)나라를 세웠다. 상나라는 반경(盤庚)에 이르러 은(殷) 땅에 천도하였다. 그 후 은(殷)나라라고 칭해졌다. 여기서 은나라라고 함은 그 후의 사실에 근거하여 말한 것이다.
♦ 殷湯(은탕) : 상(商)나라(은나라)의 개국 군주 성탕(成湯). 그는 군대를 이끌고 하(夏)나라의 폭군 걸(桀)을 쫓아내고 상나라를 세웠다.
♦ 시대순으로 본다면 은(殷)나라 탕왕이 주(周)나라 무왕보다 먼저여서 '은탕주발(殷湯周發)'이라고 함이 옳겠으나, 앞의 '유우도당(有虞陶唐)'의 예와 같이 '탕(湯)'이 운자(韻字)이므로 운자에 맞게 하기 위해 도치시켰다.

* 정벌로 나라를 세운 사례

14

坐朝問道하니 垂拱平章이라
좌 조 문 도　　　　수 공 평 장

직역	조정에 앉아서 도(道)를 물으니, 옷자락을 늘어뜨리고 팔짱을 낀 채로 공평하고 밝게 잘 다스려졌다.
의역	(그 훌륭한 임금들은) 조정에 앉아서 (현자에게 나라를 다스리는) 도를 물어, 옷자락을 늘어뜨리고 팔짱을 낀 채로 무위이치(無爲而治)하여 공평하고 밝게 잘 다스려졌다.

坐朝問道

【훈음】

- 坐(좌) : 앉을 좌. ↔ 行.
- 朝(조) : 조정 조. 朝廷. 아침 조. 早也.
- 問(문) : 물을 문. 訊也.
- 道(도) : 길 도. 路也. 도리 도. 理也.

【주해】

- 道(도) : 여기서는 나라 다스리는 방법을 가리킨다.
- "임금의 정치하는 요체는 다만 몸을 공손히 하고 조정에 앉아 현

자(賢者)를 존경하고 도(道)를 묻는 데 달려 있을 뿐이다."(『註解千字文』)

垂拱平章

【훈음】

- 垂(수) : 드리울 수. 아래로 늘어지다. 위에서 아래로 이르는 것을 '垂'라 한다.
- 拱(공) : 팔짱 낄 공. 꽂을 공. 두 손을 마주 잡은 것이다(兩手合持). 斂手.
- 平(평) : 평평할 평. 均也. 다스릴 평.
- 章(장) : 밝을 장. 밝다(昭也). 다스릴 장. 글월 장. 법 장.

【주해】

- 垂拱(수공) : 옷자락을 늘어뜨리고 팔짱을 낀 채로 아무 일도 하지 않다. 고대 제왕의 무위이치(無爲而治)를 형용하고 있다.
- 『書經(서경)·武成(무성)』-"수공이천하치(垂拱而天下治)." 곧 (임금이 조정에 앉아) 옷자락을 늘어뜨리고 팔짱을 끼고 아무 일도 하지 않으면서도 천하가 다스려진다는 것을 말한다.
- 『書經(서경)·堯典(요전)』-"백성을 고루 밝게 다스리다(平章百姓)." 平章(평장): 공명정대하고 밝게 다스리다.
- 『書經(서경)·畢命(필명)』-"옷을 드리우고 팔짱을 끼고(두 손을 마주 잡고) 성공하기만을 우러러 바란다(垂拱仰成)."
- "옛 임금은 조정에 서서 정사를 처리했는데, 진(秦)나라에 이르러 임금을 높이고 신하를 억제하여, 비로소 조정에 앉는 예가 생겼다. 이를 "조정에 앉아〔坐朝〕"라 한 것인데, 후세에 의거하여 말하였을 뿐이다."(『千字文釋義』)

* 옛 임금의 훌륭한 정치

** 아래 4구는 옛 훌륭한 임금의 덕택이 많은 사람에게 미치는 것을 말하고 있다.

15

愛育黎首요 臣伏戎羌이라
애 육 려 수   신 복 융 강

직역
백성을 사랑하여 기르고,
이민족들을 신하로 복종시켰다.

愛育黎首

【훈음】
- 愛(애) : 사랑 애. 憐也.
- 育(육) : 기를 육. 키울 육. 養也. 長也.
- 黎(려) : 검을 려. 黑也. 鬎也.
- 首(수) : 머리 수. 頭也.

【주해】
- 黎首(여수) : 검은 머리의 사람들, 곧 일반 백성을 이른다. 고대에 관리는 모자를 썼고, 일반 백성은 모자를 쓰지 않았다. 사람의 머리가 검기 때문에, 일반 백성을 '여수(黎首)'라 한다. '검수(黔首)'와 같다. 예로 학교의 조회 때 교단에서 운동장에 늘어서 있는 학생들을 보면 머리만 까맣게 보인다. 옛날에 백성들이 운집해 있

는 광경을 상상할 수 있겠다.

臣伏戎羌

【훈음】
- 臣(신) : 신하 신. 事人之稱.
- 伏(복) : 엎드릴 복. 屈服也. 偃也.
- 戎(융) : 오랑캐 융. 중국 서쪽에 있는 민족. 서융(西戎).
- 羌(강) : 오랑캐 강. 현재의 티베트족. 서융의 하나.

【주해】
- 戎羌(융강) : 서쪽의 오랑캐. '서융(西戎)', '서강(西羌)'의 호칭이 있다. 여기서는 사방의 오랑캐(이민족)를 통칭한 것이다.
- "덕화(德化)가 멀리 미쳐서 윗글에서 말한 바와 같이 되면 사람들이 모두 서로 이끌고 손님으로 와서 귀의하여 왕으로 받들지 않는 자가 없을 것이다."(『註解千字文』)
- 중국의 화이론(華夷論) : 중국에서는 전통적으로 자신의 영역에 포함되지 않은 사방 주변의 이민족을 '동이(東夷), 서융(西戎), 남만(南蠻), 북적(北狄)' 등 오랑캐라고 불렀다. 오랑캐는 중국인들이 주변 이민족을 얕잡아 부르는 말이다. 바로 세계의 중심이 자신의 나라 곧 중국이라는 관점이다. 원래 중국의 영역권은 우리나라 정도의 작은 땅에 불과했으나, 충돌, 갈등, 그리고 화해를 거쳐 주변 민족을 복속시켰다.

예를 들어 춘추전국시대의 초(楚)나라 등의 강국이나 남북조시대의 북조(北朝) 등의 이민족이 강력하게 중국을 위협했으나, 갈등과 화해를 거쳐 자신의 민족으로 동화시켰다. 또 훗날 몽고족의 원(元)나라나 만주족의 청(淸)나라 등 강력한 이민족의 통치를 받으면서도 자체적으로는 굴종과 인내, 그리고 의지를 통해 오랜 시간을 지나 그 자체를 중국으로 편입하였다. 그리하여 시대가 지날수록 점점 더 외부의 이민족 세력을 자신의 영역권으로 편입해 왔다. 그리고 그 영역이 눈덩이처럼 굴릴수록 점점 넓어져 지금의 광대한 국토를 이루었다.

◆ 관점을 달리하여 개인으로 볼 경우, 세계의 중심은 '나 자신'이요, 자신이 살고 있는 땅이다. 국가로 본다면 한국인의 입장에서는 우리나라가 바로 세계의 중심이다.

당연히 정치, 권력, 힘을 중심으로 본다면 다른 시각도 있겠다.

* 옛 임금들은 가까운 데서 먼 곳으로 영역을 넓히며 통치

16

遐邇壹體로 率賓歸王이라
하 이 일 체   솔 빈 귀 왕

직역: 먼 나라 가까운 나라가 한몸으로 되어,
손님을 거느리고 (와서 우리) 왕께 귀의한다.

遐邇壹體

【훈음】

◆ 遐(하) : 멀 하. 멀다(遠也).
◆ 邇(이) : 가까울 이. 가깝다(近也).
◆ 壹(일) : 한 일. "一". 숫자의 시작(數之始).
◆ 體(체) : 몸 체. 身體也.

【주해】

◆ 遐邇(하이) : '遐'는 먼 곳. 먼 나라. '邇'는 가까운 곳. 가까운 나라.
◆ 壹(일) : 은행 등에서 문서를 작성할 때 한 일(一) 자를 주로 이렇게 쓴다. 관련된 예로는, 2(貳), 3(參), 4(肆), 5(伍), 6(陸), 7(柒), 8(捌), 9(玖), 10(拾).
◆ 壹體(일체) : 한몸. 한결같이. 일체로.
◆ '하(遐)'는 윗 문장의 '융강(戎羌)'을 이어서 말하였고, '이(邇)'는 윗 문장의 '여수(黎首)'를 이어서 말하였다.

◆ "신하로부터 백성에 이르기까지와 중화로부터 오랑캐에 이르기까지 원근을 막론하고 한몸처럼 보아야 한다."(『註解千字文』)

率賓歸王

【훈음】
◆ 率(솔) : 거느릴 솔. 함께(偕也). 領也. 循也.
◆ 賓(빈) : 손님 빈. 客也.
◆ 歸(귀) : 돌아올 귀. 돌아갈 귀. 還也.
◆ 王(왕) : 임금 왕. 임금이다(君也). 조회할 왕.

【주해】
◆ 가까운 사람은 칭찬의 씨앗이 되고, 비방의 씨앗이 되기도 한다. 그런 까닭에 옛날 훌륭한 임금은 먼저 가까이 있는 사람들을 잘 다스려 살기 좋게 만들었다. 나아가 가까운 사람이나 멀리 있는 사람을 한몸으로 보아, 자연스레 멀리 있는 사람도 가까운 사람들의 좋은 소문과 이끌림에 의해 스스로 자신에게 오도록 했다.
◆ 도(道)가 있는 임금은 가까이는 중국, 멀리로는 주변 민족과 친하기를 한몸과 같이 여겼다. 그리하여 멀고 가까움 없이 모두 왕의 덕택을 입었다. 그러므로 백성들은 서로 이끌어 복종하여 우리 왕(王)에게 귀의하게 되었다. 역시 중국 중심의 관점이다. 관점을 달리하면, 우리나라는 한국을 중심이라는 관점에서 보면 된다.
◆ 이와 다른 설로, '王'을 '조회하다'는 의미로 보아 "사방에서 손님 예로 와서 왕께 조회한다", 또는 "천하 백성이 모두 신하가 되어 왕께 귀의해 온다"가 있다. 또는 "거느리고 와서 복종하여 왕에게 귀의한다"라고도 한다.

* 가까운 곳으로부터 먼 곳으로의 통치영역 확대

17

鳴鳳在樹요 白駒食場이라
명 봉 재 수   백 구 식 장

직역 (위와 같이 하니) 우는 봉황새는 나무에 (앉아) 있고, 흰 망아지는 마당에서 (풀을) 먹는다.

鳴鳳在樹

【훈음】

- 鳴(명) : 울 명. 새 울음소리(鳥聲).
- 鳳(봉) : 봉새 봉. 새와 벌레의 으뜸(羽蟲之長). 신조(神鳥).
- 在(재) : 있을 재.
- 樹(수) : 나무 수. 어떤 판본에는 "죽(竹)".

【주해】

- 봉황(鳳凰)은 성인이 세상에 나오면 나타난다는 새인데, 도가 있으면 나타난다고 하는 영험한 새이다. 봉(鳳)은 수컷이고, 황(凰)은 암컷이다.
- 『詩經(시경)·大雅(대아)·卷阿(권아)』 - "봉황새가 우니, 저 높은 뫼이로다. 오동나무가 자라니, 저 산의 동쪽이로다〔저 아침 볕 나는 곳이다〕(鳳凰鳴矣, 于彼高岡. 梧桐生矣, 于彼朝陽)."

　朱子注(주자주) - "봉황의 성질은 오동나무가 아니면 깃들지 않고 죽실(竹實: 대나무 열매)이 아니면 먹지 않는다"고 하였다. 이는 훌륭한 선비가 거주할 곳을 얻음을 비유한 것이다.

白駒食場

【훈음】
- 白(백) : 흰 백.
- 駒(구) : 망아지 구.
- 食(식) : 먹을 식.
- 場(장) : 마당 장. 除地爲場.

【주해】
- 『詩經(시경)·小雅(소아)·白駒(백구)』 - "깨끗한 흰 망아지, 우리 마당에서 풀싹을 먹는다(皎皎白駒, 食我場苗)."
- 場(장) : 마당. 밭. 타작마당. 가을에는 지면을 다져 단단하게 한 다음에 수확할 곡물을 탈곡하기도 했다.
- 제후가(현인이) 타고 온 흰 망아지가 임금의 마당에서 풀을 먹는다, 곧 멀리 있는 사람들도 임금의 명망을 듣고 몰려들어 통치권의 영역이 확대되고 있다는 의미이다.

* **훌륭한 정치의 상징인 봉황새**

* **인재 초빙 - 통치영역의 확대**

18

化被草木이오 賴及萬方이라
화 피 초 목　　　　뇌 급 만 방

직역	덕화(德化)가 초목에까지 입혀지고, 신뢰감[왕의 은덕]이 만천하에까지 (널리) 미치게 된다.
의역	(왕의) 덕화가 (백성은 물론) 초목에까지 입혀지고, 왕의 은덕이 만천하 곧 세계만방 곳곳에까지 널리 미치게 된다.

化被草木

【훈음】

◆ 化(화) : 화할 화. 교화할 화. 변하다(變也). 어떤 상태가 다른 상태로 되는 변화.
◆ 被(피) : 입을 피. 미칠 피. 미치다(及也).
◆ 草(초) : 풀 초. 百卉艸.
◆ 木(목) : 나무 목.

【주해】

◆ 化(화) : (임금의) 교화(敎化), 덕화(德化)를 의미하고 있다.
◆ "그 중화(中和)를 지극히 하여 비 오고 해 뜨는 것이 제때에 맞게 되면 무지한 초목들도 인(仁)의 교화를 입게 된다. 『시경(詩經)』

제1장 하늘과 땅과 사람의 도(道)　71

에서 주(周)나라 왕실을 찬미하여 이르기를, '주왕(周王)이 인자하고 후덕하여, 은택이 초목에 미쳤다'고 한 것이 이것이다."(『註解千字文』)

賴及萬方

【훈음】
- 賴(뢰) : 힘입을 뢰. 의뢰하는 힘. 利也. 의지할 뢰.
- 及(급) : 미칠 급. 이를 급.
- 萬(만) : 일만 만. 萬은 '가득찬 수(盈數)'이다.
- 方(방) : 장소 방. 모 방.

【주해】
- 賴(뇌) : 임금의 은덕. 신뢰감. 힘입음. 혜택. 이로움. 앞 구에서 덕의 교화를 중시하고, 이 구에서는 덕의 힘, 용력(勇力)을 중시하고 있다. 이렇듯 훌륭한 통치자는 덕(德)과 힘〔力〕이 두 가지에 다 균형을 맞추어 힘을 쏟아 저력을 널리 세계만방에 펼치고 있다.
- 賴及萬方(뇌급만방) : 임금의 은덕(신뢰감)이 만방〔만천하〕에 미친다.
- 萬方(만방) : 동서남북, 상하팔방. 세계 각지. 전국 각지. 모든 곳.
- "갓난아기를 보호하듯이 백성을 아껴 인덕(仁德)과 은택이 널리 퍼지면 만방이 지극히 넓지만 영원히 의지하지 않음이 없게 된다."(『註解千字文』)
- 『書經(서경)·虞書(우서)·益稷(익직)』 - "많은 백성이 곡식을 먹게 되니 만방이 다스려졌다(烝民乃粒, 萬方作乂)."
- 『詩經(시경)·大雅(대아)·行葦(행위)』 - "주왕(周王)이 인자하고 후덕하여 은택이 초목에까지 미쳤다.(周王仁厚, 澤及草木)."

◆ 『中庸(중용)』 - "군자는 어울리면서도 휩쓸리지 않으니, 강하구나 꿋꿋함이여. 우뚝하게 서서 어느 한쪽에 치우치지 않으니, 강하구나 꿋꿋함이여. 나라에 도가 있을 때에는 궁할 때의 의지를 변치 않으니, 강하구나, 꿋꿋함이여. 나라에 도가 없을 때에는 죽음에 이르러도 지조를 변치 않으니, 강하구나 꿋꿋함이여(君子和而不流, 强哉矯! 中立而不倚, 强哉矯! 國有道不變塞焉, 强哉矯! 國無道至死不變, 强哉矯!)"

◆ "도가 있는 임금이 있으면, 그 어진 덕이 만물에 미치게 된다. 봉황과 망아지도 그 적합한 곳을 얻게 되며, 초목까지도 그 덕화(德化)를 입게 된다. 이렇듯 이로움이 만방에 미치게 되어, 그 혜택을 입지 않는 사물이 없게 된다."(『千字文釋義』)

◆ 이는 훌륭한 임금의 덕택이 사물에까지 미치는 것을 말하고 있다.

◆ "이상은 제1장이다. 이 장은 하늘, 땅, 그리고 사람의 도를 말하여 천자문의 발단으로 삼았다.

제1절은 천지가 처음 열릴 때부터 말하기 시작하여 천지의 유래가 저절로 있음을 보이고 있다.

제2절에서 제4절까지는 1절의 하늘의 도를 이어서 말하였다. 하늘은 해, 달, 별, 구름, 비, 서리, 이슬이 있어 4계절과 음과 양의 두 기운을 이루니, 하늘의 도의 큰 것을 보였다.

제5절에서 제7절까지는 제1절의 땅의 도를 이어서 말하였다. 땅이 만물을 내어, 금, 옥, 진주, 보배의 진기함, 산천초목(山川草木)의 성대함, 새, 짐승, 벌레, 물고기의 번다함이 있어, 땅의 도의 광대함을 보였다.

제8절에서 제13절까지는 1절의 우주를 이어서 말하고 있다. 천지창조 이전의 혼돈상태 이래로 삼황(三皇), 오제(五帝), 삼왕(三

王)이 인문을 개발하고 일을 이룩하여 백성의 쓰임에 앞서서 하고, 백성을 인애(仁愛)하고 사물을 사랑하여 덕택을 넓힘으로써 사람 일의 성대함을 보이고 있다."(『千字文釋義』)

* 덕화(德化)와 신뢰의 힘[임금의 은덕]이 만방에 펼쳐짐

제 2 장

군자의 수신(修身)하는 도(道)

平章愛育黎首臣伏戎羌
遐邇壹體率賓歸王鳴鳳
在樹白駒食場化被草木
賴及萬方蓋此身髮四大
五常恭惟鞠養豈敢毀傷
女慕貞絜男效才良知過

19

蓋此身髮은 **四大五常**이라
개 차 신 발　　사 대 오 상

| 직역 | 대개 이 몸과 머리털은,
사대(四大 : 불교의 4대 구성요소)와 오상(五常)이다. |

| 의역 | 대개 몸과 머리 터럭과 살갗[身體髮膚]은,
지수화풍(地水火風)의 사대와 인의예지신(仁義禮智信)의 오상(다섯 가지 기본적 덕목)이다. |

蓋此身髮

【훈음】

- 蓋(개) : 대개 개. 발어사(發語詞). 덮을 개. 덮다(覆也).
- 此(차) : 이 차. ↔ 彼(저 피).
- 身(신) : 몸 신. 몸(軀也).
- 髮(발) : 터럭 발. 머리털 발. 머리털(頭毛).

【주해】

- 身髮(신발) : 신체발부(身體髮膚)의 줄인 말. 4언시인 관계로 4자를 2자에 압축시키고 있다.

四大五常

【훈음】

- 四(사) : 넉 사.
- 大(대) : 큰 대.
- 五(오) : 다섯 오.
- 常(상) : 떳떳할 상. 經也. 항상 상. 항상(恒也).

【주해】

- 四大(사대) : 4대 요소. 네 가지 큰 것. 불교에서 말하는 일체의 물체를 구성하는 지(地), 수(水), 화(火), 풍(風)의 네 가지 요소이다. 사람의 몸도 지수화풍(地水火風)의 네 가지 요소로 이루어졌다 한다.

  주흥사가 생존했던 양 무제(梁武帝) 때는 불교를 숭상했다. 그래서 사대(四大)를 불교의 의미로 보아야 설득력이 있다.

- 『圓覺經(원각경)』 – "나의 지금 이 몸은 사대(四大)가 화합된 것이다. 이른바 털, 머리털과 손톱, 발톱, 치아와 가죽, 살, 힘줄, 뼈와 골수, 때 낀 몸뚱이는 모두 흙〔地〕으로 돌아간다. 침, 콧물, 고름. 피와 진액, 침과 가래, 눈물, 정액(精液)과 대소변은 다 물〔水〕로 돌아간다. 따뜻한 기운은 불〔火〕로 돌아가고, 움직이는 기운은 바람〔風〕으로 돌아간다.(我今此身, 四大和合. 所謂毛髮爪齒, 皮肉筋骨, 髓腦垢色, 皆歸於地. 唾涕膿血, 津液涎沫, 痰淚精氣, 大小便利, 皆歸於水. 暖氣歸火, 動轉歸風)." 髓: 골수, 뼛속 기름 수. 垢: 때 구. 唾: 침 타. 涕: 눈물 체. 膿: 고름 농. 津: 침 진. 액체 진. 液: 진 액. 즙 액. 痰: 담 담. 淚: 눈물 루.

- 五常(오상) : 사람이 항상 지켜야 할 다섯 가지 도리. 곧 인(仁),

의(義), 예(禮), 지(智), 신(信). '상(常)'은 '항상', '변하지 아니하다'는 의미를 가지고 있다.

* 사대(四大)와 오상(五常)으로 구성된 몸

** 아래는 배우는 자의 수신(修身)을 말하고 있다.

20

恭惟鞠養컨대 豈敢毀傷가
공 유 국 양   기 감 훼 상

> **직역** 공손히 (부모님께서) 키워주고 길러주신 은혜를 생각하건대, 어찌 감히 (내 몸을) 헐고 상하게 할까보냐.

恭惟鞠養

【훈음】
- 恭(공) : 공손할 공. 공경할 공. 공경하다(敬也).
- 惟(유) : 생각할 유. 생각하다(思也). 오직 유. 오직(獨也).
- 鞠(국) : 기를 국. 기르다(養也).
- 養(양) : 기를 양.

【주해】
- 鞠養(국양) : 기름. 양육함.
- 『詩經(시경)·小雅(소아)·蓼莪(육아)』 – "아버지여 나를 낳으시고, 어머니여 나를 길러주셨네. 나를 어루만지고 나를 길러주시며, 나를 자라게 하고 나를 키워주셨네. 나를 돌아보고 나를 다시 돌아보셨네. 출입할 때에 나를 가슴속에 두시니, 그 은덕을 갚고자 할진댄, 하늘처럼 다함이 없다(父兮生我. 母兮鞠我. 拊我畜我. 長

我育我. 顧我復我, 出入腹我. 欲報之德, 昊天罔極)."

豈敢毀傷

【훈음】
◆ 豈(기) : 어찌 기.
◆ 敢(감) : 감히 감. 구태여 감.
◆ 毀(훼) : 헐 훼. 헐어질 훼. 壞也. '헐'은 '몸에 상처를 낸다'는 의미.
◆ 傷(상) : 상할 상. 손상하다(損也). 슬플 상. 痛也.

【주해】
◆『孝經(효경)·開宗明義章(개종명의장)』-"신체와 머리털과 피부는 부모에게서 받은 것이니, 감히 훼상하지 않음이 효도의 시작이다. 몸을 세워 도를 행하여 후세에 이름을 날려 부모를 드러내는 것이 효도의 끝이다. 효도는 어버이를 섬김이 시작이고, 임금을 섬김이 중간이고, 몸을 세우는 것〔입신立身〕이 끝이다(身體髮膚, 受之父母, 不敢毀傷, 孝之始也. 立身行道, 揚名於後世, 以顯父母, 孝之終也. 夫孝始於事親, 中於事君, 終於立身)."
◆ 이는 수신(修身)을 말하려고 함에, 먼저 몸이 지극히 소중하다는 것을 말하고 있다. 몸에는 사대(四大)가 있고, 심성(心性)에는 오상(五常)이 있다. 수신은 오상의 덕을 닦고, 사대의 몸을 손상시키지 않는 데서부터 시작된다.

* 낳고 길러주신 부모님의 은혜를 생각하여 자신의 몸을 온전히 하라.

21

女慕貞烈이요 男效才良이라
여 모 정 렬   남 효 재 량

직역 여자는 곧고 굳은 절개를 사모하고,
남자는 재능[능력]과 어짊[덕]을 본받아야 한다.

女慕貞烈

【훈음】
- 女(녀) : 여자 녀. 계집 녀.
- 慕(모) : 사모할 모. 사랑하다(愛也). 생각하다(思也). 그리워할 모.
- 貞(정) : 곧을 정. 바를 정. 바르고 굳음이다(正而固也).
- 烈(렬) : 매울 렬. 절개 굳을 렬. 맹렬 렬. 『智永眞書千字文』에는 "絜(깨끗할 결)". 어떤 판본에는 "潔(깨끗할 결)".

【주해】
- 貞烈(정렬) : 여자의 지조가 곧고 매움.

男效才良

【훈음】
- 男(남) : 사내 남. 사나이 남. 장부(丈夫).

- 效(효) : 본받을 효. 본받다(法也).
- 才(재) : 재주 재. 능력 있는 사람(有能者). 재주(藝也).
- 良(량) : 어질 량. 좋을 량. 선량한 마음. 덕이 있는 사람(有德者). 착하다(善也).

【주해】
- 남자는 능력과 덕, 또는 '능력 있는 사람'과 '덕이 있는 사람'을 본받아야 한다.
- 비록 남녀가 차이가 있으나 오상(五常)을 닦는 것에 있어서는 같다.

* 여자와 남자의 핵심적인 일 : 정렬(貞烈)과 재량(才良)

** 아래는 오상(五常)을 닦는 일을 피력하고 있다.

22

知過必改요 得能莫忘하라
지 과 필 개   득 능 막 망

직역
허물을 알았으면 반드시 고치고,
능력을 얻었거든 잊지를 마라.

知過必改

【훈음】
- 知(지) : 알 지.
- 過(과) : 허물 과. 지날 과. 지나칠 과. 잘못(失誤).
- 必(필) : 반드시 필. 꼭 필.
- 改(개) : 고칠 개. 고치다(更也).

【주해】
- 『論語(논어)·子罕(자한)』-"허물이 있으면 고치길 꺼려하지 말라(過則勿憚改)."
- "자로(子路: 중유仲由, 공자의 제자)는 자신의 잘못을 듣기 좋아하여 남들이 잘못을 말해주면 기뻐하였다. 이는 잘못을 들으면 알아서 반드시 고치려고 해서였으니, 백세(百世)의 스승이라 할 만하다."(『註解千字文』)

得能莫忘

【훈음】

- 得(득) : 얻을 득. 구하여 (목적한 것을) 얻다(求而獲之也).
- 能(능) : 능할 능. 자기에게 있는 것이다(有諸己者也).
- 莫(막) : 말 막. 금지의 말. 없다(無也).
- 忘(망) : 잊을 망. 失也. 不記.

【주해】

- 得能(득능) : 어떠한 일을 처리할 수 있는 능력을 터득하여 얻음.
- 『論語(논어)·子張(자장)』-"날마다 자신에게 없는 것[자기가 알지 못하는 것]을 알며, 달마다 자신에게 능한 것을 잊지 않으면, '학문을 좋아한다'고 이를 만하다(日知其所亡, 月無忘其所能, 可謂好學也已矣)." 청(淸) 고염무(顧炎武)의 『일지록(日知錄)』이란 책이 있는데, 그 서명(書名)의 의미는 '날마다 한 가지씩 한 가지씩 지식을 쌓는 것을 기록했다'이다.

* 과실(過失)이 있거든 반드시 고치고, 능한 바가 있으면 반드시 지켜서 잊지를 말라.

* 허물 고치기와 자신의 능력 유지 발전

23

罔談彼短이요 靡恃己長하라
망 담 피 단   미 시 기 장

> 직역: 다른 사람의 단점을 말하지 말고,
> 자신의 장점을 과시하지 마라.

罔談彼短

【훈음】

◆ 罔(망) : 말 망. 경계하는 말. 하지 말라. 없을 망.
◆ 談(담) : 이야기할 담. 말하다(言也). 말씀 담. 생각대로 말하다(縱言).
◆ 彼(피) : 저 피. 자신에 상대하여 말한 것이다.
◆ 短(단) : 짧을 단. 결점, 허물 단. 허물(過也).

【주해】

◆ "군자는 자신의 행실을 닦는 것을 급히 여기기 때문에 남의 장단점을 점검할 겨를이 없다. 맹자는 말하길 '남의 불선(不善)을 말하다가 장차 후환(後患)을 어찌 하려는가?'(孟子曰, 言人之不善, 當如後患何)라 하였으니, 마땅히 깊이 이해하여야 할 것이다."(『註解千字文』)
◆ 그러나 상대방에 대한 사회정의를 위한 고발은 인정해야 한다.

예를 들어, 자신은 잘못이 없는데 인권유린을 당하는 것 등에 대해 다른 사람의 잘못을 지적하는 것은 옳은 일이다.

靡恃己長

【훈음】

- 靡(미) : 말 미. 없을 미. 하지 말라. 금지하는 말. 부정사. 말라(無也). 쓰러질, 쏠릴 미.
- 恃(시) : 믿을 시. 믿고 의지할 시. 자랑한다는 의미이다(矜夸之意). 賴.
- 己(기) : 몸 기. 자기 기. 밖에 있는 남에 대하여 안에 있는 자기 자신.
- 長(장) : 긴 장. 能也.

【주해】

- 『書經(서경)·商書(상서)·說命中(열명중)』-"자신이 장점〔善〕이 있다고 여기면 그 장점을 잃고, 자신의 재능을 자랑하면 그 공을 잃을 것이다(有厥善, 喪厥善, 矜其能, 喪厥功)."

  注 : "스스로 장점을 가졌다고 여기면 자신이 더 힘쓰지 않아 덕(德)이 이지러지고, 스스로 재능을 자랑하면 남들이 힘을 바치지 않아 공(功)이 무너진다(自有其善, 則己不加勉而德虧矣. 自矜其能, 則人不效力而功隳矣)." 그러니만큼 자만하지 않아야 된다.

- 崔瑗(최원),「座右銘(좌우명)」-"남의 단점을 말하지 말고, 자신의 장점을 말하지 말라. 남에게 베풀었으면 삼가 생각하지 말고, 베풂을 받았거든 삼가 잊지를 말라(無道人之短, 無說己之長. 施人愼勿念, 受施愼勿忘)."

  최원(崔瑗: 77~142년)은 한(漢)나라 사람으로, 자(字)가 자옥

(子玉)이며, 안평(安平: 하북성) 사람이다.

* 타인의 단점과 나의 장점 말하지 말기

24

信使可覆이요 器欲難量이라
신 사 가 복   기 욕 난 량

> **직역** 약속은 실천할 수 있게 하고,
> 기량은 (남이) 헤아리기 어렵게 하고자 한다.

信使可覆

【훈음】

◆ 信(신) : 약속 신. 믿을 신. 알차다(實也). 誠也.
◆ 使(사) : 하여금 사. 시킬, 부릴 사. 하여금(令也).
◆ 可(가) : 가할 가. 옳을 가. 할 수 있다.
◆ 覆(복) : 덮을 복. 실천하다. 반복하다. 되풀이할 복. 되풀이하여 증험하다(復驗也). 復也.

【주해】

◆ 『論語(논어)·學而(학이)』 - "약속이 의에 가까우면, 그 약속한 말을 실천할 수 있다(信近於義, 言可復也)."
◆ '신사가복(信使可覆)' 구는 '신의는 거듭 실천할 수 있게 하고'라 해석해도 되겠다. 믿음이 있는 일은 되풀이해서 이행해야 될 것이다. 내가 신의가 있으면 친구도 내게 신의를 돌려준다.
◆ 로마법에도 "약속은 지켜야 한다"라는 말이 있다. 사람과의 약속

은 성실(誠實)하게 지키도록 힘써야 한다.

器欲難量

【훈음】

◆ 器(기) : 그릇 기. 기량(器量). 기국(器局). (사람의) 그릇. 도량[局量]. 헤아리다(量也).
◆ 欲(욕) : 하고자 할 욕. 願也.
◆ 難(난) : 어려울 난. 不易.
◆ 量(량) : 헤아릴 량. 잴 량. 헤아리다(탁야度也).

【주해】

◆ 『論語(논어)·爲政(위정)』 - "공자가 말씀하셨다. '군자는 용도가 정해진 그릇이 아니다(子曰, 君子不器)'". 『論語注疏(논어주소)』, "군자의 덕은 그릇처럼 각기 한 가지 용도만을 고수하지 않고, 기미를 보면 일어나니 쓰이지 않는 곳이 없다는 말이다(君子之德則不如器物各守一用, 言見機而作, 無所不施也)"
◆ 사람의 기량(器量)은 반드시 하늘과 땅과 같이 크게 한 뒤에야 남이 측량하기 어려운 것이다.
◆ "사람의 기량은 광대(廣大)하게 하여, 남으로 하여금 측량하기 어렵게 해야 한다. 자신의 장점을 믿게 되면 남이 측량할 수 있게 된다."(『千字文釋義』)

* 약속을 실천하고, 남이 측량하기 힘들만한 기량 양성하기

25

墨悲絲染이요 詩讚羔羊이라
묵 비 사 염   시 찬 고 양

직역	묵자(墨子)는 실이 물드는 것을 슬퍼하였고, 『시경(詩經)』에서는 「고양(羔羊)」편을 찬미하였다.
의역 1	묵자는 흰 실이 (붉거나 검게, 또는 나쁘게) 물드는 것을 슬퍼하였고, 『시경』에서는 (문왕의 교화를 받아 백성들이 좋게 변한 것을 노래한) 「고양」편의 덕을 찬미하였다.
의역 2	묵자는 흰 실이 쉽게 물드는 것을 슬퍼하였고, 『시경』에서는 군자의 품덕(品德)이 새끼 양처럼 깨끗하고 힘을 찬미하였다.

墨悲絲染

【훈음】

- ◆ 墨(묵) : 먹 묵. 여기서는 묵자(墨子)를 가리킴. 姓也.
- ◆ 悲(비) : 슬플 비. 슬퍼할 비. 感也.
- ◆ 絲(사) : 실 사. 누에가 토해 낸 실(蠶所吐).
- ◆ 染(염) : 물들일 염. 흰색에 색깔을 가하는 것.

【주해】

◆ 墨(묵) : 묵자(墨子)를 가리킨다. 이름은 묵적(墨翟, B.C. 480~390년). 춘추전국시대의 노(魯)나라 철학자이며, 묵가(墨家)의 시조이다. 그의 사상은 『묵자(墨子)』에 잘 나타나 있는데, 형식, 계급, 사욕(私慾)을 타파하고, 사회겸애(社會兼愛)를 주장하였다.

◆ 『墨子(묵자)·所染(소염)』 - "묵자가 실을 물들이는 사람을 보고 탄식하여 말하였다. '파란 물감에 물들이면 파래지고, 노란 물감에 물들이면 노랗게 되니, 넣는 물감이 변하면 그 색깔도 변한다. 다섯 번 물통에 넣었다 뒤에 보니 곧 오색(五色)이 되어 있다.' 그러니 물듦에는 삼가지 않을 수가 없는 것이다. 실을 물들이는 것만이 그런 것이 아니라 나라에도 물들임이 있는 것이다. 순(舜)임금은 허유(許由)와 백양(伯陽)에게 물들고, 우(禹)임금은 고요(皐陶)와 백익(伯益)에게 물들었고, 탕(湯)임금은 이윤(伊尹)과 중훼(仲虺)에게 물들었고, 무왕(武王)은 태공(太公)과 주공(周公)에게 물들었다. 이 네 분의 임금들은 물든 것이 합당한 까닭으로 천하를 다스리게 되었고, 천자로 즉위하여 천지를 가릴 만한 공로와 명성을 이룩하여, 천하의 어진 사람이나 명예로운 사람을 들자면 반드시 이 네 분의 임금을 들게 되었던 것이다(子墨子見染絲者而歎曰, 染於蒼則蒼, 染於黃則黃, 所入者變, 其色亦變. 五入而已則爲五色矣. 故染不可不愼也. 非獨染絲然也, 國亦有染. 舜染於許由伯陽, 禹染於皐陶伯益, 湯染於伊尹仲虺, 武王染於太公周公. 此四王者, 所染當, 故王天下, 立爲天子, 功名蔽天地, 擧天下之仁人顯人, 必稱此四王者)."

이상에서 묵자는 좋게 물들은 역사적 사례를 들고 있다. 이어서 그는 좋지 못하게 물들은 역사적 사례도 들고 있는데, 여기서는 인용하지 않는다. 묵자는 하얀 실이 여러 색깔에 물들여지는 데서 비애를 느꼈다. 아울러 사람도 주위환경에 의해 물들어 본성을 잃을 수 있다는 것을 깨달을 수 있다.
◆ 여기서 주흥사는 사람이 좋지 않게 변하는 현상에 슬퍼하였다는 묵자의 한 측면만을 말하고 있음을 알 수 있다.

詩讚羔羊

【훈음】
◆ 詩(시) : 시 시. 시경(詩經) 시. 중국 고대 전적에서의 '시(詩)'는 대체로 『시경』을 의미하고 있다.
◆ 讚(찬) : 기릴 찬. 칭찬할 찬. 찬미한 것이다(美之也). 稱美.
◆ 羔(고) : 염소 새끼 고. 새끼 양 고. 양의 어린 것(羊之小者).
◆ 羊(양) : 양 양.

【주해】
◆ 羔羊(고양) : 희고 깨끗한 "염소 새끼의 가죽(羔羊之皮)"으로 군자의 품덕(品德)이 고결함을 비유하고 있다.(李逸安)
◆ 「고양(羔羊)」은 『시경(詩經)·소남(召南)』의 편명이니, 남국(南國)의 대부(大夫)가 문왕(文王)의 교화를 입어 절약하며 검소하고, 정직함을 찬미한 것이다.(『註解千字文』)
◆ 『시경(詩經)』의 본래 뜻은 대부(大夫)들이 절검(節儉)하고 정직한 것을 아름다워 한 것인데, 이 시를 인용하여 다만 양가죽 옷의 흰 실로 꿰맨 솔기가 그 색깔이 순일(純一)함을 취했을 뿐이다.(『千字文釋義』)
◆ 『詩經(시경)·召南(소남)·羔羊(고양)』 - "염소 새끼의 가죽이여, 흰 실로 다섯 곳을 꿰맸도다. 관청에서 근무하다가 퇴근하고 집에 와서 식사를 하니, 의젓하고 의젓하다(羔羊之皮, 素絲五紽.

退食自公, 委蛇委蛇)." 紽(타): 타래 타. 실을 세는 단위. 委蛇(위이): 마음이 여유가 있고 침착한 모양.

◆ 毛詩(모시) - "소남(召南)의 나라가 문왕(文王)의 정치에 교화되어 지위에 있는 자들이 모두 절약, 검소하고 정직하여, 덕이 염소 새끼와 같았다(召南之國, 化文王之政, 在位皆節儉正直, 德如羔羊也)."

朱子注(주자주) - "남국(南國)이 문왕(文王)의 정사에 교화되어 지위를 가진 자들이 모두 절약, 검소하고 정직하게 되었다. 그러므로 시인이 그 의복에 떳떳함이 있고, 조용하고 자득함이 이와 같음을 찬미한 것이다."

◆ 신하가 임금을 충성스럽게 섬긴다. 여기서 충성이나 양심은 지켜야 함을 알게 하고 있다.

* 환경과 정치

26

景行維賢이요 克念作聖이라
경 행 유 현   극 념 작 성

> **직역**: 큰길[大道]을 가면 오직 훌륭한 사람이 되고, 능히 (살펴) 생각하면 성인이 된다.

景行維賢

【훈음】

- 景(경) : 볕 경. 클 경. 크다(大也). 경치 경.
- 行(행) : 길 행. 길이다(道也). 다닐 행.
- 維(유) : 벼리 유. 오직 유. 여기서는 "惟(오직 유)"와 같다. 어조사 유. 맬 유.
- 賢(현) : 어질 현. 덕행과 재능이 남보다 뛰어난 것을 어질다고 한다 (德行才能過人曰賢).

【주해】

- 景行(경행) : 큰 길. 대도(大道). 고상한 덕행.
- 『詩經(시경)·小雅(소아)·車舝(거할)』 - "높은 산을 우러러 보며, 큰길을 간다(高山仰止, 景行行止)." 注: "경행은 큰길이다(景行, 大道也)." 여기서 앞의 '行'은 '길 도'이고, 뒤의 '行'은 '다닐 행'이다. '지(止)'는 모두 어조사이다.

◆ "군자는 큰길을 간다(君子大路行)"라는 말이 있다. 군자는 사람이 마땅히 걸어야 할 큰길을 간다는 의미이다.

克念作聖

【훈음】
◆ 克(극) : 능할 극. 能也. 이길 극. 『智永眞書千字文』에는 '剋'.
◆ 念(념) : 생각할 념. 思也. 常思. 읊을 념.
◆ 作(작) : 지을 작. 爲也. 만들 작. 일으킬 작.
◆ 聖(성) : 성인 성. 위대하여 남을 감화시키는 것을 성스럽다 한다, 모든 것에 통달하고 지혜가 밝음을 칭한다(大而化之之謂聖. 通明之稱).

【주해】
◆ 克念(극념) : 능히 살펴 생각하면. 제대로 잘 생각하면. 『지영진서천자문』에는 '剋念'이라고 하였다. '사념(私念)을 이기면'으로 해석된다. '念'을 '사념(私念)'이라고 이해하여 '사념을 제어하여'라고도 해석한다.
◆ 성인은 생각하거나 힘쓰지 않고도 오상(五常: 인의예지신)에 부합하는 사람이며, 덕과 지혜가 뛰어나서 길이길이 우러러 받들어 본받을 만한 사람으로, 특히 유교에서 이상으로 하는 인물이다.
◆ 『書經(서경)·周書(주서)·多方(다방)』 - "오직 성인이라도 살펴 생각하지 않으면 방탕한 사람〔狂人〕이 되고, 오직 방탕한 사람이라도 능히 살펴 생각하면 성인이 된다(惟聖, 罔念作狂, 惟狂, 克念作聖)."

여기서 성찰 공부의 중요성을 말하고 있다. 인간은 생각과 노력에 의해 무한한 가능성을 내포하고 있다.

* 현인과 성인이 되는 길

27

德建名立이요 形端表正이라
덕건명립　　　형단표정

직역: 덕이 서면 이름이 서고,
몸이 단정하면 (정정당당하여) 겉모습이 바르게 된다.

德建名立

【훈음】

- 德(덕) : 덕 덕. 큰 덕.
- 建(건) : 세울 건. 설 건. 立也. 세우다(立之).
- 名(명) : 이름 명. 이름이다(號也). **용례**) 입신양명(立身揚名) - 몸을 세워 자기의 이름을 드날린다. 출세하여 자신의 이름이 세상에 드날리게 되다.
- 立(립) : 설 립. 建也. 成也.

【주해】

- 德(덕) : 공정하고 포용성 있는 마음이나 품성, 또는 인격이나 본성. 마음이 올바르고 인도(人道)에 합당하는 일. 인격이 갖추어져서 남을 경복(敬服)시키는 힘. 명망. 도덕. 품행.
- "덕은 실(實)이고 명(名)은 실(實)의 손님이니 실(實)이 있는 곳에는 명(名)이 저절로 따르기 마련이다."(『註解千字文』)

形端表正

【훈음】

- 形(형) : 형상 형. 體也. 모양, 꼴 형. 얼굴 형. 容也.
- 端(단) : 단정할 단. 正也. 끝 단. 실마리 단.
- 表(표) : 겉 표. 밖 표. 外也. 용모 표. 본, 모범 표.
- 正(정) : 바를 정.

【解釋】

- 形端表正(형단표정) : 몸이 단정하면 의용(儀容: 용모, 차림새, 태도)이 자연히 장중하게 된다. 몸이 단정하면 정정당당하여 겉모습이 저절로 위의(威儀: 무게가 있어 외경할 만한 거동)를 갖추게 된다.
- 몸이 단정하면 그림자 또한 단정하고, 겉모습이 바르면 그림자도 바르다.
- "오직 덕을 세우면 성인과 현인의 이름이 있게 되고, 몸과 겉모습이 단정하면 그림자는 저절로 이를 따르게 된다. 대개 덕을 닦는 사람은 반드시 명예가 있어서 사람들이 그를 본받지 않을 수 없는 것이다."(『千字文釋義』)
- 『書經(서경)·周書(주서)·君牙(군아)』 - "네 몸이 능히 바르면 감히 바르지 않을 이가 없을 것이다(爾身克正, 罔敢弗正)."
- 『論語(논어)·顔淵(안연)』 - "계강자가 공자에게 정치에 대해서 물었다. 공자께서 대답하셨다. '정치란 바로잡는 것이니, 그대가 올바름으로써 솔선수범한다면 누가 감히 바르게 하지 않겠는가?' (季康子問政於孔子. 孔子對曰, 政者, 正也. 子帥以正, 孰敢不正.)"
帥: 거느릴 솔.

❖ 여기서 형(形)은 나[我]라는 주체가 본 형상이고, 표(表: 겉모습)는 다른 사람이 객관적으로 보는 표준이다.

【평설(評說)】

내면의 덕이 이루어지면 밖의 명성도 따르게 되고, ('나'라는 주체가 본) 용모가 단정하면 (남이 보는 객관적인) 겉모습도 바르게 된다는 것이다.

먼저 "덕건명립(德建名立)"을 보자. 우선 덕에 대한 사전적 의미를 살펴보면, '공정하고 포용성 있는 마음이나 품성, 또는 인격이나 본성을 말한다. 마음이 올바르고 인도(人道)에 합당하는 일이며, 인격이 갖추어져서 남을 경복(敬服)시키는 힘이다' 등등이 있다. 이 모두 자신의 내면에 뿌듯한 얼음이 있어야 가능한 것이겠다.

특히 이에 대해서는 『춘추좌전(春秋左傳)』 양공(襄公) 24년조(條)의 '삼불후(三不朽: 세 가지 썩지 않는 것)'라는 말이 유명하다. "최상은 덕을 세우는 것이요, 그 다음은 공을 세우는 것이며, 또 그 다음은 말을 남겨 놓는 것이다(太上有立德, 其次有立功, 其次有立言.)"

여기서 '입덕(立德)'은 곧 덕을 세우는 것이다. 그 다음 '입공(立功)'은 곧 공(功)을 세우는 것이다. 밖에 나가면 장수가 되고, 안에 들어와서는 정승이 되어 나라를 위해 훌륭한 공을 세우는 것을 모범으로 삼는다. 세 번째가 '입언(立言)'인데, 훌륭한 말을 세우는 것이다. 곧 훌륭한 저서나 말을 이 세상에 남기는 것이다. 학자의 경우 훌륭한 저서나 강의를 남기는 것이겠다.

예컨대, 훌륭한 덕은 세웠지만 공을 세우지 못했던 공자(孔子)의 경우, 그 말씀이 제자나 재전제자(再傳弟子)의 기록에 의해 『논어』가 이루어졌고, 그것이 지금껏 헤아릴 수 없이 많은 사람들의 가슴에 감동을 주고 있다. 그리하여 공자님은 인류의 크나큰 스승으로서 지금까지 영향력을 과시하고 있다.

고대 중국의 지식인은 '공 세우기〔立功〕', '말 세우기, 학문 세우기〔立言〕'에 비해 '덕 세우기〔立德〕'를 최고의 가치로 여기고 있다. 현재도 이 세 가지가 한몸에 갖추어져 있다면 조화된 최고의 인생을 살고 있다고 할 수 있다. 그러나 다 갖출 수 없을 때에는 '덕 세우기〔立德〕'를 중시하고, '공 세우기〔立功〕'나 '학문 세우기〔立言〕' 가운데 하나를 추구하는 삶을 사는 것이 좋을 듯하다.

한편, '명(名)'은 이름, 바로 명성이다. 예로부터 '입신양명(立身揚名)'은 몸을 세워 자신의 이름을 세상에 드날리는 것으로, 젊은이의 큰 영광이 되고 있다. 자신은 물론 부모님과 가족, 나아가 국가와 민족을 위한 큰일을 하여 이름을 드날리는 것이다.

다음에 "형단표정(形端表正)"을 보자. '형단(形端)'은 형용(形容)이 단정하다는 의미이다. 『서경(書經)·주서(周書)·군아(君牙)』편에 "네 몸이 능히 바르면, 감히 바르지 않을 이가 없을 것이다(爾身克正, 罔敢弗正)"라고 했다.

전반적으로 이 두 구절은 바로 덕(德)과 명(名), 형(形)과 표(表)의 관계를 말하고 있다. 우선 내면의 덕의 함양과 기본적 자세를 중시하고, 나아가 함양된 덕과 표현된 외면의 모습간의 조화를 지향하고 있음을 알 수 있다. 이와 같이 한 구 한 구 전체 천자문을 검토해 보면 넌지시 전체적인 조화의 세계를 추구하고 있음을 알 수 있다.

* 덕과 명예, 그리고 용모

28

空谷傳聲이요 虛堂習聽이라
공곡전성 허당습청

> 직역 빈 골짜기에서 (메아리로) 소리가 전해지고,
> 빈 집에서 (울려져서) 익히 잘 들을 수 있다.

空谷傳聲

【훈음】
- 空(공) : 빌 공. 비다(虛也).
- 谷(곡) : 골짜기 곡. 골 곡. 水注谿曰谷.
- 傳(전) : 전할 전. 잇는다(續也).
- 聲(성) : 소리 성.

【주해】
- 空谷(공곡) : 빈 골짜기. 인기척이 없는 쓸쓸한 골짜기.
- 空谷傳聲(공곡전성) : 인적이 드문 깊은 골짜기에서 소리를 전하다. 반응이 빠르다. 고요한 속에서 도를 깨닫고 학문을 깨달을 수 있다. 덕이 있는 사람의 말은 빈 골짜기에 산울림이 전해지듯 멀리 퍼진다.

虛堂習聽

【훈음】
- 虛(허) : 빌 허. 空也.
- 堂(당) : 집 당. 舍也. 대청 당. 屋之高大者.
- 習(습) : 익힐 습. 거듭하다(重也).
- 聽(청) : 들을 청. 듣다(聆也).

【주해】
- 虛堂(허당) : 빈 대청. (사방이) 넓고 장식이 없는 대청.
- 習聽(습청) : 익히 들리다. 공명(共鳴)을 일으키다.
- "사람이 인적 없는 골짜기에 있을 때에 소리가 있으면 골짜기에서 스스로 메아리쳐 호응하여 그 소리가 전해진다."(『註解千字文』)
- 『周易(주역)·繫辭上傳(계사상전) 제8장』 - "우는 학이 음지에 있으니 그 새끼가 화답하도다. 내 좋은 벼슬을 소유하여 내 그대와 함께 소유한다"(『周易·中孚卦』)라 하니, 공자께서 다음과 같이 말씀하셨다. '군자가 집에 거하여 말을 냄이 선(善)하면 천리 밖에서도 응하니, 하물며 가까운 자에 있어서랴. 집에 거하여 말을 냄이 선하지 못하면 천리 밖에서도 떠나가니, 하물며 가까운 자에 있어서랴. 말은 몸에서 나와 백성에게 가해지며, 행실은 가까운 곳에서 발하여 먼 곳에 나타나니, 말과 행실은 군자의 추기(樞機: 중추가 되는 기관)이니, 추기의 발함이 영욕(榮辱)의 주체이다. 말과 행실은 군자가 천지(天地)를 움직이는 것이니, 삼가지 않을 수 있겠는가'(「鳴鶴在陰, 其子和之, 我有好爵, 吾與爾靡之.」子曰,「君子居其室, 出其言善, 則千里之外應之, 況其邇者乎? 居其室, 出其言不善, 則千里之外違之, 況其邇者乎? 言出乎身, 加乎民, 行發乎邇, 見

乎遠. 言行, 君子之樞機. 樞機之發, 榮辱之主也, 言行, 君子之所以動天地也, 可不愼乎?」)"

이렇듯 "군자가 그 방에 거하여, 말을 내는 것이 선(善)하면 천리 밖에서도 응한다(君子居其室, 出其言善, 則千里之外應之)."
◆ 소리는 텅 빈 골짜기에서도 전해지고, 빈 대청에서도 소리가 난다. 또 소곤거리는 사람의 말을 빈집에서도 신(神)은 익히 들을 수 있다. 예를 들면, 소문이라는 것이 그렇다. 좋은 소문은 서서히 퍼지는 것이 일반적이다. 이에 반해 나쁜 소문은 빨리 퍼진다. "발 없는 말이 천리 간다"는 속담이 있다. 만일 어떤 사람에 대해 단점을 약간만 얘기하고 장점을 많이 얘기한다고 하더라도, 듣는 사람의 입장에서는 단점이 더욱 부각되기가 쉽다. 이 때문에 남의 단점은 가급적 얘기하지 말고 장점을 많이 얘기하라는 것이다.

실제로 어떤 사람의 장점을 자주 얘기하면 그 사람이 더 크게 발전할 가능성이 많다. 칭찬을 많이 하라. 어린이도, 어른도, 칭찬을 들으면 더 잘할 가능성이 농후하다.

크게 본다면, 기실 표현을 하든 안하든 서서히 주위에서나 멀리서도 알게 된다. 노력하는 자는 그 노력이 언젠가는 결실을 이룰 수 있을 것이다. 훌륭한 사람의 말도 빈 골짜기에 산울림이 전해지듯 멀리 퍼지게 된다.

한편, 마음에 빈 공간[虛]이 있는 사람, 곧 허심(虛心)한 사람은 가르침을 알아듣게 된다. 곧 허심해야 남의 말을 알아듣게 된다. 허(虛)해야 마음에 빈 공간이 많게 되어 용량이 크게 될 수 있는 것이다. 컴퓨터의 용량이 크면 많은 자료가 들어갈 수 있는 이치와 통한다.

도연명의 시구에 "뜰에는 티끌 같은 잡스러운 것 없고, 빈 방엔 넉넉한 한가로움이 있네(戶庭無塵雜, 虛室有餘閑)"(〈歸園田居, 其

一))라 하였다. 고요하고 깨끗하며 여유 있게 사는 삶의 표현이다.

　허심(虛心)한 사람은 청각이 밝아 정신을 차려서 잘 깨닫게 된다. 예를 들면 부모님을 아끼고 존경하는 사람은 객지에서도 "외지에 나가서는 조심하거라. 좋은 사람을 사귀라"는 부모님의 소리를 습관적으로 들을 수 있다.

◆ 이 구절은 위의 "景行維賢, 克念作聖. 德建名立, 形端表正"과 연결시켜서 생각하면 된다.

◆ 무엇이든 보고 듣고 말하는 것을 선별하여야 한다.

◆ 사람의 마음이 순수하고 넓으면, 여러 가지 의견을 들어서 취할 수 있다는 것을 비유한다.

* 허심(虛心)의 경지

29

禍因惡積이요 福緣善慶이라
화 인 악 적   복 연 선 경

직역 재앙은 악이 쌓임에서 비롯되고,
복은 착한 경사에서 연유한다.

禍因惡積

【훈음】

- 禍(화) : 재앙 화. 재앙(殃也).
- 因(인) : 인할 인. 인연 인. 까닭 인. 緣也.
- 惡(악) : 악할 악. 모질 악. 미워할 오.
- 積(적) : 쌓을 적. 거듭하다, 포개다(累也). 聚也.

【주해】

- 『周易(주역)·繫辭下傳(계사하전)』 - "악이 쌓이면 가릴 수 없고, 죄가 크면 풀 수가 없다(惡積而不可掩. 罪大而不可解)."
- 악(惡)은 오상(五常 : 인의예지신)에 어긋나는 일이다.
- 『孟子(맹자)·公孫丑上(공손추상)』 - "재앙[禍]과 복(福)이 자신으로부터 구하지 않는 것이 없다. 『시경(詩經)』에 이르기를, '길이 천명에 부합하기를 생각하여, 스스로 많은 복을 구한다'라고 하였다(禍福無不自己求之者. 詩云, '永言配命, 自求多福')."

福緣善慶

【훈음】
- 福(복) : 복 복. 休祥也.
- 緣(연) : 인연 연. 인하다(因也). 옷깃 연.
- 善(선) : 착할 선. 良也.
- 慶(경) : 경사 경. 축하할 경.

【주해】
- 緣(연) : 인연. 앞 구의 '因'과 같은 의미이다. 여기서는 중복되는 글자를 회피하여 '緣'이라 하였다.
- 선(善)이라는 것은 오상(五常 : 仁, 義, 禮, 智, 信)을 닦는 일이다. 경사라는 것은 선이 드러난 것이다. 하늘이 사람에게 재앙을 내리는 것은 반드시 오상을 어그러뜨리고 악을 많이 행했기 때문이다. 하늘이 사람에게 복을 내리는 것은 반드시 오상을 닦아 선이 몸에 드러났기 때문이다.
- 『明心寶鑑(명심보감)·繼善篇(계선편)』-"공자님께서 말씀하셨다. 선을 행하는 사람에게는 하늘이 복으로써 갚고, 불선(不善)을 행하는 사람에게는 하늘이 재앙으로써 갚는다(子曰, 爲善者, 天報之以福. 爲不善者, 天報之以禍)."
- 『周易(주역)·坤卦(곤괘)』-"선을 쌓는 집안은 반드시 남겨주는 경사가 있고, 불선(不善)을 쌓는 집안은 반드시 남겨주는 재앙이 있다(積善之家, 必有餘慶, 積不善之家, 必有餘殃)." 餘慶(여경) : 남은 경사. 조상이 선행을 한 보답으로 자손들이 받는 복. 餘殃(여앙) : 남은 재앙. 조상이 악행을 한 보답으로 자손이 받는 재앙.
- 앞에서 덕을 쌓아 반드시 아름다운 이름을 얻음은 마치 그림자가

형체와 겉모습을 따르는 것과 같다고 했다. 여기서는 천도(天道)가 어긋나지 않는 것은 선을 행하면 복을 얻고 악을 행하면 재앙을 얻는 것이니, 마치 메아리가 소리에 응하는 것과 같다고 했다.

* 선과 악

30

尺璧非寶니 寸陰是競하라
척 벽 비 보   촌 음 시 경

직역: 한 자나 되는 (큰) 구슬은 보배가 아니니,
짧은 시간을 다투어야 한다.

尺璧非寶

【훈음】
- 尺(척) : 자 척. 10촌이 1척이다(十寸爲尺).
- 璧(벽) : 구슬 벽. 둥근 옥 벽.
- 非(비) : 아닐 비.
- 寶(보) : 보배 보. 珍也.

【주해】
- 尺璧(척벽) : 직경이 1척(尺)이 되는 구슬.
- 『大學(대학) 제10장』 - "초서(楚書)에 이르기를, '초(楚)나라는 보배로 삼을 것이 없고, 오직 선인(善人)을 보배로 삼는다'라고 하였다. 구범이 말하기를 '망명자는 보배로 여길 것이 없고, 어버이를 사랑함을 보배로 여긴다'고 하였다(楚書曰, 楚國無以爲寶, 惟善以爲寶. 舅犯曰, 亡人無以爲寶, 仁親以爲寶)."

朱子注(주자주) - "구범(舅犯)은 진문공(晉文公)의 외삼촌 호언

(狐偃)이니, 자(字)가 자범(子犯)이다. 망인(亡人: 망명자)이라고 한 것은 문공(文公)이 당시 공자(公子)가 되어 국외로 망명하여 밖에 있었기 때문이다."

◆ [참고]

完璧(완벽) : 결함이 없이 완전하다. 빌린 물건을 전대로 돌려보내다. 전국시대 조(趙)나라의 재상 인상여(藺相如)가 국보급 구슬을 가지고 이를 탐내는 진(秦)나라에 사신으로 갔다가, 기지를 발휘하여 무사히 도로 가지고 돌아온 고사에서 온 말이다.

寸陰是競

【훈음】

- ◆ 寸(촌) : 마디 촌. 10분(分)이 1촌이다(十分爲寸).
- ◆ 陰(음) : 그늘 음. 해 그림자(日影). 세월 음. 여기서는 '시간[光陰]'의 의미로 쓰였다.
- ◆ 是(시) : 이 시. 옳을 시. 이다 시. 여기서는 목적어를 도치하여 강조한 것이다.
- ◆ 競(경) : 다툴 경. 겨룰 경. 爭也.

【주해】

- ◆ 음(陰)은 그늘이다. 옛날의 시계인 해시계의 경우, 세워놓은 막대기 그림자의 길이와 방향으로 시간을 표시하였다. 그리하여 음(陰)이 시간을 상징하게 되었다. 광음(光陰). 촌음(寸陰)은 한 치의 그림자. 곧 '짧은 시간'을 의미한다.
- ◆ 寸陰(촌음) : 일촌광음(一寸光陰). 해 그림자가 1치를 옮겨가는 시간. 매우 짧은 시간을 형용한다.
- ◆ 이 구는 시간의 중요성을 설파한 말이다. 인생은 오래 살아야 백

년이다. 고시에 "인생은 백년도 채우지 못하는데, 항상 천년의 수심을 품고 산다(人生不滿百, 常懷千載愁)"라는 시어가 있다. 백년 사이에 기쁨과 슬픔, 번뇌와 초탈이 반복하여 순환하고 있다. 그 사이에 번뇌와 고민, 갈등, 욕망 등에 허덕이며 보내는 시간이 그 얼마일까.

하늘은 우리 각 개개인에게 무언가의 힘을 주고 나름의 능력을 부여하고 있다. 우리 자신도 무언가 이루고자 하는 포부가 있다. 그 포부를 위해서는 1분 1초라도 아끼고 다투어야 한다. 시간은 황금보다도 귀한 것이다.

◆ "우왕(禹王)은 한 치의 광음(光陰: 시간)을 아꼈으니, 햇빛이 한 치쯤 옮겨가는 것을 사람들은 소홀히 여기는 것이나, 성인은 이를 아꼈다. 이는 임무는 무겁고 길은 멀어 날짜를 부족하게 여겼기 때문이다."(『註解千字文』)

◆ 『論語(논어)·泰伯(태백)』 - "증자(曾子)가 말했다. '선비는 도량이 넓고 뜻이 굳세지 않으면 안된다. 임무는 무겁고 길은 멀기 때문이다. 인(仁)으로써 자신의 임무를 삼으니 막중하지 않겠는가? 죽은 뒤에야 끝나니 멀지 않은가?'(曾子曰, 士不可以不弘毅, 任重而道遠. 仁以爲己任, 不亦重乎? 死而後已, 不亦遠乎)."

◆ 선인에게는 시간을 중요시하는 금언이 많은데, 『명심보감(明心寶鑑)』에도 인용된 대표적인 시들을 보자.

　- 주문공(朱文公: 朱子, 朱熹)의 두 수의 시

"오늘 배우지 않고 내일이 있다고 하지 말라, 올해 배우지 않고서 내년이 있다고 하지 마라. 세월은 가나니라, 해는 나를 기다려 주지 않는다. 아! 늙었구나, 이 누구의 허물인가(勿謂今日不學而有來日, 勿謂今年不學而有來年. 日月逝矣, 歲不我延. 嗚呼老矣. 是誰之愆)."

"소년은 늙기 쉽고 학문은 이루기 어려우니, 한 치의 짧은 시간도 가벼이 할 수 없네. 연못가 봄풀의 꿈도 아직 깨지 못했는데, 계단 앞 오동나무 잎은 이미 가을 소리로다(少年易老學難成, 一寸光陰不可輕. 未覺池塘春草夢, 階前梧葉已秋聲)."(〈偶成〉)

봄 가는 줄도 모르고 지냈는데, 어느새 가을이 되어 층계 앞의 오동나무 잎은 우수수 떨어진다. 젊었을 때 공부를 하지 못하다가, 어느새 늙어 청춘시절에 공부하지 못한 것을 후회하면 무엇하랴. 젊은 나이에 열심히 공부해야 하는 중요성을 설파하고 있다.

- 도연명(陶淵明)의 「잡시(雜詩)12수」 제1수의 시구

"젊은 시절은 다시 오지 않고, 하루에는 다시 새벽이 오지 않네. 때에 미쳐 제 시기에 마땅히 힘써야지, 세월은 사람을 기다려 주지 않네(盛年不重來, 一日難再晨. 及時當勉勵, 歲月不待人)."

◆ 소동파(蘇東坡)의 시 「춘소(春宵)」에는 "봄밤 한순간은 천금의 값어치가 나간다(春宵一刻值千金)"라는 시구가 있다.

* 시간은 황금

31

資父事君하니 曰嚴與敬이라
자 부 사 군   왈 엄 여 경

| 직 역 | 아버님(부모님) 섬김을 바탕으로 하여 임금을 섬기니, (그 핵심은) '엄함[엄숙함]과 존경[공경]'이라고 말할 수 있다. |

資父事君

【훈음】

♦ 資(자) : 바탕할 자. 藉也. 賴也.
♦ 父(부) : 아버지, 아비 부. 처음으로 나를 낳아준 사람(始生己者).
♦ 事(사) : 섬길 사. 奉也. 일 사.
♦ 君(군) : 임금 군. 主也.

【주해】

♦ 父(부) : 아버님. 여기서는 부모님을 가리킨다.
♦ 『孝經(효경)·士章(사장)』 – "아버님 섬기는 것을 바탕으로 어머님을 섬기되 사랑하는 것은 같이해야 하며, 아버님을 섬기는 것을 바탕하여 임금을 섬기되 공경하는 것은 같이해야 한다(資於事父, 以事母, 而愛同, 資於事父, 以事君, 而敬同)."
♦ "군사부일체(君師父一體)"라 하여, 선인들은 임금과 스승과 아버님을 동격으로 놓았다. 여기서 임금〔君〕을 국가, 민족으로 대체시

킨다면, 지금까지도 타당성을 잃지 않는 말이라 여겨진다.

曰嚴與敬

【훈음】
- 曰(왈) : 가로 왈. 이르다. 말하다. 謂也. 가로되 …라고 한다, …이다, …라고 부르다.
- 嚴(엄) : 엄할 엄. 毅也. 두려워하는 뜻이다(畏憚之意).
- 與(여) : 더불 여. …와 여. 及也. 접속사. = and. 명사나 대명사 등을 접속시켜 줌.
- 敬(경) : 공경 경. 肅也.

【주해】
- 曰嚴與敬(왈엄여경) : 아버지는 엄하니, 나아가 아버지와 임금을 공경으로 섬긴다.
- 『孝經(효경)・聖治(성치)』 - "공자께서 말씀하셨다. '천지간의 생명체 가운데 사람이 귀하고, 사람의 행실은 효도보다 더 큰 것이 없다. 효도는 아버님을 존경하는 것보다 큰 것이 없고, 아버님을 존경하는 것은 하늘에 짝하는 것보다 큰 것이 없다'(子曰, 天地之性人爲貴. 人之行莫大於孝. 孝莫大於嚴父. 嚴父莫大於配天)." 嚴(엄) : 엄하다. 높이다. 존중하다.
- 아버지를 섬기는 도로써 임금을 섬길 수 있고, 그 엄함과 두려움, 공경하는 마음은 같다. 대개 효도하는 마음으로 충성을 해야 한다.
- 내면으로 공경하는 자는 엄하고, 외적으로 엄한 자는 남이 공경한다. 그러니 엄하고 공경해야 한다. 엄함과 공경은 기실 함께하는 것이다.

* 아버지와 임금

* 이하 14절은 모두 인륜을 말하고 있다. 인륜에서 부자(父子), 군신(君臣)은 큰 세로축이다.

32

孝當竭力이요 忠則盡命하라
효 당 갈 력   충 즉 진 명

> **직역**
> 효도는 힘을 다해야 하고,
> 충성은 목숨을 다해야 한다.

孝當竭力

【훈음】
- 孝(효) : 효도 효. 부모님을 잘 섬기다(善事父母).
- 當(당) : 마땅 당. 합당하다(合也). 반드시 ······해야 한다.
- 竭(갈) : 다할 갈. 다하다(盡也).
- 力(력) : 힘 력.

【주해】
- 부모를 잘 섬기는 것을 효(孝)라 한다.
- 『論語(논어)·學而(학이)』-"자하가 말하였다. '어진 이를 어질게 여기는 데 있어 예쁜 여자를 좋아하는 마음과 바꿔하며, 부모를 섬기는 데 능히 그 힘을 다하며, 임금을 섬기는 데 능히 자신의 몸을 바치며, 벗과 사귀는 데 말함에 믿음이 있으면, 비록 배우지 않았다고 말하더라도 나는 반드시 그를 '배웠다'고 말하겠다'(子夏曰, 賢賢易色, 事父母能竭其力, 事君能致其身, 與朋友交, 言而有信.

雖曰未學, 吾必謂之學矣)."

忠則盡命

【훈음】

- 忠(충) : 충성 충. 자신의 마음을 다하는 것을 충성이라고 한다(盡己之心爲忠).
- 則(즉) : 곧 즉. 卽. 법칙 칙.
- 盡(진) : 다할 진. 다하다(竭也).
- 命(명) : 목숨 명.

【주해】

- '효(孝)'는 위의 '자부(資父)'를 이어서 말했고, '충(忠)'은 위의 '사군(事君)'을 이어서 말했다.
- 소동파는 충(忠)에는 공충(公忠)과 우충(愚忠)이 있다고 하였다. 임금이 백성과 사직을 위해 옳게 일했다면 나도 그에게 충성해야 된다. 이것이 공충(公忠)이다. 하지만 임금이 백성과 사직을 위해 일하지 않고 또 옳지 않았는데도 그 임금에게 충성한다면 이는 우충(愚忠)이다.
- 『孝經(효경)·事君(사군)』 - "공자님께서 말씀하셨다. '군자가 임금을 섬기되, 나아가서는 충성을 다하기를 생각하고 물러나서는 임금의 허물을 보완하기를 생각하여, 임금의 아름다운 점은 받들어 따르고 임금의 나쁜 점은 바로잡아 구제한다. 그러므로 윗사람과 아랫사람이 서로 친할 수 있다. 『시경(詩經)』에 '마음으로 사랑하니, 어찌 말하지 않으리오만, 마음속에 간직하고 있으니, 어느 날이고 잊겠는가.'(『소아小雅·습상隰桑』)라고 하였다.(子曰, 君子之事上也, 進思盡忠, 退思補過, 將順其美, 匡救其惡. 故上下能相親

也. 詩云, 心乎愛矣, 遐不謂矣. 中心藏之, 何日忘之.)."
♦ 『孝經(효경)・諫諍(간쟁)』 - "증자(曾子)가 말하였다. '만약 저 자애하고 공경하는 것과 어버이를 편안하게 하고 이름을 드날리는 것에 대해서는, 제가 가르침을 들었습니다마는, 감히 여쭙건대 아버님의 명(命)을 따르기만 하는 것을 효(孝)라 할 수 있겠습니까?' 공자님께서 말씀하셨다. '이것이 무슨 말인가. 이것이 무슨 말인가! 옛날에 천자가 간쟁(諫爭: 잘못을 지적해주는)하는 신하 7명을 두면 아무리 무도(無道)해도 그 천하를 잃지 않는다. 제후(諸侯)가 간(諫: 잘못을 지적해주는)하는 신하 5명을 두면 아무리 무도해도 그 나라를 잃지 않는다. 대부(大夫)가 간(諫)하는 신하 3명을 두면 아무리 무도해도 그 가(家)를 잃지 않는다. 사(士)가 간(諫)하는 벗을 두면 몸에 아름다운 명예가 떠나지 않는다. 아버지가 간(諫)하는 자식을 두면 몸이 불의에 빠지지 않았다. 그러므로 불의(不義)를 당하면 자식이 아버님에게 간쟁하지 않아서는 안 되고, 신하가 임금에게 간쟁하지 않아서는 안 된다. 그러므로 불의(不義)를 당하면 간쟁하는 것이니, 아버지의 명령을 따르기만 하는 것이 또 어찌 효도를 한다고 할 수 있겠는가?'(曾子曰, 若夫慈愛恭敬, 安親揚名, 則聞命矣. 敢問, 子從父之令, 可謂孝乎. 子曰, 是何言與. 是何言與. 昔者, 天子有爭臣七人, 雖無道, 不失其天下. 諸侯有爭臣五人, 雖無道, 不失其國. 大夫有爭臣三人, 雖無道, 不失其家. 士有爭友則身不離於令名. 父有爭子則身不陷於不義. 故當不義則子不可以不爭於父, 臣不可以不爭於君. 故當不義則爭之, 從父之令, 又焉得爲孝乎)."

* 효도와 충성

33

臨深履薄이요 夙興溫凊하라
임 심 리 박   숙 흥 온 청

직역
깊은 곳에 다가선 듯 얇은 얼음을 밟듯 하고,
아침 일찍 일어나 따뜻한가 서늘한가를 살펴라.

의역
깊은 물에 임한 듯 얇은 얼음을 밟는 듯이 주의하고,
아침 일찍 일어나 부모님께 문안드리러 가서 (겨울에는)
따뜻하게 해드리고 (여름에는) 서늘하게 해드려라.

臨深履薄

【훈음】

- 臨(림) : 임할 림. 위로부터 아래에 임하다(自上臨下). 이르다, 다다르다, 임하다.(莅也: 리야)
- 深(심) : 깊을 심.
- 履(리) : 밟을 리. 밟다(踐也).
- 薄(박) : 엷을 박. ↔ 厚(두터울 후).

【주해】

- '심(深)'은 여기서는 '심연(深淵: 깊은 못)'의 의미로 쓰였다. '박(薄)'은, 여기서는 '박빙(薄氷: 얇은 얼음)'의 의미로 쓰였다. 4언 시이기 때문에, 더 이상 글자를 쓸 수 없어서 한 글자에 전고(典

故)를 축약해 놓았다.

- 『詩經(시경)·小雅(소아)·小旻(소민)』-"전전긍긍하여〔두려워하고 조심하여〕, 깊은 못에 임하듯이 하며, 얇은 얼음을 밟듯이 한다(戰戰兢兢, 如臨深淵, 如履薄氷)." 戰: 두려워할 전. 떨 전. 兢: 조심할 긍. 兢兢: 삼가고 두려워하는 모양.

夙興溫凊

【훈음】
- 夙(숙) : 이를 숙. 早也.
- 興(흥) : 일어날 흥. 起也.
- 溫(온) : 따뜻할 온.
- 凊(청) : 서늘할 청. 서늘할 정. 凉也. 『智永眞書千字文』에서는 "淸".

【주해】
- 夙興(숙흥) : '숙흥야매(夙興夜寐)'의 생략어. 아침에는 일찍 일어나고 밤에는 늦게 잔다.
- 溫凊(온청) : '동온하청(冬溫夏凊)'의 줄임말. 부모님을 겨울에는 따뜻하게 해 드리고, 여름에는 시원하게 해드리라.
- 『詩經(시경)·衛風(위풍)·氓(맹)』-"아침 일찍 일어나고 밤늦게 자서, 하루아침의 겨를도 없었네(夙興夜寐, 靡有朝矣)." 氓: 백성 맹. 서민 맹.
- 『禮記(예기)·曲禮上(곡례상)』-"무릇 사람의 자식 된 예(禮)로는, 겨울에는 따뜻하게 해드리고, 여름에는 서늘하게 해드리며, 저녁에는 잠자리를 살펴드리고, 새벽에는 문안을 드린다(凡爲人子之禮, 冬溫而夏凊, 昏定而晨省)." 혼정신성(昏定晨省): 저녁에 정리해드리고 새벽에 살펴드린다. 곧 정(定)은 침소를 보살펴서 잘 주

무시게 해드리는 것이요, 성(省)은 잘 주무셨는가 문안하는 것이다. 아침저녁으로 부모의 안부를 물어서 살피는 것으로 부모에게 효도하는 도리를 이르는 말이다.

* 효도의 방법

34

似蘭斯馨이요 如松之盛이라
사 란 사 형   여 송 지 성

직역	난초와 같이 이렇게 향기롭고, 소나무처럼 무성하리라.
의역	(이와 같이 충과 효에 힘쓰면) 내 덕이 난초와 같이 이렇게 은은히 향기롭고, 소나무처럼 울울창창 무성하리라.

似蘭斯馨

【훈음】

- 似(사) : 같을 사. 견주다(比也). 닮다(肖也).
- 蘭(란) : 난초 란. 향초이다(香草也).
- 斯(사) : 이 사. 此也. 어조사.
- 馨(형) : 향기 형. 향기(香也).

【주해】

- "난초는 깊은 골짜기에 있으면서 홀로 향기로우니, 군자의 지조가 넓고 멀리 감을 비유한 것이다."(『註解千字文』)
- 『周易(주역)·繫辭上傳(계사상전) 제8장』- "공자님께서 말씀하셨다. '군자의 도는 혹은 벼슬하기도 하고 혹은 은거하기도 하며,

혹은 침묵하기도 하고 혹은 말하기도 한다. 두 사람이 마음을 함께 하면 그 날카로움이 쇠도 끊고, 마음을 함께하는 말은 그 냄새〔향취〕가 난초와 같다.'(子曰, 君子之道, 或出或處, 或默或語. 二人同心, 其利斷金, 同心之言, 其臭如蘭)."

如松之盛

【훈음】
- 如(여) : 같을 여. 견주다(比也). 같다(似也).
- 松(송) : 소나무 송. 여러 나무 가운데 으뜸(衆木之長).
- 之(지) : 어조사 지. ……의 지. 갈 지. 가다(適也).
- 盛(성) : 성할 성. 무성하다(茂也).

【주해】
- "소나무는 서리와 눈을 업신여기며 홀로 무성하니, 군자의 기절(氣節: 기개와 절조)이 우뚝함을 비유한 것이다."(『註解千字文』)
- 『論語(논어)·子罕(자한)』 - "공자님께서 말씀하셨다. '날씨가 추워진 뒤에야 소나무와 잣나무가 뒤늦게 시든다는 것을 알게 된다'(子曰, 歲寒然後知松柏之後凋也)."
- 소나무는 겨울이 되어도 시들지 않으므로 "무성하다"고 하였다.
- 효(孝)는 모든 행동〔백행百行〕의 근원이다. 어버이에게 효도를 하면 덕이 있는 사람이 된다. 그러므로 비유를 설정하여 찬미하였다.

* 난초 같은 향기와 소나무 같은 무성함

35

川流不息이요 淵澄取映이라
천류불식　　　연징취영

> 직역
> 냇물의 흐름은 (밤낮으로) 쉬지를 않고,
> 연못물은 (거울같이) 맑아서 (만물을) 비출 수 있다.

川流不息

【훈음】
- 川(천) : 내 천. 衆流也.
- 流(류) : 흐를 류. 行也. 水行.
- 不(불) : 아니 불. 뒤에 'ㄷ, ㅈ'이 올 때에는 '부'로 읽는다.
- 息(식) : 쉴 식. 그치다(止也).

【주해】
- 공부를 쉬지 않고 하라. 외적 활동을 쉼 없이 영구히 계속하라. "스스로 힘써서 쉬지 않는〔자강불식自强不息〕" 자세를 가지라.
- 『周易(주역)·乾卦(건괘)』 - "상전(象傳)에 말하길, '하늘의 운행이 굳세니, 군자는 하늘의 도를 본받아 스스로 힘써서 쉬지를 않는다'고 하였다(象曰, 天行健, 君子以自强不息)."
- 『論語(논어)·子罕(자한)』 - "공자님께서 냇가에서 말씀하시길, '흘러가는 것은 이와 같구나. 밤낮을 쉬지를 않는구나'라고 하였다

(子在川上曰, 逝者如斯夫！ 不舍晝夜)."舍: 쉴, 정지할 사.
- 『孟子(맹자)·離婁下(이루하)』 - "서자가 물었다. '공자님께서 자주 물을 칭찬하시어, '물이여! 물이여!'라고 하셨으니, 물에서 무엇을 취하셨습니까?' 맹자께서 대답하셨다. '근원이 있는 샘물은 용솟음쳐 흘러서 밤낮을 그치지 아니하여 구덩이를 채운 뒤에 전진하여 사해(四海)에 이른다. 근본이 있는 것은 이와 같다. 이것을 (공자님께서) 취하신 것이다.'(徐子曰, 仲尼亟稱於水曰, '水哉, 水哉'. 何取於水也. 孟子曰, 原泉混混, 不舍晝夜. 盈科而後進, 放乎四海, 有本者如是, 是之取爾)."亟: 자주 기. 混: 흐를 혼. 混混: 물이 세차게 흐르는 모양. 科: 구덩이 과. 放: 이를, 다다를 방.

淵澄取映

【훈음】
- 淵(연): 연못 연.
- 澄(징): 맑을 징. 淸也. 물이 고요하고 맑다(水靜而淸).
- 取(취): 취할 취. 收也.
- 映(영): 비칠 영. 照也. 明相照. 『智永眞書千字文』에서는 "暎(비칠 영)".

【주해】
- 取映(취영): 비추다. 비춤을 받아들인다. 비추게 된다. 비출 수 있다.
- 연못물이 맑고 고요하면 만물을 깨끗하게 비출 수 있다. 마음을 맑은 연못물같이 흔들리지 않게 하여 만물을 비추라.
- "물이 고여 있는 것을 못이라 하는데, 그 맑음이 물건을 비출 수 있으니, 군자가 홀로 보는 것이 밝고 넓음을 비유한 것이다."(『註

解千字文』)

◆ 앞 절과 연관시켜 보겠다. 덕의 향기가 난초와 같고, 덕의 무성함은 소나무와 같다. 덕이 순수하고 항상스러워 끊어짐이 없으니, 냇물이 흘러 그치지 않는 것과 같다. 덕이 깨끗하여 더러움이 없는 것은 연못이 맑아 사물을 비출 수 있는 것과 같다. (『千字文釋義』)

* 흐르는 냇물처럼 쉼 없는 노력과 맑은 연못 같은 마음

36

容止若思요 言辭安定이라
용 지 약 사   언 사 안 정

직역 용모와 행동은 (조용히) 생각하듯이 하고,
말은 안정감 있게 해야 한다.

容止若思

【훈음】
- 容(용) : 용모 용. 貌也. 儀容. 얼굴 용.
- 止(지) : 거동 지. 그칠 지. 멈추다(停也). '작(作)'에 상대되는 말로, 거동이다.
- 若(약) : 같을 약. 같다(似也).
- 思(사) : 생각 사. 마음이 움직이는 것. 心之用.

【주해】
- 容止(용지) : 기거동작(起居動作). 용모와 행동거지.
- 『春秋左傳(춘추좌전)·魯襄公(노양공) 31년』- "용모와 행동거지가 사람들이 보고 감동할만하며, 처사가 사람의 법도가 될 만하다(容止可觀, 作事可法)."
- 생각이 깊은 사람은 용모가 반드시 차분하다. '생각하듯 하다〔若思〕'는 것은 용모가 차분한 것을 비유한 것이다.

言辭安定

【훈음】
- 言(언) : 말씀 언. 語也.
- 辭(사) : 말씀 사. 說也. 말이 문장을 이룬 것이다.
- 安(안) : 편안할 안. 平也.
- 定(정) : 정할 정.

【주해】
- '안정(安定)' 역시 차분하다는 의미이다. 말을 빨리 하면 경솔하기 쉬우니, 말을 안정하게 하라. 언어표현을 안정감 있게 해야 된다는 것은 '정(靜)' 공부(工夫)를 의미한다.
- 덕이 있는 사람은 외적 용모나 행동거지는 차분히 생각하듯이 하고, 말은 안정감 있게 한다.
- 『禮記(예기)·曲禮上(곡례상)』 - "공경하지 않는 것이 없어, 점잖은 태도로 무엇을 생각하는 것처럼 하며, 말을 안정되게 하면 백성을 편안하게 잘 다스릴 수 있을 것이다(毋不敬, 儼若思, 安定辭, 安民哉)." 儼(엄) : 엄숙하다. 위엄 있다. 점잖다. 용모가 단정하고 태도가 정중한 모양.
- 덕이 있는 사람은 그 용모와 말이 이와 같다.

* 용모, 행동, 언어

37

篤初誠美요 愼終宜令이라
독 초 성 미　　신 종 의 령

> **직역** (모든 일은) 시작을 두텁게 함이 진실로 아름답고, 끝마침을 삼가서 마땅히 좋게 하라.

篤初誠美

【훈음】

- 篤(독) : 도타울 독. 두터울 독. 厚也.
- 初(초) : 처음 초. 처음(始也).
- 誠(성) : 정성 성. 진실로 성. 진실로(信也).
- 美(미) : 아름다울 미. 善也. 嘉也.

【주해】

- 시작할 때가 중요하다. 무엇이든지 시작할 때 정성스럽게 해야 좋다. "모든 일은 처음이 어렵다〔만반기두난萬般起頭難〕." 시작할 때에는 에너지가 많이 든다. 학문도, 외국어를 배우는 것도, 다른 일도 마찬가지다. 그래서 "시작이 절반이다"라고 하는 것이다.

愼終宜令

【훈음】

◆ 愼(신) : 삼갈 신. 삼가다(謹也).
◆ 終(종) : 마칠 종. 일을 이루다(事之成也). 마치다(竟也).
◆ 宜(의) : 마땅할 의. 當也.
◆ 令(령) : 좋을 령. 아름다울 령. 착할 령. 善也. 명령할 령. 하여금 령.

【주해】

◆ 『詩經(시경)·大雅(대아)·蕩(탕)』 - "처음에는 선하지 않은 이가 없으나, 잘 마치는 이가 적다(靡不有初, 鮮克有終)."
◆ 무릇 일은 시작이 있으면 끝이 있어야 한다〔有始有終〕. 또 끝마침이 좋아야 한다〔有終之美〕. 인간관계나 모든 일에 있어 마무리를 잘하는 습관을 길러야 된다. "만 리 길을 가는 데 있어 9천 리를 절반으로 여긴다"라는 것은 그만큼 일 마치는 것의 어려움을 말한 것이다.
◆ 어떤 일을 시종일관(始終一貫) 지속하기는 어렵다. 어떤 일을 힘을 다해서 행한다면, 그 일을 마친 뒤에는 또한 엄청난 에너지가 내부에 축적되게 된다. 정신적으로도 뿌듯한 자신감이 있게 된다. 이러한 과정은 후에 다른 일을 하는 데에도 엄청난 저력으로 작용하게 된다.

* 처음과 끝마무리의 중요성

38

榮業所基니 藉甚無竟이라
영 업 소 기   자 심 무 경

> 직역 영화로운 사업의 기초[터]가 되는 바이니,
> 명성이 자자하여 끝이 없으리라.

榮業所基

【훈음】
- 榮(영) : 영화 영.
- 業(업) : 일 업. 업 업. 事業也.
- 所(소) : 바 소.
- 基(기) : 터 기. 址也. 本也.

【주해】
- 榮業(영업) : 영화로운 사업. 위대한 사업. 위대한 공적.

藉甚無竟

【훈음】
- 藉(자) : 깔 자. 의뢰할 자. 떠들썩할 자. 어떤 판본에는 "籍(자, 적)".
- 甚(심) : 심할 심.

제2장 군자의 수신(修身)하는 도(道) 129

◆ 無(무) : 없을 무.
◆ 竟(경) : 마칠 경. 終也. 끝날, 다할 경. 已也.

【주해】

◆ 藉甚(자심) : (명성이) 세상에 널리 퍼지다. (명성을) 떨치다. (평판이) 높다. (명성이) 자자하다. 성대하다. 성대히 많다.
◆ 『漢書(한서)・陸賈傳(육가전)』 - "육가가 이것으로 한(漢) 조정 공신들 사이에 노닐어 명성이 자자하였다. 왕선겸의 보주(補注)에 주수창(周壽昌)의 말을 인용하여 말했다. '자심(籍甚)은 『사기(史記)』에서는 '자성(藉盛)'이라 한다. 대체로 '자(籍)'는 곧 '자(藉)'이니, 흰 띠풀로 까는 것으로, 명성이 바탕이 되는 바를 얻어 더욱 성대하다는 것을 말한다(賈以此游漢廷公卿間, 名聲籍甚. 王先謙補注, 引周壽昌曰: "籍甚, 『史記』作 '藉盛', 蓋籍卽藉, 用白茅之藉, 言聲名得所藉而益盛也)."

* 바탕이 풍부하면 장래가 무궁무진하다.

39

學優登仕요 攝職從政이라
학 우 등 사   섭 직 종 정

직역: 학문[배움]이 넉넉하면 벼슬에 오르고,
직책을 갖고서 정치에 종사한다.

學優登仕

【훈음】

◆ 學(학) : 배울 학. 講習討論也. 受敎.
◆ 優(우) : 넉넉할 우. 有餘也. 饒也.
◆ 登(등) : 오를 등. 升也.
◆ 仕(사) : 벼슬 사. 관리가 되다(爲官也).

【주해】

◆ 옛 선비는 배움이 넉넉한 후에 벼슬길에 올랐음을 강조하고 있다. 요즘 젊은 학생의 경우도 의식주가 곤궁하지 않다면 먼저 배움을 충실히 하고서 자신이 원하는 직장을 구하는 것이 중요하겠다. 그래야 기반이 튼튼해 맡은 일을 잘 수행할 수 있다.
◆ 『論語(논어)·子張(자장)』 - "자하(子夏)가 말하였다. '벼슬하면서 여가가 있으면 학문을 하고, 학문을 하고서 여가가 있으면 벼슬을 한다'(子夏曰, 仕而優則學, 學而優則仕)." 배우고서 여력이 있어

벼슬하면 그 배움을 실험함이 더욱 넓을 것이다. 優: 넉넉할 우.
◆ 벼슬을 통해 학문을 하면 그 힘이 강해질 수 있고, 학문을 이룬 후 벼슬을 하여 그 힘이 강해질 수 있다. 자신의 처지에 따라 선택해야 할 것이다.

攝職從政

【훈음】
- 攝(섭) : 낄 섭. 당길 섭. 가질 섭. 겸할 섭. 兼也. 持也. 다스리다(治也). 끌어 잡을, 대신할 섭.
- 職(직) : 직책 직. 직분 직. 직무 직. 관리가 담당하는 일.
- 從(종) : 좇을 종. 따를 종. 나아가다(就也).
- 政(정) : 정사 정. 國政.

【주해】
- '직책을 갖고서 정치에 종사한다〔攝職從政〕'는 것은 벼슬하는 사람의 일이다.
- "배우고서 여유가 있으면 맡은 관직의 직무를 다루어 국가의 정사에 종사할 수 있다. 예를 들면, 자로(子路)의 과단성, 자공(子貢)의 통달함, 염유(冉有)의 다재다능함〔재주〕을 공자께서 모두 정사에 종사할 수 있다고 인정한 것과 같다."(『註解千字文』)
- "능히 효도하고 덕이 있으면 뒷날 임금을 모시는 영화로운 사업이 모두 이에 근본한다. 효와 덕을 다하는 사람은 반드시 명성이 있어 위에까지 들리어, 그 명성이 그침이 없다. 또 반드시 옛 고전을 배워 얻음이 있은 후에야, 임금을 훌륭한 군주로 이루게 하며, 백성에게 은택을 가하는 방법을 아는 것이다. 그런 후에야 조정에 올라 벼슬을 하여 정사를 다스릴 수 있다."(『千字文釋義』)

* 배움이 넉넉한 후에 벼슬길에 오르라.

40

存以甘棠한대 **去而益詠**이라
존 이 감 당　　거 이 익 영

| 직역 | 감당나무 아래서 머물렀었는데,
떠나갔어도 더욱 가송하였다. |

| 의역 | (주周나라 소공召公이) 감당나무 아래서 머물렀었는데,
(그가) 떠나갔어도[떠난 뒤에] (백성들이) 더욱 (그를 위해) 노래를 읊어준다. |

存以甘棠

【훈음】
- 存(존) : 있을 존. 머무르다(留也). 있다(在也).
- 以(이) : 써 이. 用也.
- 甘(감) : 달 감. 五味之一.
- 棠(당) : 아가위 당. 감당나무 당. 팥배나무 당.

【주해】
- 甘棠(감당) : 팥배나무. 아가위나무. 당리(棠梨). 서주(西周) 때에 소백(召伯)이 남방을 순행(巡行: 임금이 그 영토 안을 돌다, 관리가 돌아다니다)하며 문왕(文王)의 정치를 선양하였는데, 일찍이 감당나무 아래에서 정사를 처리하였다. 후인들이 그의 치적을 그

리워하여 그 감당나무를 차마 베지 못하고 보존하였다.
◆ 소공(召公)은 주대(周代) 연(燕)나라의 시조(始祖). 문왕(文王)의 서자(庶子)이자 무왕(武王)의 아우이다. '소백(召伯)'이라고도 한다. 이름은 석(奭). 소공이 남국(南國)을 순행할 때, 아가위나무〔감당나무〕 밑에서 휴식을 취했는데, 후세에 그의 덕을 기려 소공이 쉬었던 그 나무를 귀히 여겨 감당(甘棠)의 시를 지었다고 한다. 소공은 정치를 잘하여 문왕의 정사를 꽃피우게 한 사람이다.

去而益詠

【훈음】
- 去(거) : 갈 거. 떠나다(離也).
- 而(이) : 말 이을 이. 윗말을 이어 아랫말을 일으키는 글자(承上起下詞).
- 益(익) : 더욱 익. 더할 익. 增也.
- 詠(영) : 읊을 영. 吟. 노래할 영. 歌也.

【주해】
◆ 『詩經(시경)·召南(소남)·甘棠(감당)』 - "무성한 감당나무를, 자르지 말고 베지 말라. 소백(召伯: 召公)이 초막으로 삼으셨던 곳이다(蔽芾甘棠, 勿剪勿伐, 召伯所茇)."
　朱子注(주자주) - "(옛날) 소백이 남쪽 나라를 순행하면서 문왕(文王)의 정사를 펼 적에, 혹 감당나무 아래에 머물렀었는데, 그 뒤에 백성들이 그의 덕을 그리워하였다. 그러므로 그 나무를 아껴 차마 손상시키지 못한 것이다." 蔽芾(폐패): 무성한 모양. 茇(발): 노숙하다. 옥외에서 자다.

* 옛 현인 소공(召公)의 이야기

41

樂殊貴賤이요 禮別尊卑라
악 수 귀 천   예 별 존 비

> **직역**
> 음악은 (신분의) 귀천에 따라 달리하고,
> 예절은 (지위의) 높고 낮음을 구별한다.

樂殊貴賤

【훈음】
- 樂(악) : 음악 악. 풍류 악. 즐거울 락. 좋아할 요.
- 殊(수) : 다를 수. 異也.
- 貴(귀) : 귀할 귀. 尊也.
- 賤(천) : 천할 천. 卑也.

【주해】
- 『禮記(예기)·樂記(악기)』 - "큰 음악〔대악大樂〕은 천지와 더불어 화기(和氣)를 함께하고, 큰 예〔대례大禮〕는 천지와 더불어 절차〔차례〕를 함께한다. 화(和)한 까닭으로 모든 물건이 성품을 잃지 않고, 절차가 있는 까닭으로 하늘에 제사지내고 땅에 제사지낸다(大樂與天地同和. 大禮與天地同節. 和故百物不失. 節故祀天祭地)."
- 고대에는 음악을 두 종류로 나눴으니, 그 하나는 궁정의 귀족음악이고, 다른 것은 민간 백성의 통속음악이다. 두 음악은 서로 뒤

섞일 수가 없다.
- "음악은 등급이 있으니, 천자는 팔일(八佾), 제후는 육일(六佾), 대부(大夫)는 사일(四佾), 사서인(士庶人)은 이일(二佾)과 같은 따위이다. 이는 신분의 귀천이 달라서이다."(『註解千字文』)

팔일(八佾): 일(佾)은 춤추는 사람의 줄을 가리킨다. 팔일무(八佾舞)라 함은 가로 세로 8줄씩 8×8=64명이 추는 춤을 가리킨다. 옛날 천자의 경우, 팔일무를 추었다. 춤추는 인원수를 달리함은 등급을 표시한 것이다.
- 지금도 서울의 성균관(成均館)에서는 매년 석전제(釋奠祭: 문묘에서 성인, 스승에게 지내는 큰 제사) 때 팔일무를 춘다. 필자도 참관한 적이 있다. 요즘 중국에서도 보기 어려운 춤이다. 중국에서는 문화대혁명으로 전통적인 제례의 방식이 단절되었기 때문이다. 중국에서 도리어 우리 성균관에 와서 전통의식을 배워갔다고 하니 격세지감을 느낀다.

禮別尊卑

【훈음】
- 禮(례) : 예절 례. 예도 례. 사람이 행해야 할 중요한 도리.
- 別(별) : 다를 별. 異也.
- 尊(존) : 높을 존.
- 卑(비) : 낮을 비. 下也.

【주해】
- 유가 사상에서는 인간사회의 질서, 곧 예를 중시하고 있다.
- 『禮記(예기)·樂記(악기)』 - "음악이라는 것은 천지의 조화이며, 예(禮)라는 것은 천지의 질서이다. 조화로운 까닭으로 백 가지 사

물이 모두 감화되고, 질서가 있는 까닭으로 모든 사물이 모두 분별이 있다. 음악은 하늘에 말미암아서 만들어진 것이요, 예는 땅의 법칙으로 만들어진 것이다. 잘못 만들면 어지러워지고 잘못 지으면 난폭하게 된다. 천지의 도리에 밝은 뒤에야 예악을 일으킬 수 있다(樂者, 天地之和也. 禮者, 天地之序也. 和故百物皆化. 序故羣物皆別. 樂由天作, 禮以地制, 過制則亂, 過作則暴. 明於天地, 然後能興禮樂也)."

◆ "선왕은 오례(五禮)를 제정하였으니, 조정에는 군신(君臣)간의 의식이 있고, 가정에는 부자(父子)간의 차례가 있으며, 부부(夫婦), 장유(長幼), 붕우(朋友)의 경우에도 모두 존비(尊卑)의 구별이 있다."(『註解千字文』) 오례(五禮) : 길례(吉禮), 흉례(凶禮), 군례(軍禮), 빈례(賓禮), 가례(嘉禮).

* 오륜(五倫) 가운데는 귀천(貴賤)과 존비(尊卑)가 있다. 고대의 훌륭한 임금은 예(禮)와 악(樂)을 만들어 이를 분별하고 있다.

* 음악과 예절

42

上和下睦이요 夫唱婦隨라
상 화 하 목　　　부 창 부 수

| 직역 1 | 윗사람이 온화하면 아랫사람이 화목하고, 남편이 선도하면 아내는 따른다. |

| 직역 2 | 윗사람과 아랫사람이 화목하고, 남편이 인도하면 아내는 따른다. |

上和下睦

【훈음】

- 上(상) : 위 상. 존귀한 사람.
- 和(화) : 화할 화. 어울릴 화. 諧也.
- 下(하) : 아래 하. 비천한 사람.
- 睦(목) : 화목할 목. = 穆. 친하다(親也).

【주해】

- 上和下睦(상화하목) : 윗사람[上]이 화(和)하면, 아랫사람[下]이 목(睦)하다. 그러나 중국고문(中國古文)의 특성상, 네 글자의 경우 제1자와 제3자, 제2자와 제4자를 연결시켜 해석하는 편이 더 자연스러운 경우가 많다. 윗사람과 아랫사람이 화목하고.
- 오륜(五倫)은 비록 귀천(貴賤)과 존비(尊卑), 그리고 상하(上

下)가 다르지만, 모두 화목을 훌륭하게 여긴다.

夫唱婦隨

【훈음】
- 夫(부) : 남편 부. 지아비 부. 사내 부.
- 唱(창) : 노래할 창. 노래 부를 창. 말하다(道也). 먼저 할 창. 인도하다(導也). = 倡.
- 婦(부) : 아내 부. 지어미 부. 부인 부. 이미 시집간 여자.
- 隨(수) : 따를 수. 從也.

【주해】
- 오륜은 부부관계로부터 시작된다. 남편은 밖의 일을 다스리며 앞에서 인도하고, 부인은 내조하여 뒤에서 따른다. 부창부수(夫唱婦隨)는 바로 '남편이 주창(主唱: 주장을 앞장서 부르짖음), 계획, 인도하면 부인은 따른다'는 뜻이다.
- 아버지와 같이 존귀한 사람으로는 스승이 있다. 아버지와 같은 분에는 어머니가 있다. 여러 고모와 백부와 숙부는 모두 아버지를 미루어 확대해 나간 것이다.

* 상하관계와 부부관계

43

外受傳訓이요 入奉母儀라
외 수 부 훈   입 봉 모 의

> **직역** 밖에서는 스승의 가르침을 받고,
> (집안에) 들어와서는 어머님의 법도를 받들어 섬긴다.

外受傳訓

【훈음】

◆ 外(외) : 바깥 외. 表也.
◆ 受(수) : 받을 수. 承也.
◆ 傳(부) : 스승 부. 師也.
◆ 訓(훈) : 가르칠 훈. 敎也. 誡也.

【주해】

◆ 傳(부) : 고대에 자녀를 교육시키는 스승.
◆ 『禮記(예기)·內則(내칙)』 -"(남자는) 열 살이 되거든 집 밖에 나가 밖의 스승에게 가서 바깥에서 머물고, 육서(六書)와 계산을 배우며, 옷은 저고리와 바지를 비단으로 입지 않으며, 예절은 기초적인 것을 따르며, 아침저녁으로 어린이의 예의를 배우되 간략하고 진실한 것을 청하여 익힌다(十年, 出就外傅, 居宿於外, 學書計. 衣不帛襦袴. 禮帥初, 朝夕學幼儀, 請肄簡諒)."〔『소학(小學)·입교

(立敎)』에도 나옴〕 外: 밖에 나가 마을에 있는 것을 말한다. 傅: 스승 부. 帛: 비단 백. 襦: 저고리 유. 袴: 바지 고. 儀: 거동 의. 肄: 익힐 이. 諒: 진실 량.

◆ 『예기(禮記)・내칙(內則)』에는 이어서 계속된다.

"열세 살이 되면, 음악을 배우고 시를 외우며, '작(勺)' 시에 맞춰 춤을 춘다. 열다섯 살이 되거든 '상(象)' 시에 맞춰 춤을 추며, 활쏘기와 말 타기를 배운다(十有三年學樂誦詩, 舞勺, 成童舞象, 學射御)."

"스무 살이 되면, 관례(冠禮)를 하여 비로소 예를 배우며, 가죽옷과 비단옷을 입으며, (우禹의 음악인) 대하(大夏)에 따라 춤을 추며, 효도와 공경을 돈독히 행하며, 배우기를 널리 하고 가르치지 않으며, 안에 아름다움을 쌓아두고 표출하지 않는다(二十而冠, 始學禮, 可以衣裘帛, 舞大夏, 惇行孝悌, 博學不敎, 內而不出)."

"서른 살이 되거든 아내를 맞아 비로소 남자의 일을 다스리며, 널리 배워 일정한 곳이 없으며, 친구에게 공손히 하되 그의 뜻을 살핀다(三十而有室, 始理男事, 博學無方, 孫友視志)." 孫: 遜. 공손하다.

"마흔 살에 비로소 벼슬하여, 사물에 대하여 계책을 내고 생각을 발하여 도(道)가 합하면 일하여 따르고, 옳지 않으면 떠나간다(四十始仕, 方物出謀發慮, 道合則服從, 不可則去)." 方: 대할, 당할, 비교할 방.

"쉰 살에 명을 받아 대부(大夫)가 되어, 관청의 정무를 맡아 일하고, 일흔 살에는 벼슬을 사직한다(五十命爲大夫, 服官政, 七十致事)."〔이상, 『소학・입교(立敎)』에도 나옴〕

여기의 10, 13, 20, 30, 40, 50, 그리고 70살 등의 나이는 대략적인 나이를 의미한다.

◆ 한유(韓愈)의「사설(師說)」에서의 스승의 의미 : "스승이란 도(道)를 전하고 학업을 가르쳐주며 의혹〔의심나는 것, 모르는 것〕을 풀어주는 것이다(師者, 所以傳道·授業·解惑也)."

入奉母儀

【훈음】
◆ 入(입) : 들 입. 들어올 입.
◆ 奉(봉) : 받들 봉. 承也. 兩手承也.
◆ 母(모) : 어미 모. 어머니 모.
◆ 儀(의) : 거동 의. 容也. 본 의. 태도 의. 예절 의. 節也.

【주해】
◆ 母儀(모의) : 어머니의 모범(본보기). 모범(母範).
◆ 밖에 나가서는 마을에서 스승의 교훈을 받들고, 집에 들어와서는 어머님의 모범적 행동을 받든다.
◆ 『禮記(예기)·內則(내칙)』 - "여자는 열 살이 되면 밖에 나가지 않는다. 여스승이 (여자 어린이에게) 말을 상냥하게 하고 용모를 부드럽게 하며 명령을 듣고 따르도록 가르치며, 삼과 모시를 잡고 생사(生絲)와 누에고치를 다루도록 가르치며, 비단을 짜고 끈을 짜 여자의 일을 배워 의복을 장만하도록 가르친다. 또 제사를 살펴 술과 식초, 대그릇과 나무그릇, 김치와 젓갈 등을 올려, 예로써 어른을 도와 제수를 올리는 것을 돕도록 가르친다(女子十年不出. 姆教婉娩聽從, 執麻枲, 治絲繭, 織紝組紃, 學女事, 以共衣服. 觀於祭祀, 納酒漿籩豆菹醢, 禮相助奠)." 姆: 여자 스승 무. 婉: 아름다울 완. 순할 완. 娩: 얌전할 만. 麻: 삼 마. 枲: 모시풀 시. 繭: 누에고치 견. 紝: 베 짤 임. 길쌈할 임. 組: 짤 조. 紃: 끈 순. 組紃(조

순): 끈을 꼼. 共: 供. 장만할 공. 漿: 미음 장. 籩: 제기 이름 변. 과일이나 건육(乾肉)을 담는 대그릇. 豆: 젓을 담는 나무그릇. 籩豆(변두): 제사나 향연 때 쓰는 식기. 菹: 김치 저. 절일 저. 醢: 젓갈 해. 젓 담글 해. 奠: 바칠, 드릴 전.

◆ 부모는 낳아주시고, 스승은 가르쳐 주셨고, 임금은 먹고 살게 해 주었다. 옛날에는 이 세 분 섬기기를 같이하였다.

◆ 『禮記(예기)·檀弓上(단궁상)』 - "부모를 섬기는 데 있어 부모님의 나쁜 점은 숨기고, 낯을 범하는 간(諫)함은 없으며, 좌우로 나아가 봉양함에 일정한 한계가 없으며, 부지런히 일하여 죽을 때까지 이르며, 상(喪)을 3년 동안 극진히 한다. 임금을 섬기는 데 있어 바른 소리를 함은 있으되 숨기는 일은 없으며, 좌우로 나아가 봉양함에 일정한 한계가 있으며, 부지런히 일하여 죽을 때까지 이르며, 부모의 삼년상(三年喪)에 견줄 정도로 한다. 스승을 섬기되 대드는 것도 없고 숨김도 없으며, 좌우로 나아가 봉양함에 일정한 한계가 없으며, 부지런히 일하여 죽을 때까지 이르며, 심상(心喪) 3년을 지낸다(事親有隱而無犯, 左右就養無方, 服勤至死, 致喪三年. 事君有犯而無隱, 左右就養有方, 服勤至死, 方喪三年. 事師無犯無隱, 左右就養無方, 服勤至死, 心喪三年.)."〔『소학(小學)·입교(立敎)』에도 나옴〕

* 스승과 부모님 : 학교교육과 가정교육

44

諸姑伯叔이요 猶子比兒라
제 고 백 숙   유 자 비 아

직역 1	여러 고모와 백부와 숙부요, 조카는 (내) 아이에 견준다.(조카는 내 아이와 같이 보라)
직역 2	여러 고모와 백부, 숙부는 (조카를) 자식처럼 여겨 내 아이에 견준다.

諸姑伯叔

【훈음】

- 諸(제) : 여러 제. 모든 제. 衆也.
- 姑(고) : 고모 고. 아버지의 여자 형제(父之姊妹). 시어미 고. 할머니 고.
- 伯(백) : 맏 백. 아버지의 형. 큰아버지. 長也.
- 叔(숙) : 아저씨 숙. 아재비 숙. 아버지의 아우. 少也.

【주해】

- 아버지의 형제를 통상적으로 그 순서에 따라 백(伯), 중(仲), 숙(叔), 계(季)로 표시한다.

猶子比兒

【훈음】
- 猶(유) : 같을 유. 同也. 若也. 오히려 유.
- 子(자) : 아들 자. 子息.
- 比(비) : 견줄 비. 幷也. 비교할 비. 비유할 비.
- 兒(아) : 아이 아. 嬰兒.

【주해】
- 『禮記(예기)·檀弓上(단궁상)』-"형제의 아들은 (내) 아들과 같다(兄弟之子, 猶子也)." 의미가 전이되어, '유자(猶子)'는 곧 '조카'를 말한다.
- 부모님에게 효도하는 공경심으로 여러 고모, 백부, 숙부에게 효도하며, 자신의 자녀를 사랑하는 마음으로 조카를 사랑한다. 이는 부자간 인륜의 확산이다.

* 가족 : 삼촌과 조카

45

孔懷兄弟하니 同氣連枝라
공 회 형 제　　　동 기 련 지

직역	크게 형제를 생각하니, 기운을 같이하고 가지가 연해 있다.
의역	크게 형제의 의리를 생각하니, (부모님의) 기운을 같이하고 (한 나무의) 가지가 연해 있다.

孔懷兄弟

【훈음】

- 孔(공) : 심할 공. 심하다(甚也). 크다(大也). 구멍 공. 穴也.
- 懷(회) : 품을 회. 생각할 회. 思也. 愛也.
- 兄(형) : 형 형. 맏 형. 男子先生者.
- 弟(제) : 아우 제. 男子後生者.

【주해】

- 孔懷(공회) : 심히〔크게〕그리워하고 생각하다.
- 『詩經(시경)·小雅(소아)·常棣(상체)』-"죽음을 당하는 두려움이 있을 때에, 형제간에 크게 염려해준다(死喪之威, 兄弟孔懷)." 威: 두려워할 위=畏.

同氣連枝

【훈음】

- 同(동) : 같을 동. 한 가지 동. 共也.
- 氣(기) : 기운 기. 여기서는 '부모의 기운'이다.
- 連(련) : 연할 련. 이을 련. 續也. 합하다(合也).
- 枝(지) : 가지 지. 나무에서 따로 나온 가지(木別生條).

【주해】

- 同氣(동기) : 같은 기질을 갖춘다는 뜻으로, '형제, 자매'를 이른다. 형제는 부모로부터 같은 혈기를 타고 태어났다. (형제는 부모님의) 기운을 같이하다. 같은 기운.
- 『周易(주역)·乾卦(건괘)』 - "공자님께서 말씀하셨다. '같은 소리는 서로 응하고, 같은 기운은 서로 구한다. 물은 습한 곳으로 흐르고 불은 건조한 곳으로 나아가며, 구름은 용을 따르고 바람은 범을 따른다. 그리하여 성인이 나옴에 만물이 우러러본다. 하늘에 근본한 것은 위를 친히 하고, 땅에 근본한 것은 아래를 친히 하니, 각기 그 부류를 따르는 것이다.'(子曰, 同聲相應, 同氣相求, 水流濕, 火就燥, 雲從龍, 風從虎. 聖人作, 而萬物睹, 本乎天者親上, 本乎地者親下, 則各從其類也)."
- 連枝(연지) : 가지를 연(連)한다.
- 이는 형제간의 인륜을 말하고 있다. 형제는 함께 부모의 기운을 받았다. 마치 나무에 가지가 있는데, 그 근본이 하나의 가지에 합하고 있는 것과 같다. 그래서 형제간에는 더욱 우애 있게 지내야 한다.

* 형제는 기운을 같이한 사람(同氣)

46

交友投分하여 切磨箴規라
교우투분   절마잠규

> **직역** 벗을 사귀는 데는 의기에 투합하여,
> 절차탁마하여 경계하고 바로잡아 준다.

交友投分

【훈음】

- 交(교) : 사귈 교. 서로 합하다(相合也).
- 友(우) : 벗 우. 朋友也.
- 投(투) : 던질 투. 의탁하다(托也). 던지다(擲也).
- 分(분) : 분수 분. 定分. 본분 분. 직분 분. 職分. 나눌 분. 別也. 몫 분.

【주해】

- 投分(투분) : 정분이 오고가다. 상호간에 친분을 주고받다. 정분을 투합하다. 뜻이 일치하다. 의기투합(意氣投合)하다. 분수를 던지다. 의기상합하다.
- "붕우(朋友)는 의리로 합하는데, 부자(父子), 군신(君臣), 장유(長幼), 부부(夫婦)간의 윤리는 붕우(朋友)를 의뢰하여 밝아진다. 그러므로 반드시 붕우간의 정분을 의탁하는 것이다."(『註解

千字文』)
- 『論語(논어)·季氏(계씨)』 – "공자님께서 말씀하셨다. '유익한 것이 세 가지 벗이요, 손해되는 것이 세 가지 벗이다. 벗이 정직하고, 벗이 성실하고, 벗이 아는 것이 많으면, 유익하다. 벗이 (소견이 넓지 못하고) 한쪽으로 치우치며〔치우침에 익숙하고〕, 벗이 아양 떨며, 벗이 입만 재잘재잘 나불거리면〔말 잘함에 익숙하면〕, 손해된다.'(孔子曰, 益者三友, 損者三友, 友直友諒友多聞, 益矣. 友便辟, 友善柔, 友便佞, 損矣)."

切磨箴規

【훈음】
- 切(절) : 끊을 절. 자르다(割也).
- 磨(마) : 갈 마. 갈다(礪也). 치석(治石).
- 箴(잠) : 경계할 잠. 훈계할 잠. 풍유하여 잘못을 구제하는 것. 돌 침 = 鍼(침).
- 規(규) : 바로잡을 규. 경계하다(戒也). 법 규. 동그라미, 컴퍼스 규. 원을 만드는 도구(爲圓之器).

【주해】
- 切磨(절마) : 절차탁마(切磋琢磨)의 줄임말. 4언시이기 때문에 축약했다.
- 箴規(잠규) : 경계하여 바로잡다. 좋은 길로 나아갈 수 있도록 서로 권면하다.
- 『孟子(맹자)·離婁下(이루하)』 – "선을 권장함은 벗의 도이다(責善, 朋友之道也)" 責: 권할 책.
- 『詩經(시경)·衛風(위풍)·淇奧(기욱)』 – "잘라놓은 듯 다듬어

놓은 듯, 쪼아놓은 듯 갈아놓은 듯하다(如切如磋, 如琢如磨)."

朱子注(주자주) - "뼈와 뿔을 다루는 자는 이미 칼과 도끼로 잘라놓고 다시 줄과 대패로 갈며, 옥과 돌을 다루는 자는 이미 망치와 끌로 쪼아놓고 다시 모래와 돌로 가니, 덕의 닦여지고 삼감이 전진함이 있고 그침이 없음을 말한 것이다."

배우는 사람이 이미 정(精)한데 더욱 정(精)하기를 구하는 것을 비유하고 있다.

『시경(詩經)·위풍(衛風)·기욱(淇奧)』의 제1장을 모두 인용하면 다음과 같다.

"저 기수의 물굽이를 보니, 푸른 대나무 야들야들하구나. 문채나는[빛나는] 군자여, 잘라놓은 듯 다듬어 놓은 듯, 쪼아놓은 듯 갈아놓은 듯하구나. 치밀하고 굳세며, 빛나고 점잖으니, 문채나는 군자여, 끝내 잊을 수 없구나(瞻彼淇奧, 綠竹猗猗. 有匪君子, 如切如磋, 如琢如磨. 瑟兮僩兮, 赫兮咺兮. 有匪君子, 終不可諼兮)."

◆ 『論語(논어)·子路(자로)』 - "자로가 '어떠하여야 선비라 이를 만합니까?'라고 묻자, 공자님께서 대답하셨다. '간절하고 자상히 권면(勸勉)하며 화락(和樂)하면 선비라 이를 만하다. 붕우간에는 간절하고 자상히 권면하며, 형제간에는 화락하여야 한다.'(子路問曰, 何如斯可謂之士矣? 子曰, 切切偲偲, 怡怡如也, 可謂士矣. 朋友切切偲偲, 兄弟怡怡.)" 偲: 책선할 시. 偲偲(시시): 벗이나 동료끼리 서로 격려하며 착한 도를 권장함. 怡: 기쁠 이. 화할 이.

◆ "벗들 간의 사귐은 정분에 투합한다. 평소에 학문을 하는데 절차탁마하여 서로 권하여 그 정밀함을 추구하며, 잘못이 있을 경우에는 서로 바로잡아 준다."(『千字文釋義』)

* 벗을 사귀는 자세

* 위에서는 오륜을 구비하였음을 말하고 있다. 아래에서는 인(仁)을 말하고 있다.

47

仁慈隱惻을 造次弗離하라
인자은측 　　조차불리

직역 인자한 마음과 측은히 여기는 마음을,
잠깐 사이라도 떠나지 말라.

仁慈隱惻

【훈음】

- 仁(인) : 어질 인. 마음의 덕이요 사랑의 원리이다(心之德, 愛之理). 生之性.
- 慈(자) : 사랑할 자. 사랑하다(愛也).
- 隱(은) : 불쌍히 여길 은. 숨을 은. 매우 아파하다(痛之深也).
- 惻(측) : 슬퍼할 측. 가엾게 여길 측. 간절히 슬퍼하다(傷之切也).

【주해】

- 隱惻(은측) : '측은(惻隱)'과 같다. 다른 사람의 불행에 대해 연민하고 동정을 표하다.
- 『孟子(맹자)·公孫丑上(공손추상)』 - "측은지심(惻隱之心: 측은히 여기는 마음)은 인(仁)의 실마리요, 수오지심(羞惡之心: 부끄러워하거나 미워하는 마음)은 의(義)의 실마리요, 사양지심(辭讓之心: 사양하는 마음)은 예(禮)의 단서요, 시비지심(是非之心: 옳

고 그름을 가리는 마음)은 지혜〔智〕의 단서이다(惻隱之心, 仁之端也, 羞惡之心, 義之端也, 辭讓之心, 禮之端也, 是非之心, 智之端也)."

造次弗離

【훈음】
- 造(조) : 지을 조. 갑자기 조. 急遽. 조차(造次) 조. 作也.
- 次(차) : 버금 차. 다음 차. 조차(造次) 차. 차례 차. 머물 차.
- 弗(불) : 아니 불. 부정사. 금지하는 말. 목적어를 필요로 하지 않는 동사를 부정하며, '不'보다 의미가 강함.('不'之深).
- 離(리) : 떠날 리. 떨어질 리. 떠나다(去也).

【주해】
- 造次(조차) : 잠깐 사이. 잠깐 동안. 급작스럽다. 황망하다. 짧은 시간. 창졸간(倉卒間)에. 쌍성연면어(雙聲連綿語)이다. 연면어란 두 음절이 모여 하나의 의미 단위를 이루는 어절을 말한다. 즉 두 글자이지만 뜻은 하나인 경우이다. 성(聲)이 같은 것을 쌍성이라 한다.
- 『論語(논어)·里仁(이인)』-"군자는 밥 한 그릇 먹는 짧은 시간도 인(仁)을 떠남이 없으니, 잠깐 사이라도 반드시 이에(仁) 뜻을 두며, 위급한 상황에도 반드시 이에(仁) 뜻을 둔다(君子無終食之間違仁, 造次必於是, 顚沛必於是)." 顚沛(전패) : 매우 다급한 상황. 넘어지다. 엎어지고 자빠지다. 곤궁에 빠지다.

* 인자한 마음, 측은히 여기는 마음

48

節義廉退를 顚沛匪虧하라
절의렴퇴   전패비휴

> **직역** 절조(節操)와 의리와 청렴과 겸손을,
> 위급할 때라도 어그러뜨리지 말라.

節義廉退

【훈음】

- 節(절) : 절조 절. 절개 절. 지조. 마디 절.
- 義(의) : 옳을 의. 의리 의.
- 廉(렴) : 청렴할 렴. 不貪.
- 退(퇴) : 물러날 퇴. 물러나다(卻也). 양보. 겸양. 겸손. 겸허.

【주해】

- "지키는 바가 있어 변하지 않는 것을 '절(節: 절조)'이라 하는데, 신(信)의 덕(德)이다(有所守而不變, 謂之節, 信之德也). 의(義)라는 것은 마음을 제한[제어]하는 것이요 일의 마땅함이다(義者, 心之制, 事之宜也). '염(廉)'은 분별이 있으니, 지(智)의 덕이다(廉有分辨, 智之德也). '퇴(退)'는 겸양함이니, 예(禮)의 덕이다(退, 謙讓也, 禮之德也)."(『千字文釋義』)

顚沛匪虧

【훈음】

- 顚(전) : 엎어질 전. 넘어질 전. 顚仆. 정수리 전.
- 沛(패) : 자빠질 패. 넘어질 패. 偃仆. 성대하다. 왕성하다. 세차다. 힘차다. 비 올 패. 못 패. 늪 패.
- 匪(비) : 아닐 비. 非也. 부정사. 금지(禁止)하는 말이다.
- 虧(휴) : 이지러질 휴. 이지러지다(缺也).

【주해】

- 顚沛(전패) : ①넘어지다. 엎드러지고 자빠지다. 다급한 상황. 황급할 때. ②좌절하다. 고생하다. 곤궁에 빠지다.
- 엎어지고 자빠지는 순간에도 도덕심을 어그러뜨리지 말라.

* 절조와 의리, 청렴과 겸허

49

性靜情逸이요 心動神疲라
성 정 정 일 　　심 동 신 피

> **직역**　성품이 고요하면 감정도 편안해지고,
> 마음이 (이리저리 많이) 움직이면 정신도 피곤해진다.

性靜情逸

【훈음】

- 性(성) : 성품 성. 바탕 성. 천성 성. 본성.
- 靜(정) : 고요할 정. 寂也.
- 情(정) : 뜻 정. 정 정. 성(性)이 발(發)한 것이다(性之發也). 性之動.
- 逸(일) : 편안할 일. 安也. = 佚(일).

【주해】

- 『中庸(중용)·제1장』 - "하늘이 명한 것을 성(性)이라 이르고, 성을 따름을 도(道)라 이르고, 도를 닦음을 교(敎)라 이른다(天命之謂性, 率性之謂道, 修道之謂敎)."

心動神疲

【훈음】

- 心(심) : 마음 심. 성(性)을 실은 것이다(載性者也). 몸의 주인(身之主). 별자리 이름(宿名).
- 動(동) : 움직일 동. ↔ 靜.
- 神(신) : 정신 신. 귀신 신. 마음의 신령함이다(心之靈也). 人之主.
- 疲(피) : 피곤할 피. 지칠 피. 力之勞也.

【주해】

- 마음을 너무 많이 움직이면 정신이 피곤하고, 정신이 피곤하면 육체도 피곤하게 되니, 가급적 생각을 적게 하라. 하루에 얼마간이라도 아무 생각이 없는 허심(虛心)할 때가 있어야 한다. 참선(參禪)이나 국선도(國仙道) 등 심신 수련으로 마음을 비운 상태를 자주 갖는 것이 건강에 좋다. 이는 바로 '정공부(靜工夫)'이기도 하다. 『노자(老子)·제3장』에, "그 마음을 비우고, 그 배는 채운다(虛其心, 實其腹)"라는 말이 있다.

* 고요한 성품, 편안한 감정

50

守眞志滿이요 逐物意移라
수 진 지 만　　　축 물 의 이

> **직역** 참됨[자연의 도道]을 지키면 뜻이 충만해지고,
> 물욕을 따라가면 뜻이 옮겨간다[의지가 쇠퇴해진다].

守眞志滿

【훈음】
- 守(수) : 지킬 수. 操守也. 수령 수.
- 眞(진) : 참될 진. 참 진. 성품의 바른 것이다(性之正也). ↔ 僞.
- 志(지) : 뜻 지. 마음이 가는 것이다(心之所之也).
- 滿(만) : 가득할 만. 족하다(足也). 가득 차다(盈也).

【주해】
- 眞(진) : 참됨. 자연의 도(道).
- 참됨을 지키면, 곧 자연의 도를 지켜 살면 뜻이 충만해지게 된다. 나날이 뿌듯한 마음으로 살 수 있다는 것이다. 그렇게 하면 일상생활이 행복으로 충만하며, 그것이 주위 사람에게도 좋은 영향을 미치게 되는 것이다. '일체유심조(一切惟心造)'라고, 모든 일은 오직 마음이 만드는 것이다.

逐物意移

【훈음】
- 逐(축) : 쫓을 축. 從也. 쫓다(驅也).
- 物(물) : 물건 물. 外物. 凡具形色者.
- 意(의) : 뜻 의. 마음이 발동하는 것이다(心之所發也). 所以動其心者.
- 移(이) : 옮길 이. 움직이다(動也). 옮겨가다(遷也).

【주해】
- 물욕을 따라가면 뜻이 변해진다. 그래서 견물생심(見物生心)이라는 말이 생겼다. 보는 것에 따라서 인생이 결정되는 경우가 많다. 평소 보는 것에 주의하고, 주위 사람을 잘 선별하여 사귀어야 한다.

아동 한자 학습서인 『사자소학(四字小學)』에도, "거처하는데는 반드시 이웃을 선택하고, 나아감에는 반드시 유덕자(有德者)에게 하며, 선별하여 사귀면, 보익(補益: 보태고 도움이 되다)되는 바가 있다(居必擇鄰, 就必有德, 擇而交之, 有所補益)."고 하였다.

- 『莊子(장자)·養生主(양생주)』-"우리 인생은 끝이 있지만, 앎에는 끝이 없다. 끝이 있는 것으로써 끝이 없는 것을 좇으면 위태로울 뿐이다(吾生也有涯, 而知也无涯. 以有涯隨无涯, 殆已)." 涯: 가. 가장자리. 한계. 끝.

지식의 한계성을 표현한 말이다. 알아야 될 것은 너무 많고 인생은 백년에 한정된다. 그렇지만 무한한 우주와 사물의 이치를 함축적인 언어로 규정하는 것이 학문이기도 하다. 학문은 바쁘다고 서두르지 말며, 굳건하게 나아가야 높은 경지에 도달할 수 있다. 학문의 세계가 넓은 것을 바다에 비유하여 '학해(學海)'라고 한다.

* 자연의 도를 지키면 뜻이 충만해짐

51

堅持雅操면 好爵自縻니라
견 지 아 조　　　호 작 자 미

> **직역**　바른 지조를 굳게 가지면
> 좋은 벼슬이 저절로 얽혀든다.

堅持雅操

【훈음】

- 堅(견) : 굳을 견. 굳셀 견. 굳다(固也).
- 持(지) : 가질 지. 잡을 지. 지키다(守也). 잡다(執也).
- 雅(아) : 바를 아. 바르다(正也). 所守之德. 우아할 아. 아담할 아. 상례 아. 常也. 풍류 아. 樂名.
- 操(조) : 절조 조. 절조(節操). 지조 조. 잡을 조. 持. 把持. 곡조 조. 曲名.

【주해】

- 雅操(아조) : 바른 지조. 점잖은 지조. 操: 절조. 지키는 바의 덕이니, 곧 오상(五常: 인의예지신)이다.

好爵自縻

【훈음】

- 好(호) : 좋을 호. 美也. 좋아할 호.
- 爵(작) : 벼슬 작. 작위 작. 자리(位也). 술잔 작(참새 부리 모양의 술잔). 참새 작. = 雀.
- 自(자) : 스스로 자.
- 縻(미) : 얽어맬 미. 매다(繫也).

【주해】

- 好爵(호작) : 좋은 벼슬. 고관후록(高官厚祿).
- "사람이 능히 오상(五常)을 지키면, 덕이 있는 사람이 되어 임금이 반드시 들어서 등용하니, 좋은 벼슬이 저절로 그 몸에 얽혀든다. 여기서 스스로 얽혀든다고 말한 것은 자신이 덕을 닦은 소치니, 곧 스스로 많은 복을 구한다는 뜻이다."(『千字文釋義』)
- "나에게 있는 도리를 이미 다하면 작록(爵祿)은 그 가운데 있게 마련이다. 『주역(周易)』에, '내 좋은 벼슬을 두어 내 그대와 함께 소유한다' 하였으니, 이른바 '천작(天爵)을 닦으면 인작(人爵)이 저절로 이른다'라는 것이다."(『註解千字文』) 天爵(천작) : 하늘에서 받은 벼슬. 남에게 존경받을 만한 선천적인 덕행이며, 인의도덕(仁義道德)과 효제충신(孝悌忠信)을 행하여 저절로 얻어지는 존귀함이다. 人爵(인작) : 공경대부(公卿大夫)의 지위로 사람이 주는 벼슬.
- 『周易(주역)·中孚卦(중부괘)』 – "내 좋은 벼슬이 있으니, 내 그대와 함께 소유한다(我有好爵, 吾與爾縻之)."〔『주역(周易)·계사상전(繫辭上傳)』에도 원문을 인용하여 나옴〕

* 바른 지조와 좋은 벼슬의 연관성

제 3 장
통치자의 천하 경영

華夏東西二京芒面洛
浮渭據涇宮殿盤鬱樓觀
飛驚圖寫禽獸畫綵仙靈
丙舍傍啓甲帳對楹肆筵
設席鼓瑟吹笙陞階納陛
弁轉疑星右通廣內左達

** 아래 4구는 국도(國都 : 나라 서울)의 거대함을 말하고 있다.

52

都邑華夏하니 東西二京이라
도 읍 화 하   동 서 이 경

> 직 역   화하(華夏)에 (천자의) 도읍을 정하니
> 동쪽과 서쪽의 두 서울이라.(동경은 낙양이요 서경은 장안이라)

都邑華夏

【훈음】

- 都(도) : 도읍 도. 천자의 궁전이 있는 곳을 '도(都)'라 한다.
- 邑(읍) : 고을 읍.
- 華(화) : 빛날 화. 문명(文明)의 형상. 중화 화. 中華. '중국'을 가리키는 대명사.
- 夏(하) : 클 하. 여름 하. 여기서는 '크다(大)'는 뜻이다. 화하 하. 華夏. 역시 '중국'을 가리키는 대명사.

【주해】

- 都邑(도읍) : 수도.
- 『詩經(시경)·商頌(상송)·殷武(은무)』 - "상(商)나라 도읍이 잘 정돈되어 있으니, 사방의 표준이로다(商邑翼翼, 四方之極)." 邑

(읍): 왕도(王都). 翼翼(익익): 정돈된 모양. 極(극): 표준.
- 華夏(화하) : 화(華)는 문명(文明)한 모양이고, 하(夏)는 크다는 뜻이다. '문명하고 큰 곳'이라는 의미이다. '화(華)', '하(夏)', '화하(華夏)'는 원래 중원지역을 뜻하는 말인데, 뒤에 중국을 일컫게 되었다.

東西二京

【훈음】
- 東(동) : 동녘 동.
- 西(서) : 서녘 서.
- 二(이) : 두 이.
- 京(경) : 서울 경. 클 경. 크다(大也). 임금이 거주하는 수도.『智永眞書千字文』에서는 "경(京)".

【주해】
- 二京(이경) : 한대(漢代)에 낙양(洛陽)을 동경(東京)이라 하였고, 장안(長安)을 서경(西京)이라 칭하였다. 동한(東漢) 때 반고(班固)의 「양도부(兩都賦)」와 장형(張衡)의 「이경부(二京賦)」는 장안과 낙양 두 도읍지의 부귀하고 화려하며 변화로움, 그리고 당시 사회의 여러 가지 현상을 묘사한 작품이다.
- "동경은 낙양으로 동주(東周), 동한(東漢, 후한後漢), 위(魏), 진(晉), 석륵(石勒)〔석륵의 후조後趙〕, 후위(後魏)가 도읍하였다. 서경은 장안(長安: 현재의 서안西安)으로 서주(西周), 진(秦), 서한(西漢: 前漢), 후진(後秦), 서위(西魏), 후주(後周), 수(隋), 당(唐)이 도읍하였다."(『註解千字文』)

* 통치자의 수도

53

背邙面洛이요 浮渭據涇이라
배 망 면 락   부 위 거 경

직역	북망산(北邙山)을 뒤로하고 낙수(洛水)를 향하였고, 위수(渭水) 가에 떠 있고 경수(涇水)를 의지하고 있다.
의역	(동경東京 낙양洛陽은) 북망산을 뒤로하고 낙수를 향하였고, (서경西京 장안長安은) 위수 가에 떠 있고 경수를 의지하고 [옆에 끼고] 있다.

背邙面洛

【훈음】

- 背(배) : 등질 배. 後也. 등 배.
- 邙(망) : 산 이름 망. 낙양(洛陽) 북쪽의 '북망산(北邙山)'을 가리킨다. 지금의 하남성 낙양에 있는 산으로, 낙양이 여러 왕조의 도읍지가 되면서 제왕(帝王)이나 귀인명사(貴人名士)의 무덤이 많은 곳이다. 『智永眞書千字文』에는 "芒".
- 面(면) : 얼굴, 낯 면. 향하다. 면하다. 前也. 여기서는 '앞으로 향한다'는 의미이다.
- 洛(락) : 물 이름 락. 낙수(洛水) 락.

【주해】
♦ 낙수(洛水) : 섬서성 동남부의 진령(秦嶺)에서 발원하여 하남성을 흘러 황하로 들어가는 강. 옛사람은 물의 북쪽을 '양(陽)'이라 하였다. 낙양은 낙수의 북쪽이어서, 낙양이라고 칭했다.
♦ 이 구는 위의 '동경(東京)'을 이어서, 북망산은 동경성(東京城) 북쪽에 있고, 낙수(洛水)는 동경성 남쪽에 있다고 하였다.

浮渭據涇

【훈음】
♦ 浮(부) : 뜰 부. '뜰 범(泛)'과 같다. 順流曰浮.
♦ 渭(위) : 강 이름 위. 위수(渭水)는 감숙성 위원현(渭源縣)에서 발원하여 섬서성을 거쳐 황하로 흘러드는 강.
♦ 據(거) : 의지할 거. 기댈 거. 依也.
♦ 涇(경) : 물 이름 경. 경수(涇水) 경.

【주해】
♦ 浮渭(부위) : 위수(渭水) 가에 떠 있다. 멀리 바라보면 장안은 위수 가에 떠있는 것 같다.
♦ 據涇(거경) : 경수(涇水)를 옆에 끼고 있다. 경수를 의지하고 있다. 전통적으로 위수가 맑은 데 비해 경수는 황토 고원을 지나오므로 물의 빛깔이 흐리다고 한다.
♦ "서경(西京)은 왼쪽은 위수에 의지하고 오른쪽은 경수에 의지하고 있다고 말하고 있다. 대개 제왕의 수도는 동경(東京)과 서경을 대표로 치는데, 그 산천의 형승(形勝)은 이와 같다."(『千字文釋義』)

* 동경[낙양], 서경[장안]의 지형

**아래 12구는 궁전의 장엄함을 묘사하고 있다.

54

宮殿盤鬱이요 樓觀飛驚이라
궁 전 반 울   누 관 비 경

직역	궁전은 서리서리 빽빽하고, 누각은 날아갈 듯이 솟아 놀랍기만 하구나.
의역	(두 도읍지의) 궁전은 서리서리 빽빽하게 들어찼고, (높은) 누각은 (그 기세가) 새가 날아갈 듯하여 (사람의 눈을) 놀라게 한다.

宮殿盤鬱

【훈음】

- 宮(궁) : 궁궐 궁. 집 궁. 천자의 집.
- 殿(전) : 대궐 전. 큰 집 전. 집의 높고 큰 것(堂高大者).
- 盤(반) : 서릴 반. = 반(蟠, 서리다. 감돌다. 구불구불하다.) 구불구불하다[委曲]의 의미. 쟁반 반. 큰 돌 반. 『智永眞書千字文』에는 "磐(반)".
- 鬱(울) : 울창할, 무성할 울. 답답할 울. 무성한 모양.

【주해】

- 宮(궁) : 궁전. 옛날에 '궁'은 집을 통틀어 부르던 말이었는데, 후에 천자의 집만을 칭하게 되었다.

◆ 殿(전) : 높고 큰 집.
◆ 盤鬱(반울) : 서리서리 빽빽하게 들어찼다.

樓觀飛驚

【훈음】
◆ 樓(루) : 다락 루. 누각 루. 重屋也.
◆ 觀(관) : 볼 관. 집 관. 집의 제일 높은 곳. 관망대(觀臺). 闕.
◆ 飛(비) : 날 비. 鳥飛也.
◆ 驚(경) : 놀랄 경.

【주해】
◆ 樓觀(누관) : 누궐(樓闕). 누대. 누각과 관대(觀臺: 관망대). 누전(樓殿)의 높고 큰 건축물. 궁전, 높은 누각을 널리 칭하는 높은 건축물.
◆ '누(樓)'는 『설문해자(說文解字)』에는 "층집(重屋也)"이라 하였다. '관(觀)'은 『이아(爾雅)·석궁(釋宮)』에 "관(觀)은 궐(闕)을 말한다(觀謂之闕)"라 하였고, 『석명(釋名)』에는 "관(觀)이라는 것은 위에서 관망하다(觀者, 于上觀望也)"라 하였는데, 모두 집의 가장 높은 곳이다.(『千字文釋義』)
◆ "기대어 조망하는 곳을 누(樓)라 하고, 멀리 바라보는 곳을 관(觀)이라 한다."(『註解千字文』)
◆ 飛驚(비경) : 새가 날아갈 듯 (눈을) 놀라게 하는 듯하다. '비(飛)'는 새가 나는 것이다.
◆ 『詩經(시경)·小雅(소아)·斯干(사간)』-"꿩이 날아가는 것 같으니, 군자가 올라가서 정사를 다스릴 곳이로다(如翬斯飛, 君子攸躋)." 翬: 꿩 휘. 攸: 바 유. 躋: 오를 제.

朱子注(주자주) -"처마가 화려하고 높으며 날아갈 듯한 모습은 꿩이 날아 날개를 펴는 것과 같다. 그 당(堂)의 아름다움이 이와 같으니, 군자가 올라가서 정사를 다스릴 곳이다."

* 궁전의 위용

55

圖寫禽獸요 畫綵仙靈이라
도 사 금 수   화 채 선 령

직역	새와 짐승을 (장식하여) 그렸고, 신선과 신령을 채색하여 그렸다.
의역	궁전에는 봉황, 용, 호랑이, 기린 등 새와 짐승을 그렸고, 신선과 신령을 (아롱다롱) 채색하여 그렸다.

圖寫禽獸

【훈음】

- 圖(도) : 그림 도. 그릴 도. 畫也.
- 寫(사) : 쓸 사. 그릴 사. 畫也.
- 禽(금) : 날짐승 금. 날아다니는 짐승, 곧 새이다. 飛曰禽. 조류의 총칭.
- 獸(수) : 짐승 수. 길짐승 수. 곧 걸어 다니는 짐승이다. 走曰獸.

【주해】

- '도(圖)'와 '사(寫)'는 여기서는 모두 '그리다〔畫〕'라는 의미로 동사로 쓰였다.
- "궁전과 누관(樓觀)에 반드시 용과 호랑이, 기린과 봉황의 모습을 그려서 아름다운 볼거리로 삼았다."(『註解千字文』)

제3장 통치자의 천하 경영

畵綵仙靈

【훈음】

- ◆ 畵(화) : 그릴 화. 그림 화. 繪事. 오색으로 사물의 형태를 묘사하는 것을 '畵'라고 한다.
- ◆ 綵(채) : 채색 채. 어떤 판본에는 "彩(채색 채)", "采(채색 채)".
- ◆ 仙(선) : 신선 선.
- ◆ 靈(령) : 신령 령. 신령할 령. 神也.

【주해】

- ◆ 仙(선) : 산에 살면서 불로장생(不老長生)의 도를 닦는 사람. 오래 살아 죽지 않는 이를 신선이라 한다(長生不死曰仙). = 선(僊).

* 궁중 건물 내부 벽의 그림

56

丙舍傍啓요 甲帳對楹이라
병 사 방 계   갑 장 대 영

직역	병사(丙舍)는 곁에 열려 있고, 갑장(甲帳)은 기둥을 마주하고 있다.
의역	(임금을 모시는 신하들이 거처하는) 병사는[병사의 입구는] (정전正殿의) 양측에 열려 있고, (임금이 잠시 머무는 1호 휘장인) 갑장은 기둥을 마주하고 있다.

丙舍傍啓

【훈음】
- 丙(병) : 남녘 병. 십간(十干)의 셋째.
- 舍(사) : 집 사. 屋也. 人所居.
- 傍(방) : 곁 방. 側也.
- 啓(계) : 열 계. 開也.

【주해】
- 병사(丙舍)의 문이 정전(正殿)의 양측에 열려 있다는 말이다.
- 丙舍(병사) : 궁중의 별실. 정실(正室) 양쪽의 집. 궁중의 세 번

째 집. 전(殿)의 앞 좌우에 있는 집으로, 시신(侍臣)이 거처하는 곳이 서로 양쪽 곁으로 마주 보며 펼쳐 있다. 후한(後漢) 때 궁중 정실의 양쪽 방을 갑(甲), 을(乙), 병(丙)으로 차례를 매기고 그것의 제3동 집을 병사(丙舍)라고 하였다.

◆ "병사(丙舍)는 전(殿) 앞의 좌우에 있는 집이니, 모시는 신하가 거처하는 곳이 서로 양쪽을 향하여 전개되어 있다."(『註解千字文』)

◆ **참고**: 십간(十干)과 십이지(十二支)

十干: 갑(甲), 을(乙), 병(丙), 정(丁), 무(戊), 기(己), 경(庚), 신(辛), 임(壬), 계(癸).

十二支: 자(子), 축(丑), 인(寅), 묘(卯), 진(辰), 사(巳), 오(午), 미(未), 신(申), 유(酉), 술(戌), 해(亥).

이는 천간(天干), 지지(地支)라고도 하는데, 중국, 우리나라 등 동양문화를 이해하는 데 있어 기본 중의 하나이다. 평소 이를 환히 익히고 있어야 우리 문화나 풍습을 제대로 이해할 수 있는 바탕을 갖추게 되는 것이다.

甲帳對楹

【훈음】

◆ 甲(갑) : 첫째 천간(天干) 갑. 천간의 첫째. 육갑 갑. 갑옷 갑.
◆ 帳(장) : 장막 장. 휘장 장.
◆ 對(대) : 대할 대. 當也.
◆ 楹(영) : 기둥 영. 둥글고 굵은 기둥. 柱也.

【주해】

◆ 갑장(甲帳: 1호 휘장)과 을장(乙帳: 2호 휘장)은 임금이 잠시 머무는 곳으로, 두 기둥 사이에 나뉘어 마주하고 있다. 한 무제 때

장막을 지어, 갑, 을 등 천간(天干)의 순서로 배열하였다. 후에 갑장, 을장은 황제가 한가로이 거처하고 쉬는 곳을 가리키게 되었다.
• 帳(장) : 『석명(釋名)』에 "펼치다. 침대 위에 펼친다(張也. 張施床上也)"라 하였다. 『한무고사(漢武故事)』에 "위에는 유리(琉璃), 주옥(珠玉), 명월주(明月珠), 야광주(夜光珠)로써 진기한 보물을 섞어 갑장(甲帳)을 만들었으며, 그 다음을 을장(乙帳)이라 한다"고 하였다.(『千字文釋義』)
• "동방삭(東方朔)이 갑장(甲帳)과 을장(乙帳)을 만들었으니, 임금이 잠시 머무르는 곳이 두 기둥 사이에 나뉘어 마주하고 있다."(『註解千字文』)

* 궁전 안 건물의 배치

57

肆筵設席이요 鼓瑟吹笙이라
사 연 설 석　　고 슬 취 생

직역	(연회의) 대자리를 펴고 방석을 깔고, 비파를 타고 생황을 분다.
의역	곳곳마다 풍성한 연석을 설치하고, 비파를 타고 생황을 부니 그 음악이 조화롭다.

肆筵設席

【훈음】

- 肆(사) : 벌여 놓을 사. 베풀 사. 여기서는 '베풀 진, 벌일 진(陳)'과 같은 의미.
- 筵(연) : 대자리 연. 重曰筵.
- 設(설) : 베풀 설. 置也. 陳也.
- 席(석) : 자리 석. 돗자리 석. 單曰席.

【주해】

- "'연(筵)'과 '석(席)'은 옛사람이 땅에 깔고 앉는 도구이다. 겹으로 된 것을 '연(筵)'이라 하고, 홑으로 된 것을 '석(席)'이라 한다. 옛사람은 자리를 깔고 앉는데, 연(筵)과 석(席)은 모두 앉는 도구이다."(『千字文釋義』)

◆ '연'은 바닥에 먼저 까는 것이고, '석'은 그 위에 다시 놓고 앉는 것이다. 연석(筵席)은 주연을 베푸는 자리이다.
◆ "사연설석(肆筵設席)"은 『시경(詩經)·대아(大雅)·행위(行葦)』에 나오는 구(句)로, 연회할 때에 자리와 방석을 배열함을 말한다.

鼓瑟吹笙

【훈음】

◆ 鼓(고) : 두드릴 고. 칠 고. 북 고. 여기서는 '연주하다'는 의미이다. 彈也. 動之也.
◆ 瑟(슬) : 비파 슬. 큰 거문고 슬. 금슬 슬. '거문고[琴]'와 비슷한 고대의 현악기로, 25현(絃)이었다. 지금은 25현과 16현 두 종류가 남아 있다.
◆ 吹(취) : 불 취. '입으로 부는 것'을 취(吹)라 한다. 噓也.
◆ 笙(생) : 생황 생. 박으로 만든 관악기의 하나.

【주해】

◆ 鼓瑟吹笙(고슬취생) : 『시경(詩經)·소아(小雅)·녹명(鹿鳴)』에 나오는 구(句)로, 연회할 때 생황과 비파를 차례로 연주함을 말한 것이다. 이 시의 대의는 임금이 신하들과 더불어 사방에서 온 손님들을 모시고 도와 덕을 강(講)하고, 노래하면서 즐기는 내용이다. 다음은 제1장의 전문(全文)이다.

"우우 사슴의 울음소리, 들의 쑥을 뜯는다. 나는 아름다운 손님이 있어, 비파를 타며 생황을 분다. 생황을 울려 젓대를 불며, 광주리를 받들어 올리니, 나를 좋아하는 사람은, 나에게 대도(大道)를 보여줄 것이다(呦呦鹿鳴, 食野之苹. 我有嘉賓, 鼓瑟吹笙. 吹笙鼓簧, 承筐是將. 人之好我, 示我周行)." 呦: 울 유. 사슴이 욺. 呦呦

(유유): 사슴이 우는 소리. 苹: 쑥 평. 다북쑥 평. 개구리밥 평.

* 궁전 안 공사(公私) 연회와 그 음악 연주

58

升階納陛하니 弁轉疑星이라
승 계 납 폐   변 전 의 성

직역 (신하가) 계단을 올라 천자에게 인사드리니[절을 올리니], 고깔의 (구슬) 움직임이 별과 같이 반짝인다.

의역 (신하가) 계단을 올라 천자에게 인사드리니[알현하니], (신하가 쓰는) 고깔의 (구슬) 움직임이 마치 하늘의 별과 같이 반짝인다.

升階納陛

【훈음】

- 升(승) : 오를 승. 登也. 어떤 판본에는 "陞(오를 승)".
- 階(계) : 계단 계. 섬돌 계. 級也. 登堂道.
- 納(납) : 들일 납. 入也.
- 陛(폐) : 섬돌 폐. 대궐 계단 폐. 階也. 升高階. 천자가 오르내리는 계단(天子階).

【주해】

- 升階納陛(승계납폐) : 계단을 올라 천자에게 인사드리다(알현하다).
- 納陛(납폐) : '폐(陛)'는 '대궐의 계단'으로, 여기서는 천자를 가리

킨다. '납폐'는 '천자께 인사드리다', '천자께 알현하다'라는 의미이다. 고대에 황제가 공신에게 구석(九錫: 옛날 중국에서 특별히 임금의 총애를 받고 공로가 있는 신하에게 내리던 아홉 가지 은전恩典)을 내릴 때, 공신을 계단에 올라 들어오도록 하여 이 행사를 거행하였다.
◆ 당(堂)이 높은 경우, 땅과의 거리가 멀어 계단을 설치하여 당에 오른다.
◆ "계(階)는 당(堂) 밖에 있어 여러 신하들이 오르는 계단이요, 폐(陛)는 천자가 오르는 계단이다. 납폐(納陛)라고 한 것은 궁전의 터를 파서 섬돌[陛]을 만들어 용마루 아래로 들어가 겉으로 드러나지 않고 오르게 하는 것을 이른다."(『註解千字文』)
◆ 陛下(폐하) : 섬돌 밑이라는 뜻으로 천자(天子)의 높임말. 직접 천자에게 상주(上奏)하지 않고 섬돌 아래 있는 근신(近臣)을 통하여 상주함에서 온 말이다.

弁轉疑星

【훈음】

◆ 弁(변) : 고깔 변. 관(冠)의 명칭. 관 변. 옛날, 남자가 쓰는 가죽으로 만든 모자. 머리에 쓰는 각진 모자. 구슬을 달고 모피로 만든 고깔모자. 주대(周代) 예복의 관. 피변(皮弁)은 무인(武人)의 관.
◆ 轉(전) : 구를 전. 動也. 旋也.
◆ 疑(의) : 의심할 의. 마치 ……인 것 같다. 似也. 惑也.
◆ 星(성) : 별 성.

【주해】

◆ 弁(변) : 고대 관리의 모자로 위에 주옥(珠玉)으로 장식하였다.

♦ **弁轉**(변전) : 고깔에 장식된 구슬의 움직임.
♦ **疑星**(의성) : 별인 듯하다. 별과 같다. 별과 같이 반짝인다.
♦ 『詩經(시경)·衛風(위풍)·淇奧(기욱)』 - "관(冠)을 꿰맨 것이 별과 같다(會弁如星)."

다음은 이 시 제2장의 전문(全文)이다.

"저 기수의 물굽이를 보니, 푸른 대나무 청청하네. 빛나는 군자여. 귀막이가 옥돌로 되어 있고, 피변(皮弁)에 꿰맨 것이 별과 같구나.〔아름다운 옥돌을 귀에 달고, 관을 꾸민 구슬들은 별과 같구나.〕 치밀하고 굳세며, 빛나고 점잖으니, 빛나는 군자여, 끝내 잊을 수 없네(瞻彼淇奧, 綠竹靑靑. 有匪君子, 充耳琇瑩, 會弁如星. 瑟兮僩兮, 赫兮咺兮. 有匪君子, 終不可諼兮)."

朱子注(주자주) - "대나무의 굳고 무성함으로써 복식(服飾)의 존엄함을 흥하여, 그 덕이 의복에 걸맞음을 나타낸 것이다."

♦ "이 구에서는 계단을 오르고 섬돌로 들어가는 자는 그 고깔의 움직임이 별처럼 반짝반짝 어지러이 움직인다고 하였다. 곧 계단과 섬돌이 넓음을 알 수 있으니, 잘 형용한 것이다. 사(舍)는 갑을병의 세 번째인 병(丙)으로써 순서를 하였다. 그 문은 곁에 열려 있는데 기둥을 만나는 갑(甲) 휘장을 돌게 되면, 또 연석(筵席)을 설치하였는데, 그 사이에서 음악을 연주한다. 계단과 섬돌은 넓고 올라 들어가는 자의 고깔이 별과 같이 반짝여서 이루 다 셀 수 없다."(『千字文釋義』)

* 천자가 오르내리는 계단

59

右通廣內요 左達承明이라
우 통 광 내　　좌 달 승 명

> **직역** (남쪽을 향하여) 오른쪽으로는 광내전(廣內殿)과 통하고, 왼쪽으로는 승명전(承明殿)에 이른다.

右通廣內

【훈음】

- 右(우) : 오른쪽 우.
- 通(통) : 통할 통. 達也. 徹也.
- 廣(광) : 넓을 광. 闊也.
- 內(내) : 안 내.

【주해】

- 남쪽을 바라보고, 동쪽을 좌(左)라 하고, 서쪽을 우(右)라 한다.
- 廣內(광내) : 광내전(廣內殿). 한(漢)나라 궁정의 도서관 이름. 궁중의 도서〔비서秘書〕를 보관하는 집.

左達承明

【훈음】

- 左(좌) : 왼쪽 좌.
- 達(달) : 통할 달. 通也.
- 承(승) : 이을 승. 奉也.
- 明(명) : 밝을 명. 照也.

【주해】

- 承明(승명) : 승명전(承明殿). 서적과 사서(史書)를 교열하는 집. 승명려(承明廬). 천자의 정침(正寢) 옆의 좌우 노침(路寢)을 승명(承明)이라 하였으며, 근신(近臣)이 숙직하는 곳이라고도 한다. 한대(漢代) 미앙궁(未央宮)의 전명(殿名). 승명전 옆에 시신(侍臣)이 숙직하는 곳이 설치되어 있다.
- 『三輔黃圖(삼보황도)』-"건장궁 가운데 서쪽이 광내전이다(建章宮中, 西則廣內殿)." "미앙궁에 승명전이 있다(未央宮有承明殿)."
- "승명려(承明廬)와 석거각(石渠閣)이 금마문(金馬門)의 왼쪽에 있으니, 역시 서적과 사서(史書)를 교열하는 집이다."(『註解千字文』)

* 궁실의 장대함과 구체적인 전각 이름

60

旣集墳典이요 亦聚群英이라
기 집 분 전 역 취 군 영

직역 이미 삼분(三墳)과 오전(五典)의 옛 전적들을 모아 놓았고, 또한 많은 영재(학자)들을 모아 놓았다.

의역 광내전에는 옛 책과 경전을 모아 놓고, 승명전에는 문무(文武)의 영재들을 모아 놓았다.

旣集墳典

【훈음】
- 旣(기) : 이미 기. 已也.
- 集(집) : 모을 집. 聚也.
- 墳(분) : 책 분. 삼황(三皇)의 옛 책. 클 분. 大也. 무덤 분.
- 典(전) : 책 전. 법 전. 法也.

【주해】
- 墳(분) :『삼분(三墳)』. 삼황(三皇)의 사적(事蹟)을 기록한 옛 책. 여기서 삼황은 복희(伏羲), 신농(神農), 황제(黃帝)이다. 일설에는 천황(天皇) 지황(地皇), 인황(人皇)이라고도 한다.
- 典(전) :『오전(五典)』. 오제(五帝)의 사적(事蹟)을 기록한 옛 책. 오제는 소호(少昊), 전욱(顓頊), 고신(高辛), 요(堯), 순(舜)

이다. 일설에는 소호(少昊), 전욱(顓頊), 제곡(帝嚳), 요(堯), 순(舜)이라고도 한다.
- ◆ 墳典(분전) : 삼분과 오전. 전설에 중국의 가장 오래된 서적으로, 삼황과 오제의 사적이 기재되었다고 한다. 여기서는 널리 고대의 전적(典籍)을 가리킨다.
- ◆ 『春秋左傳(춘추좌전)·昭公(소공) 12년』 - "좌사 의상(倚相)이 총총걸음으로 지나가니, 왕[楚靈王]이 (자혁子革에게) '이 사람은 훌륭한 사관(史官)이다. 그대는 잘 보아두라. 그는 삼분(三墳), 오전(五典), 팔색(八索), 구구(九丘)를 읽을 수 있기 때문이다'라고 말했다고 한다(左史倚相趨過, 王曰, "是良史也, 子善視之! 是能讀三墳, 五典, 八索, 九丘)."

팔색(八索)은 옛 책 이름인데, 후대에는 대부분 고대 전적 혹은 팔괘(八卦)를 지칭한다. 구구(九丘)는 전설 속 중국의 가장 오래된 책 이름이다. 초(楚)나라의 좌사(左史)인 의상은 고대의 전적 삼분오전(三墳五典)을 읽을 수 있었던 지식인이다. 전설상의 책들인 『삼분』, 『오전』보다 더 오래된 책은 없다고 전해진다. 그러므로 여기서는 이를 들어 많은 전적을 가리키고 있다.

亦聚群英

【훈음】
- ◆ 亦(역) : 또 역. 又也.
- ◆ 聚(취) : 모을 취. 會也.
- ◆ 群(군) : 무리 군. 衆也.
- ◆ 英(영) : 영재 영. 재주와 덕이 출중한 사람. 영웅 영. 꽃부리 영.

【주해】

◆ 旣(기) …亦(역) : …하고 또 …하다.
◆ 궁전과 누관(樓觀) 가운데 삼분과 오전 등 풍부한 전적이 소장되어 있고, 수많은 인재들이 모여 있음을 얘기하고 있다.
◆ "이미 『삼분』, 『오전』을 모아놓고, 또 영재와 어진 이를 불러 광내전과 승명전에 모아놓아, 강론하여 밝히고 토론하여 정치의 도를 밝혔다."(『註解千字文』)
◆ 이를 확대시켜 말한다면, 좋은 시설, 많은 서적 등을 구비해 놓고, 이에다 지식, 덕, 능력 그리고 통찰력을 지닌 훌륭한 선생님들을 모신 곳이 좋은 대학이다. 이러한 대학에는 자연히 국내외의 많은 영재들이 몰려올 것이다.

* 수많은 전적(典籍)과 영재들을 모아 놓음

* 아래 6절의 강령(綱領)이다.

61

杜藁鍾隷요 漆書壁經이라
두 고 종 례　　칠 서 벽 경

직역	두조(杜操)의 초서(草書)와 종요(鍾繇)의 예서(隷書)요, 옻칠로 쓴 과두문(蝌蚪文)과 벽 속에서 나온 경서(經書)라.
의역	옛 책 가운데 두조의 초서와 종요의 예서가 있고, 또 옻칠로 쓴 『상서(尙書)』, 『논어』 등의 옛 경전이 있다.

杜藁鍾隷

【훈음】

◆ 杜(두) : 아가위 두. 팥배나무 두. 막을 두. 성 두.
◆ 藁(고) : 원고 고. 초고(草稿). 여기서는 '초서(草書)'를 말한다. 어떤 판본에는 "稿(볏짚 고, 원고 고)", "藁".
◆ 鍾(종) : 그릇 종. 종 종. 쇠북 종. 술잔 종. 酒器. 모을 종. 聚也. 성 종. 姓也.
◆ 隷(례) : 노예 례. 예서 례.

【주해】

◆ 杜(두) : 후한(後漢)의 재상 두조(杜操). 자(字)는 백도(伯度). 그는 조조(曹操)의 신하이므로 휘(諱)하여, 두도(杜度)라고도 한다. 초서(草書)의 명인(名人).

◆ 鍾(종) : 여기서는 삼국시대 위나라의 서예가 종요(鍾繇, 151-230년)를 가리킨다.
◆ 진시황(秦始皇) 때 정막(程邈)은 노예를 다스리던 하급관리인데, 처음으로 고문전서(古文篆書)를 예서(隷書)로 변화시켜서, 그 간편성과 신속성으로 하급관리에게 편하게 했다. 그러므로 예서라고 불린다. 위(魏)나라 종요(鍾繇)는 이 예서체와 초서체를 잘 썼다.

漆書壁經

【훈음】
◆ 漆(칠) : 옻 칠. 옻나무 진[수액樹液]으로 옛날 글자를 쓰는 재료 역할을 했다. 옻나무 진은 그릇에 칠하는 재료이기도 하다.
◆ 書(서) : 글 서. 쓸 서. 책 서.
◆ 壁(벽) : 벽 벽. 바람 벽(古語). 牆也.
◆ 經(경) : 경서 경.

【주해】
◆ 漆書(칠서) : 옻칠로 쓴 죽간(竹簡). 옻칠로 쓴 과두문(蝌蚪文). 올챙이 모양의 문자. 앞은 굵고 뒤는 가늘어 올챙이 모양의 글자이기에 과두문이라고 부른다. 먹이 없던 시절 옛사람들은 옻칠로 죽간에다 글자를 썼기 때문에 앞은 굵고 뒤는 가는 올챙이 모양의 글자가 되었다.
◆ 經(경) : 시(詩), 서(書), 역(易), 예(禮), 악(樂), 춘추(春秋)를 육경(六經)이라 부른다.
◆ 壁經(벽경) : 공자(孔子) 사당의 벽 속에서 얻은 경서이다. 진시황의 분서갱유(焚書坑儒) 때에 많은 유가 경전이 불에 태워졌다.

한(漢)나라 때 노(魯)나라 공왕(恭王)의 궁궐을 넓히려 공자의 구택을 헐자 벽에서 많은 고문의 경서들이 쏟아져 나왔다. 그 중에 『고문상서(古文尙書)』, 『논어』, 『예기(禮記)』, 『효경(孝經)』 등이 들어 있었다. 이는 고문자로 쓰였다고 하여 고문경(古文經)이라고 한다. 진시황의 분서갱유로 책이 사라지자 학자들이 암송하던 경서 내용을 후학들에게 가르쳤다. 이것이 기록된 것을 금문(今文)이라고 한다. 그리하여 경서는 금문과 고문(古文)의 두 종류가 각기 유행되었다.

◆ 중국에서 금문학파(今文學派)와 고문학파(古文學派)는 그 유구한 전통이 면면히 이어왔다. 당연히 변화가 많았고 정도의 차도 있겠지만, 지금까지도 북경대학(北京大學), 대만대학(臺灣大學)은 금문학파의 전통을 잇고 있고, 남경대학(南京大學)과 대만사범대학(臺灣師範大學)은 고문학파의 전통을 잇고 있다고 한다.

◆ 본문에서는 풍부한 서적이 있어, 초서, 예서, 칠서(漆書)로 된 것들이 이루 헤아릴 수 없었다는 것을 의미하고 있다.

◆ 『書苑(서원)』 - "정막(程邈)의 예서를 나누어 그 가운데 10분의 2를 취하고, 이사(李斯)의 전서(篆書)를 10분의 8을 취하여, 팔분서(八分書)라 하였다(割程邈隷, 取二分, 割李斯篆, 取八分, 爲八分書)."

* 수많은 서적들

** 다음에는 "많은 영재[群英]"를 이어서 말하고 있다. 아래 8구는 많은 인재의 풍부한 작록(爵祿)과 높은 지위를 언급하고 있다.

62

府羅將相이요 路挾槐卿이라
부 라 장 상　　노 협 괴 경

| 직역 | 관청에는 장수와 재상이 나열해 있고, 대로(大路)에는 삼공(三公)과 구경(九卿)의 관리가 길을 끼고 늘어서 있다. |

| 의역 | 정부[중앙 관청]에는 장수와 재상이 나열해 있고, (임금의 행차시에) 대로에는 느티나무[槐]로 상징되는 삼공과 가시나무[棘]로 상징되는 구경의 관리가 길을 끼고 늘어서 있다[구경의 집들이 즐비하다]. |

府羅將相

【훈음】

- 府(부) : 관청 부. 마을 부. 고을 부. 官府.
- 羅(라) : 벌일 라. 나열하다(列也).
- 將(장) : 장수 장. 帥也.
- 相(상) : 재상 상. 丞相. 서로 상. 볼 상. 점칠 상.

【주해】
♦ 府(부) : 『풍속통(風俗通)』에, "모이다(聚也)"라고 되어 있다. 공경(公卿)과 목수(牧守: 주州, 군郡의 장관)가 모인 곳이다.
♦ 將相(장상) : 장수와 재상, 곧 문무(文武)의 신하이다.
♦ 예를 들어, 조선시대 서울 경복궁 앞에 육조(六曹)가 있었고, 지금 중앙청 앞에 정부종합청사가 있음을 연상하면 되겠다.

路挾槐卿

【훈음】
♦ 路(로) : 길 로. 道路也.
♦ 挾(협) : 낄 협. 『지영진서천자문』에는 '俠(낄 협)'. 어떤 판본에는 '夾(낄 협)', '俠(낄 협)'. '俠'은 '夾', '挾'과 통한다.
♦ 槐(괴) : 느티나무 괴. 홰나무 괴. 회화나무 괴. 삼공(三公)의 자리 괴. 여기서는 삼공을 상징한다.
♦ 卿(경) : 벼슬 경.

【주해】
♦ 槐(괴) : 삼공(三公)의 자리. 주대(周代)에 조정의 뜰에 느티나무 세 그루를 심어 삼공의 좌석을 표시한 데서 온 뜻이다.
♦ 槐卿(괴경) : 삼공(三公)과 구경(九卿)을 말한다.
♦ 주례(周禮)의 육경(六卿) : 주대(周代)의 육관(六官)의 장(長). 총재(冢宰), 사도(司徒), 종백(宗伯), 사마(司馬), 사구(司寇), 사공(司空).
♦ 한(漢)나라의 구경(九卿) : 9명의 대신. 태상(太常), 광록훈(光祿勳), 위위(衛尉), 태복(太僕), 정위(廷尉), 대홍려(大鴻臚), 종정(宗正), 소부(少府), 대사농(大司農).

◆ "노(路)는 조정 앞의 길이다. 길 왼쪽에는 세 그루의 느티나무를 심었으니 삼공(三公)의 자리요, 길 오른쪽에는 아홉 그루의 가시나무를 심었으니 구경(九卿)의 자리이다. 느티나무〔槐〕는 삼공을 의미한다."(『註解千字文』)

◆ "주례(周禮)에 의하면, 외조(外朝)를 세우는 법은 세 그루의 느티나무를 향하여 삼공이 위치하였다. 왼쪽은 구극(九棘)이니, 고, 경, 대부(孤, 卿, 大夫)가 위치하였다. 여기서 느티나무는 말하고 가시나무〔棘〕를 말하지 않고, 경(卿)은 말하고 공, 고, 대부(公, 孤, 大夫)를 말하지 않은 것은, 천자문이 4언시이기 때문에 글자를 생략한 것이다."(『千字文釋義』) 외조(外朝) : 주(周)나라 제도에 천자, 제후가 조정의 정무를 처리하는 곳이다.

◆ 소동파(蘇東坡)의 문장 「삼괴당명(三槐堂銘)」의 사례 - 삼괴당(三槐堂)은 북송의 수도 동문 밖에 있는데, 북송 초의 명신(名臣) 왕호(王祜)는 정원에 세 그루의 느티나무를 심고서, "내 아들 가운데 반드시 삼공(三公)이 되는 자가 있을 것이다"라고 말하였다. 과연 그의 아들 왕단(王丹)은 송 진종(眞宗) 때 재상이 되었으며, 손자 왕소(王素), 그리고 증손자인 왕공(王鞏)이 모두 덕을 닦아 복록(福祿)을 누려 하늘의 보응을 받았다고 한다. 그리하여 복록과 명성은 덕을 두터이 쌓는 데 있다고 여기고 있다.

* 정부의 문무고관(文武高官)들

63

戶封八縣이요 家給千兵이라
호 봉 팔 현　　　가 급 천 병

직역	민가 여덟 현을 봉(封)해주고, 집마다 천병(千兵)을 주었다.
의역	(공신功臣에게는) 민가 여덟 현의 봉지를 주었고, (봉지를 받은 그들 장상공경將相公卿의) 집에는 천 명의 군사를 주었다.

戶封八縣

【훈음】

◆ 戶(호) : 집 호. 民家. 지게 호. 문 호.
◆ 封(봉) : 봉할 봉. 봉작할 봉. 그 수입원으로 먹게 하다(使食其所入也).
◆ 八(팔) : 여덟 팔.
◆ 縣(현) : 고을 현. 행정구역의 이름. 縣于郡也.

【주해】

◆ "한(漢)나라는 천하를 평정하고 공신(功臣)을 크게 봉하였는데, 공이 큰 자는 여덟 현(縣)의 민호(民戶)에서 바치는 세금을 받아먹으며 제후국이 되었다."(『註解千字文』)
◆ 封建(봉건) : 옛날, 임금이 토지를 제후에게 나누어주어 다스리

게 하던 일.

家給千兵

【훈음】

- 家(가) : 집 가. '장군, 정승, 공, 경의 집(將相公卿之家)'. 제후의 집.
- 給(급) : 줄 급. 予也.
- 千(천) : 일천 천. 十百.
- 兵(병) : 군사 병. 병졸 병. 무기 병. 전쟁 병.

【주해】

- 千兵(천병) : 1천 명의 군사. 여기서는 많은 군사를 의미한다.
- "제후국에 1천 명의 병력을 주어 그 집을 호위하도록 허락하였다."(『註解千字文』)
- 공신(功臣)에게 여덟 현과 병사 천 명을 주었다는 것은 넓은 영지와 많은 군사를 하사했다는 의미이다.

* 공신(功臣)에 대한 두터운 예우

64

高冠陪輦하니 驅轂振纓이라
고 관 배 련   구 곡 진 영

직역	높은 관 쓴 이[高冠 : 고관高官]들이 천자의 수레를 모시니, 수레를 몰면 (고관의) 갓끈이 진동한다.
의역	장수와 재상들이 높은 관모(官帽)를 쓰고 임금의 수레를 모시니, 수레바퀴가 굴러 갓끈이 바람을 맞아 나부낀다.

高冠陪輦

【훈음】

- 高(고) : 높을 고.
- 冠(관) : 갓 관.
- 陪(배) : 모실 배. 모시다(侍也).
- 輦(련) : 천자가 타는 수레 련. 天子之車也.

【주해】

- 高冠(고관) : 꼭대기가 높이 솟은 모자. 여기서는 대신(大臣)을 가리킨다.

驅轂振纓

【훈음】

- 驅(구) : 몰 구. 馳之也.
- 轂(곡) : 수레바퀴통 곡. 車輪.
- 振(진) : 떨칠 진. 動也.
- 纓(영) : 갓끈 영. 冠繫也.

【주해】

- 驅轂(구곡) : 수레를 몰다. "轂"은 수레바퀴 중심의 둥근 나무로, 가운데에 구멍이 있어 그것으로 수레축을 낀다. 수레바퀴를 가리키기도 한다.
- "'구곡(驅轂)'은 '배련(陪輦)'을 이어서 말하였고, '진영(振纓)'은 '고관(高冠)'을 이어서 말하고 있다."(『千字文釋義』)

* 고관들의 임금 행차 수행

65

世祿侈富하니 車駕肥輕이라
세 록 치 부   거 가 비 경

직역 (그 자손은) 대대로 녹봉(祿俸)을 받아 사치하고 부유하니, (타는) 수레는 가볍고[경쾌하고] 멍에 메운 말은 살쪘다.

의역 생활은 사치하고 부유하며 봉록은 세습되니, 화려한 수레를 몰고 살찐 말을 탄다.

世祿侈富

【훈음】
- 世(세) : 대 세. 인간 세. 세상 세.
- 祿(록) : 녹 록. 봉급 록. 俸也.
- 侈(치) : 사치 치. 奢也.
- 富(부) : 부자 부. 재물이 넉넉하다(饒于財也).

【주해】
- 世(세) : '1세(一世)'는 30년이다. 일반적으로 사람이 힘차게 활동하는 시기는 대개 30년 정도이므로, '1세'를 30년으로 본다. 아버지와 아들이 서로 잇는 것을 '세(世)'라고 한다(父子相繼爲世).
- 이 장상공경(將相公卿)의 자손은 모두 조부(祖父)나 부친의 녹(祿)을 먹고 대대로 이어간다.

車駕肥輕

【훈음】

- 車(거) : 수레 거.
- 駕(가) : 멍에 메울 가. 수레 가. 『설문(說文)』에는 "말이 멍에 안에 있는 것이다(馬在軛中也)."라고 하였다. 軛: 멍에 액.
- 肥(비) : 살찔 비. 多肉也.
- 輕(경) : 가벼울 경. 빠르다(疾也).

【주해】

- 비(肥)는 그 (멍에 메운) 말〔馬〕이 살찜을 말하고, 경(輕)은 그 수레가 가벼움을 말한다.(『千字文釋義』)
- "공경장상(公卿將相)의 벼슬에 있는 여러 인재는 그 봉호(封戶)가 8현(縣)이나 될 정도로 넓고, 그 집안에 제공된 군대가 많게는 천병(千兵)이다. 외출할 때면 수레를 몰아서, 천자의 수레를 모시고 다닌다. 머리에 높은 갓을 쓰고 수레가 빨리 달릴 때에는 그 갓끈이 진동한다. 그 관복(冠服)의 아름다움이 이와 같다. 자손에 이르러서도 또한 대대로 그 녹(祿)을 먹어 사치하고 부유하다. 살찐 말을 멍에해서 몰고 가벼운 수레를 탄다."(『千字文釋義』)
- 이 두 구의 의미는 '국가에 공헌한 장수와 재상에 대해, 그 자손들은 대대로 후한 녹봉을 누리고, 살찐 말을 타고 가벼운 수레를 타며 부유하고 사치스런 생활을 한다'는 말이다.

* 고관의 생활

66

策功茂實하니 勒碑刻銘이라
책 공 무 실　　늑 비 각 명

직역 1	공(功)을 기록한 것이 성대하고 진실되니, 비석에 새겨 명문(銘文)을 쓴다.
직역 2	공적을 기록하여 실적을 힘쓰게[성대하게] 하고, 비석에 새겨 명문을 쓴다.
의역	공로는 간책(簡冊)에 기록하여 그들의 공훈을 격려하고, 또 비석을 세워 명문을 새겨서 탁월한 공적을 드러낸다.

策功茂實

【훈음】

- 策(책) : 꾀 책. 계책 책. 대쪽 책. 대쪽에 기록하다. 채찍 책. 謀劃也. 『지영진서천자문』에는 "茦". 어떤 판본에는 "榮(성할 영)".
- 功(공) : 공 공. 『설문(說文)』에는 "노고로 나라를 안정시키는 것을 공이라 한다(以勞定國曰功)"라고 하였다.
- 茂(무) : 무성할 무. 성하다(盛也). 힘쓰다.
- 實(실) : 열매 실. 명분[名]의 상대적 개념으로, 실지로 그 공이 있음을 말한다(對名而言, 謂實有其功也).

【주해】
◆ 茂(무) : 힘쓰게 하다. 격려하다.
◆ 이 구는 다음과 같이 이해되기도 한다. '공(功) 있는 사람을 책봉하기를 진실되고 성하게 하니.'

勒碑刻銘

【훈음】
◆ 勒(륵) : 새길 륵. 새기다(刻也). 굴레 륵.
◆ 碑(비) : 비석 비. 『설문해자(說文解字)』에는 "돌을 세워 공덕을 기록한다(竪石以紀功德也)."라고 하였다. 竪(수): 세우다
◆ 刻(각) : 새길 각. 쪼아 만들다.
◆ 銘(명) : 새길 명. 금석(金石)에 새기는 글 명. 기록이다(紀也).

【주해】
◆ 刻(각) : 새기다.
◆ 銘(명): 명문(銘文). 금석(金石)에 새긴 글자. 『석명(釋名)』에는 "그 공을 기록하여 일컫는 것이다(紀名其功也)."라고 하였다. 여기서 명(銘)은 비명(碑銘)이다. 공덕을 서술하여 비석에 새기는 글로서, 글 뒷부분에 운문을 지어 찬미하였는데, 대체로 4언시(四言詩) 형태를 많이 사용한다.
◆ "여기서 군영(群英: 여러 인재)은 봉급과 지위가 높은 사람만이 아니라, 그 모획(謀劃)한 바가 실로 나라를 안정시킨 공이 있어, 비석에 새겨 명문(銘文)을 쓴 것이니 아래 글의 여러 인물이 이에 해당한다. 이하 4구절은 또한 위의 군영(群英)을 이어, 그 여러 사람을 들어 실증하고 있다."(『千字文釋義』)

* 공신(功臣)들의 공적을 비명(碑銘)에 새김

67

磻溪伊尹은 佐時阿衡이라
반 계 이 윤 좌 시 아 형

직역 반계(磻溪)에서 낚시질하던 (주周나라의) 강태공[여상呂尙]
과 상(商)나라의 이윤(伊尹) 이 두 분은,
시대를 도운 아형[재상宰相]이라.

의역 강태공[여상呂尙]과 이윤은,
임금을 보좌한 한 시대의 명재상이라.

磻溪伊尹

【훈음】

- 磻(반) : 강 이름 반. 시내 이름 반.
- 溪(계) : 시내 계.
- 伊(이) : 성 이. 저 이.
- 尹(윤) : 맏 윤. 다스릴 윤. 이윤(伊尹)의 자(字)가 윤(尹)이다.

【주해】

- 磻溪(반계) : 여기서는 강태공(姜太公) 여상(呂尙)을 가리킨다. 반계는 섬서성을 동남으로 흘러 위수(渭水)로 들어가는 강. 강태공[태공망太公望]은 이곳에서 물고기를 낚으며 주 문왕(周文王)을 만나 태사(太師)로 배수되었다. 후에 무왕(武王)을 도와 상(商)나

제3장 통치자의 천하 경영 201

라를 멸하는데 공이 있어, 제(齊)나라에 봉해졌다. 지금의 섬서성 봉상부(鳳翔府) 보계현(寶鷄縣) 동남쪽에 있는데, 가까이에 태공석실(太公石室)이 있다.

◆ 姜太公(강태공) : 여상(呂尙). 주(周)나라의 개국공신. 사상보(師尙父, 尙은 이름, 父는 연장자에 대한 경칭). 주나라 초의 현신(賢臣)으로, 본래의 성(姓)은 강(姜)이고 여(呂)는 선조가 봉지(封地)를 받은 땅이 여(呂)이므로 나중의 성(姓)이다(일설에는 성姓은 강姜, 씨氏는 여呂라고도 한다). 태공망(太公望), 강태공, 강상(姜尙)이라고도 한다. 주 성왕(周成王) 때 제(齊)나라에 봉해져 제나라의 시조가 되었다.

그는 나이 칠순(당시 태공은 나이가 72세였다고 한다)에 낚시를 드리우며 때를 기다리다 주 문왕(周文王)에게 발탁되었다. 병법의 이론에 밝아 문왕은 그를 '태공망(太公望: 조부祖父가 항시 바라던 인물)'이라고 하였다. 문왕의 사후에 무왕(武王)을 도와 목야(牧野)의 전투에서 은나라 주왕(紂王)의 군대를 물리치고 주나라를 세우는 데 큰 공을 세웠다.

◆ 태공은 성이 강(姜)이고 이름이 자아(子牙)이다. 기주(冀州: 지금의 하북성과 산서성을 아우르는 지역) 출신이다. 천성적으로 경서 배우기를 좋아했고 성격은 소박하고 솔직했다. 은나라 말기 커다란 혼란을 만나서 생계가 어느 것 하나 뜻대로 되지 않았다.

예컨대 시장에서 국수를 팔면 그날따라 세찬 바람이 부는 날씨를 만나고, 소를 잡으면 그 무렵에 푹푹 찌는 날씨를 민났다. 마시는 것을 팔 때는 날씨가 서늘해지고, 밥을 해서 팔 때는 그해에 풍년이 들었다. 무엇을 해도 잘 되는 때가 없었다. 그렇게 되자 아내 마씨(馬氏)는 마침내 태공에게서 떠나버렸다.

자아는 서쪽 주나라에 성인(聖人)이 있다는 소문을 듣고서, 드디어 살던 곳을 떠나 서쪽으로 길을 떠났다. 반계 계곡에 이르러 물고기를 낚으면서 살았다.

주나라의 문왕이 사냥을 나왔을 때, 우연히 그 모습을 보고서 물었다. "낚시 바늘을 물에 던지면서 왜 낚시 바늘을 곧게 펴서 합니까? 그러면 어떻게 물고기를 낚을 수 있죠?" 자아가 대답했다. "천명에 거스르는 물고기를 낚으려고 합니다." 왕이 "노인장, 여기서 낚시를 한 지 얼마나 되었습니까?"라고 묻자, "지금까지 한 1년 정도 지났습니다."라고 대답했다.

또 "자제분들이 어떻게 됩니까?"라고 물으니, "아내도 자식도 없습니다. 아내와 자식이 없는 것은 걱정이 되지 않지만 나라에 참다운 왕이 없는 것이 걱정됩니다."라고 대답했다. 문왕이 말했다. "지금 주왕(紂王)께서 계시오. 어떻게 왕이 없다고 걱정하십니까?" 자아가 말했다. "주왕은 참으로 무도한 왕일뿐입니다."

문왕은 그가 현인인 것을 알고 수레에 동승해서 도성으로 돌아오다 기주(岐州: 지금의 섬서성 봉상현鳳翔縣)에 이르러 그를 환단공(桓檀公)으로 분봉했다.

문왕이 죽은 뒤 무왕이 즉위하고서 태공을 사(師)로 높이고 주왕을 정벌할 때 선봉으로 삼았다. 무왕은 그를 상보(尙父)라고 불렀다. 천하를 손에 넣고서 그를 제후로 분봉했다.

태공이 제나라 국경에 도착했을 때 나이든 한 여인이 길을 가면서 전남편을 생각하고 울고 있는 것을 보았다. 태공이 물었다. "전남편이 누구요?" 여인이 대답하길 "성은 강이고 이름은 자아입니다."라고 하자, 태공이 말했다. "내가 바로 그 사람이오." 여인이 기뻐하며 "다시 전처럼 부부가 될 수 있을까요?"라고 묻자, 태공이 말했다. "물을 한 잔 떠 오시오."

여인이 물을 가지고 돌아오자, 태공이 잔을 기울여 땅 위에 붓고는 다시 물을 담으라고 했다. 여인이 대답했다. "물은 이미 땅속으로 스며들었으니 다시 담기 어렵습니다." 태공이 말했다. "애정이 있던 사이도 한 번 헤어지면 두 번 다시 합칠 수 없다오. 이 물과 같소." 그리고 그대로 태고(太鼓)를 치며 태공은 그 자리를 떠나갔다. 〔이상, 이섬(李暹) 注, 오가와 다마키(小川環樹), 기다 아키요시(本田章義) 註解, 신정근 譯, 『世上을 삼킨 千字文』, 심산출판사, 2009. 1. 이하 신정근 역, 『세상을 삼킨 천자문』으로 약칭함〕

◆ 伊尹(이윤) : 하말상초(夏末商初)의 정치가이자 군사가, 요리사이다. 이름은 이(伊). 윤(尹)은 관직명인데, 자(字)라고도 한다. 상(商)나라의 개국공신이며 명재상이다. 원래 노예 출신인데, 탕왕(湯王)을 보좌하여 하(夏)나라의 걸왕(桀王)을 멸망시키고 선정(善政)을 베풀었다. 탕왕이 죽은 이후에도 계속 복병(卜丙), 중임(仲壬) 두 왕을 보좌한 상(商)나라 초기의 중신(重臣)이다.

佐時阿衡

【훈음】

◆ 佐(좌) : 도울 좌. 輔也.
◆ 時(시) : 때 시. 시대. 世也.
◆ 阿(아) : 언덕 아. 남을 부를 때, 친밀감을 나타내는 접두사. 의지하다(倚也).
◆ 衡(형) : 저울 형. 저울대 형. 평평할 형. 공평하다(平也).

【주해】

◆ 佐時(좌시) : 시대를 돕다.
◆ 阿衡(아형) : 상(商)나라의 관명(官名)으로 재상에 해당하는데, 이윤(伊尹)이 맡아 국가 정치를 총괄하였다. 천하가 그에게 힘입

어 평화롭게 다스려진 것을 말한다. 후에 "아형"은 제왕을 보좌하여 국정(國政)을 주재함을 가리킨다.

『詩經(시경)·商頌(상송)·長發(장발)』 - "진실로 천자〔탕왕湯王〕께 경사(卿士)를 내려주시니, 실로 아형〔이윤伊尹〕이 상왕(商王)을 보좌하였다(允也天子, 降于卿士, 實維阿衡, 實左右商王)."

◆ 상(商)나라는 후에 은(殷)으로 국명을 바꾸었다.
◆ 시대상으로는 상(商)나라의 이윤(伊尹)이 주(周)나라의 강태공(姜太公)보다 앞서지만 운(韻)을 맞추기 위해 이렇게 쓰여졌다.

* 강태공(姜太公)과 이윤(伊尹) - 상나라와 주나라의 명재상

68

奄宅曲阜하니 微旦孰營가
엄 택 곡 부   미 단 숙 영

| 직 역 | 문득 곡부(曲阜)에다 터를 잡았으니,
주공 단(周公 旦)이 아니면 누가 경영했으랴. |

| 의 역 | 문득 곡부에 거주하니,
주공 단이 아니라면 누가 (이 노魯나라의 봉지封地를) 경영할 수 있었겠는가. |

奄宅曲阜

【훈음】

- 奄(엄) : 문득 엄. 바로 엄. 곧 엄. 갑자기 엄. 오랠 엄. 久也. 취할 엄. 取也.
- 宅(택) : 집 택. 居也. 거주하다.
- 曲(곡) : 굽을 곡.
- 阜(부) : 언덕 부.

【주해】

- 奄宅(엄택) : '엄(奄)'에는 여러 설이 있다. 여기서는 ①설을 따른다. '택(宅)'은 개척하여 거주한다는 의미이다.

  ① 문득〔바로, 곧〕 터를 잡다.

② 오랫동안 집을 정하다. 오랫동안 터를 닦다. 오랫동안 통치하다. 장기간 안정되다. 여기서 '엄'은 오래다〔久〕의 의미이다. 육기(陸機), 「답가밀(答賈謐)」 - "온 나라의 땅을 오랫동안 통치하다(奄宅率土)."

③ 『천자문석의(千字文釋義)』에서는, '엄'을 '취하다〔取〕'의 뜻으로 보아, "곡부를 취하여 터를 닦으니, 주공 단이 아니면 누가 이 노나라의 봉지를 만들 수 있었겠는가"라고 해석하고 있다.

④ "엄(奄)"을 서주(西周)시대에 산동 곡부(曲阜) 동쪽에 있던 나라이름으로 본다.(李逸安) 이 경우, 그 의미는 "노나라의 수도 곡부는 옛 엄나라의 땅 위에 세워졌으니, 만약 주공 단이 아니라면 누가 노나라를 경영하여 이렇게 이룰 수 있었겠는가"가 된다.

◆ 『詩經(시경)·大雅(대아)·皇矣(황의)』 - "복을 받아 상실함이 없이, 곧 사방을 소유하셨도다(受祿無喪, 奄有四方)."

◆ 『詩經(시경)·大雅(대아)·韓奕(한혁)』 - "문득 북쪽 나라를 받아서, 인하여 그 패자가 되니(奄受北國, 因以其伯)."

◆ 『詩經(시경)·周頌(주송)·執競(집경)』 - "저 성왕 강왕으로부터, 곧 사방을 소유하다(自彼成康, 奄有四方)."

◆ 曲阜(곡부) : 지명. 지금의 산동성에 속한다. 주공(周公)이 봉(封)해진 땅으로, 노(魯)나라이다. 주 무왕은 주공 단을 곡부에 봉했는데, 주공은 무왕을 보좌하기 위해 봉지에 나아가지 않았다. 성왕(成王) 때에 주공은 아들 백금(伯禽)을 대신 봉지로 부임시켜 노나라를 세우고 곡부를 도읍으로 삼았다.

微旦孰營

【훈음】

- 微(미) : 아닐 미. 없을 미(無也). 작을, 적을, 가늘 미.
- 旦(단) : 아침 단. 여기서는 주공(周公)의 이름이다.
- 孰(숙) : 누구 숙. 誰也.
- 營(영) : 경영할 영. 다스릴 영. 造也.

【주해】

- 旦(단) : 주공(周公) 단(旦). 주 문왕(周文王)의 아들, 무왕(武王)의 아우. 이름은 단(旦). 문왕, 무왕을 도와 주(紂)를 치고, 성왕(成王)을 도와 왕실의 기초를 세우고 제도와 예악(禮樂)을 정하여 주(周) 문화의 발전에 이바지한 바가 크다.
- 『論語(논어)·述而(술이)』 - "공자가 말했다. '심하도다, 나의 노쇠함이여! 오래되었도다, 내가 다시 꿈속에서 주공을 뵙지 못한 것이'(子曰, 甚矣吾衰也! 久矣 吾不復夢見周公!)."

* 주공(周公)의 국가 경영

69

桓公匡合하여 濟弱扶傾이라
환 공 광 합   제 약 부 경

직역	제 환공(齊桓公)은 (관중의 도움을 받아 천하 제후를) 바로 잡고 규합하여, 약한 나라를 구제하고 기우는 나라를 붙들어 주었네.
의역	제 환공은 제후를 회맹하여 천하를 바르게 하였으니, 약한 나라를 도와주고 기우는 나라를 붙들어 준 것은 관중에게 힘입었다.

桓公匡合

【훈음】

- 桓(환) : 굳을 환.
- 公(공) : 공변될 공. 귀인 공. 공평할 공.
- 匡(광) : 바로잡을 광. '바로잡는다는 뜻이니, 천하의 어지러움을 바로잡음이다(正也, 正天下之亂也)'.
- 合(합) : 합할 합. 제후를 규합함이다(合諸侯也).

【주해】

- 桓公(환공) : 제 환공(齊桓公). 이름은 소백(小白). 춘추시대 제나라의 15대 임금. 명재상인 관중(管仲)의 도움으로 춘추오패(春

秋五覇)의 제1인자가 되었다.『시법(諡法)』-"영토를 개척하고 먼 지역을 복종시키는 것을 환(桓)이라 한다(辟土服遠曰桓)."

관중(管仲: B.C. ?~B.C. 645년)은 춘추시대 제(齊)나라의 뛰어난 재상. 이름은 이오(夷吾), 자(字)는 중(仲). 환공을 섬겨 부국강병에 힘쓰고 제후를 규합하여 환공으로 하여금 오패(五覇)의 으뜸이 되게 하였다. 오패는 중국 춘추시대에 가장 강대하여 한때의 패업을 이룬 제 환공(齊桓公), 진 문공(晉文公), 진 목공(秦穆公), 송 양공(宋襄公), 초 장왕(楚莊王) 다섯 사람의 제후(諸侯)를 말한다.

◆ 匡合(광합) : 바로잡고 규합하다.『논어·헌문』에서 관중이 제 환공을 보좌하여 "제후를 규합하고(九合諸侯)", "한 번 천하를 바로잡았다(一匡天下)"고 하였다. 匡合은 여기에서 유래되었다. '合'은 '회맹(會盟)을 주재하다'는 뜻이다.

◆ 管鮑之交(관포지교) : 관중(管仲)과 포숙아(鮑叔牙)의 사귐이란 뜻으로 친밀한 교제를 이르는 말이다.

◆『論語(논어)·憲問(헌문)』-"공자가 말했다. '환공이 제후들을 규합하되, 무력을 쓰지 않은 것은 관중의 힘이었으니, 누가 그의 인(仁)만 하겠는가, 누가 그의 인만 하겠는가?'(子曰, 桓公九合諸侯, 不以兵車, 管仲之力也. 如其仁, 如其仁.)."

◆『論語(논어)·憲問(헌문)』-"공자가 말했다. '관중이 환공을 도와 제후의 패자가 되게 하였고 한 번 천하를 바로잡아, 백성들이 지금까지 그 혜택을 받고 있다. 관중이 아니었더라면 우리는 머리를 풀고 옷깃을 왼쪽으로 하는 오랑캐가 되었을 것이다'(子曰, 管仲相桓公, 霸諸侯, 一匡天下, 民到于今受其賜. 微管仲, 吾其被髮左衽矣.)."

濟弱扶傾

【훈음】

- 濟(제) : 구제할 제. 건질 제. 건널 제. 많고 성할 제. 救也.
- 弱(약) : 약할 약. 병력이 적은 것이다(兵力少也).
- 扶(부) : 붙들 부. 도울 부. 부축할 부. 유지하다(持也).
- 傾(경) : 기울 경. 위태롭다(危也).

【주해】

- 제후 가운데 약자를 구제해주고 위태로운 자를 유지시켜 주었다.
- 이 두 구의 의미 - 제 환공은 천하의 난을 바로잡기 위해 제후를 모아, 약소국을 돕고 쇠약해진 주왕조(周王朝)를 구제해 주었다.

* 제 환공(齊桓公)의 위업

70

綺廻漢惠요 說感武丁이라
기 회 한 혜   열 감 무 정

직역 기리계(綺里季) 등 상산사호(商山四皓)는 한 혜제(漢惠帝)를 (태자로) 돌려놓았고,
부열(傅說)은 (꿈속에서 상商나라의 어진 임금인) 고종(高宗) 무정(武丁)을 감동시켰다.

의역 기리계 등의 상산사호는 한 혜제가 태자(太子)였을 때 태자를 폐할 위기에서 한 혜제를 태자의 원위치로 돌려놓았고, 부열은 형도(刑徒 : 성을 쌓던 죄수)로 있을 때 상나라의 어진 임금인 무정의 꿈속에 나타났고 그 이후 발탁되어 무정을 감동시켜 치국의 중신(重臣)이 되었다.

綺廻漢惠

【훈음】

- 綺(기) : 비단 기.
- 廻(회) : 돌 회. 돌이킬 회. 還也. 어떤 판본에는 "回".
- 漢(한) : 나라 한. 한수 한. 유방(劉邦)이 세운 왕조 이름(B.C. 202~A.D. 219년).
- 惠(혜) : 은혜 혜.

【주해】

♦ 商山四皓(상산사호) : 진말한초(秦末漢初) 때 세상의 어지러움을 피하여 상산(商山: 섬서성 상현商縣 동쪽에 있는 산)에 숨은 동원공(東園公), 하황공(夏黃公), 녹리선생(甪里先生), 기리계(綺里季) 네 사람의 백발노인을 이르는 말. 그들은 한 고조가 불렀으나 가지 않았다.

한 혜제(漢惠帝)가 태자 시절 성격이 유약하여, 한 고조는 조왕(趙王) 여의(如意)로 바꾸려고 했다. 장차 폐(廢)해질 위기에, 여후(呂后)는 장량(張良)의 계책을 사용하여 상산사호의 도움을 받아, 한 혜제는 태자의 직위를 보존하여 제위(帝位)에 오를 수가 있었다.『시법(諡法)』- "바탕이 유연하고 백성을 사랑함을 혜(惠)라 한다(柔質慈民曰惠)."

♦ "기(綺)는 기리계(綺里季)니, 상산사호의 한 사람이다. 한 고조(漢高祖)가 장차 태자〔훗날의 혜제〕를 폐위하려 하였는데, 상산사호가 태자와 함께 노닐어 우익(羽翼: 보좌인)이 됨으로써 한 혜제(漢惠帝)로 하여금 태자의 자리를 유지하도록 만들었다."(『註解千字文』)

♦ 여기서는 기리계 한 사람을 대표로 들어 상산사호 네 사람을 가리켰다.

說感武丁

【훈음】

♦ 說(열) : 기쁠 열 = 열(悅). 말씀 설.
♦ 感(감) : 느낄 감. 감동할 감. 格也.
♦ 武(무) : 호반 무. 虎班.

◆ 丁(정) : 장정 정.

【주해】

◆ "열(說)은 부열(傅說)이다. 상(商: 후에 은殷나라로 명칭을 바꿈)나라 고종(高宗) 때의 현명한 재상. 부열은 부암(傅巖)의 들에서 담을 쌓고 있었는데(부열은 성을 쌓던 노예, 죄수였다), 상나라 왕 무정(武丁)이 꿈속에서 상제(上帝: 하느님)가 훌륭한 보필〔재상〕을 주시므로, 그 얼굴을 그려 천하에 널리 찾아 정승으로 세우니, 이는 부열이 무정을 꿈속에 감동시킨 것이다."(『註解千字文』) '열(說)'은 '열(悅)'과 같은 자(字)이다.

◆ 武丁(무정) : 상(商)나라의 현군(賢君)으로, 꿈속에서 상제(上帝)를 만났는데, 상제가 좋은 보필(輔弼: 재상)을 주었다. 무정이 깨어나서 그 모습을 그려 천하에 찾으니, 부암(傅巖)의 들에서 부열을 만났다. 그 부열의 모습이 꿈속에서와 똑같아 그를 재상으로 삼았다. 이에 상나라가 중흥(中興)하였다.

◆ 시대적으로 상산사호보다 부열이 먼저이나, 운(韻)을 맞추기 위해 도치되었다.

* 상산사호(商山四皓)와 부열(傅說)

71

俊乂密勿하니 多士寔寧이라
준 예 밀 물   다 사 식 녕

직 역	준수하고 뛰어난 선비들이 힘써 일하니, (그 조정에서 일하는) 많은 선비들로 (사직社稷이) 진실로 편해졌다[안정되었다].

俊乂密勿

【훈음】

◆ 俊(준) : 준걸 준. '천 사람 가운데의 뛰어난 사람(千人之英)'.
◆ 乂(예) : 어질 예. 어진이 예. '백 사람 가운데의 뛰어난 사람(百人之英)'. 유능한 사람. 준재.
◆ 密(밀) : 빽빽할 밀. 비밀할 밀.
◆ 勿(물) : 말 물. 부지런히 힘쓰는 모양.

【주해】

◆ 俊乂(준예) : 어질고 덕이 있는 사람. 훌륭한 사람.
◆ 『書經(서경)·皐陶謨(고요모)』 - "유능한 선비가 관직에 있다(俊乂在官)."
◆ 密勿(밀물) : 신중하고 치밀하다. 힘써 일에 종사하다. 큰일을 경영하는 것. 계획을 치밀하게 짜다. 근면하게 노력하다. 힘쓰다. 노력하다. 노력한다는 의미이다(黽勉之意).

쌍성연면어(雙聲連綿語)이다. 연면어란 두 음절이 모여 하나의 의미 단위를 이루는 어절을 말한다. 즉 두 글자이지만 뜻은 하나인 경우이다. 글자를 연결하여 새로운 하나의 뜻을 나타내는 어휘이다. 성(聲)이 같은 것을 쌍성이라 한다.
- 『詩經(시경)·小雅(소아)·十月之交(시월지교)』 - "힘써 일에 종사하여, 감히 수고로움을 말하지 못하노라(黽勉從事, 不敢告勞)."
- 『漢書(한서)·劉向傳(유향전)』 - "힘써 일에 종사하다(密勿從事)."

多士寔寧

【훈음】

- 多(다) : 많을 다. 衆也.
- 士(사) : 선비 사. 『한서(漢書)·예문지(藝文志)』에는 "학문을 하여 지위에 있는 자를 사(士)라고 한다(學以居位曰士)."라고 하였다.
  용례) 제제다사(濟濟多士) - 수많은 훌륭한 인재.
- 寔(식) : 참으로 식. 진실로 식. 이 식.
- 寧(녕) : 편안할 녕. 安也.

【주해】

- 『詩經(시경)·大雅(대아)·文王(문왕)』 - "수많은 훌륭한 선비가 있어, 문왕이 이에 힘입어 나라를 편안히 했다(濟濟多士, 文王以寧)." '제제(濟濟)'는 사람이 많은 모양이다.
- 寔(식) : ①진실로. ②이에. 『천자문석의(千字文釋義)』에서는 '이에', '이들로 해서'라고 해석하고 있다. 이것도 가능한 해석이다. 여기서는 ①설에 따라 '진실로'라고 해석한다.
- 寧(영) : 편안하다. 안정되다.
- "이상에서 여러 인재의 공을 기록한 것을 말하였는데, 예를 들면

다음과 같다. 강태공(姜太公)과 이윤(伊尹)은 세상을 도와 잘 다스린 공이 있고, 주공(周公)은 주 성왕(周成王)을 보좌하여 노나라에 봉(封)해진 공이 있으며, 제 환공은 약한 자를 구제하고 기울어진 것을 부축해준 공이 있고, 상산사호(商山四皓)는 (장량張良의 건의에 따라) 태자의 지위를 안정시킨 공이 있고, 부열(傅說)은 상(商)나라를 중흥시킨 공이 있다.

이는 모두 천 사람 가운데의 뛰어난 사람이요, 백 사람 가운데의 뛰어난 사람이며, 이들이 힘써 다스렸으니, 임금은 이러한 여러 선비를 의지해 편안하게 되었다."(『千字文釋義』)

* **수많은 훌륭한 인재들**

72

晉楚更霸요 趙魏困橫이라
진 초 경 패 　조 위 곤 횡

| 직역 | (춘추시대에) 진(晉)나라와 초(楚)나라는 번갈아 패권을 잡았고, (전국시대에) 조(趙)나라와 위(魏)나라 등 6국(國)은 연횡설(連橫說)에 곤욕을 당했다. |

| 의역 | 춘추시대에 진 문공과 초 장왕은 전후하여 패권을 잡았고, 전국시대에 조나라와 위나라 등 6국은 장의(張儀)의 연횡설에 곤욕을 당해 진나라에 멸망당했다. |

晉楚更霸

【훈음】

- 晉(진) : 나라이름 진. '진(晋)'은 속자(俗字). 춘추시대에 지금의 산서성 서남에 있었던 나라.
- 楚(초) : 초나라 초. 춘추전국시대에 양자강 중류 일대를 차지했던 나라. 41대 만에 진(秦)에게 멸망됨(B.C. ?~B.C. 233년).
- 更(경) : 번갈아 경. 바꿀 경. 교대할 경. 대신할 경. 代也. 고칠 경. 시각 경. 다시 갱.
- 霸(패) : 으뜸 패. 우두머리 패. 諸侯之長. 어떤 판본에는 "霸(으뜸 패)".

【주해】

◆ 오패(五覇)는 제 환공(齊桓公), 진 문공(晉文公), 진 목공(秦穆公), 송 양공(宋襄公), 초 장왕(楚莊王)인데, 여기서 진(晉)과 초(楚)만 언급하고 진(秦), 송(宋)을 언급하지 않은 것은 4언시라는 자수의 제약 때문에 생략한 것이다.

◆ "춘추시대에 진(晉)나라 문공(文公)이 초(楚)나라 성왕(成王)을 성복(城濮) 전쟁에서 물리치고 패권을 차지했는데, 영공(靈公)에 이르러 패자의 자리를 잃고 초(楚)나라 장왕(莊王)이 다시 패자가 되었다. 이는 진(晉)과 초(楚) 두 나라가 번갈아 패자(覇者)가 된 것이다."(『註解千字文』)

◆ 진 문공은 진 헌공(晉獻公)의 둘째 아들로 이름은 중이(重耳)이다. 송(宋)나라에 구원을 청하여 초나라를 무찌르고 제 환공을 이어 중원의 맹주가 되었다.

◆ 이는 또한 위의 "군영(群英)"을 이어 말하였다. 진(晉), 초(楚)는 제 환공(齊桓公)의 뒤를 이어, 교대로 제후의 으뜸(제후 연맹의 수령首領)이 되었음을 말한다.

趙魏困橫

【훈음】

◆ 趙(조) : 조나라 조. 전국시대에 칠웅(七雄)의 하나. 한단(邯鄲)에 도읍하였으며, 진(秦)나라에게 멸망됨(B.C. 403~B.C. 228년).

◆ 魏(위) : 위나라 위. 높을 위. 춘추전국시대 칠웅의 하나. 지금의 하남성, 산서성 일대에 있었으며, 진(秦)나라에 멸망하였다. 대량(大梁)에 도읍하였다.

◆ 困(곤) : 곤할 곤. 病甚也.

◆ 橫(횡) : 가로 횡. 가로지를 횡. 여기서는 연횡설이다(連橫也). 뜻밖에

횡. 사나울 횡.

【주해】

* 戰國七雄(전국칠웅) : 전국시대의 일곱 강국. 곧, 제(齊), 초(楚), 연(燕), 한(韓), 조(趙), 위(魏), 진(秦).
* 六國(육국) : 전국 칠웅 가운데 진(秦)을 제외한 나라. 곧, 제(齊), 초(楚), 연(燕), 한(韓), 조(趙), 위(魏).
* "전국시대에 합종을 주장한 사람들은 6국을 이끌고 진(秦)나라를 치려 하였고, 연횡(連橫)을 주장한 사람들은 6국으로 하여금 진(秦)나라를 섬기게 하려 하였는데, 6국이 마침내 연횡에 곤궁하게 되었다. 6국 중에 조(趙), 위(魏)만을 들었으니, 그 나머지는 알 수 있다."(『註解千字文』)
* 合從說(합종설) : 합종은 남북으로 동맹한다는 뜻이다. 세로 동맹. 중국 전국시대에 소진(蘇秦)이 주장하였다. 곧, 제(齊), 초(楚), 연(燕), 한(韓), 조(趙), 위(魏) 6국이 남북으로 동맹하여 서쪽의 진(秦)나라에 대항하자는 의견.
* 連橫(연횡) : 연횡설(連橫說=連衡說)이라고도 한다. 가로 동맹. 전국시대에 진(秦)을 중심으로 동서의 여섯 나라를 연합하려 한 장의(張儀)의 정책. 장의가 소진의 합종설에 맞서 6국이 개별적으로 진(秦)나라와 우호관계를 맺어 각개 대응을 하도록 정책을 편 것을 말한다. 합종설의 반대. 6국 가운데 어떤 국가들이 강한 진(秦)나라를 따라 다른 나라를 공격하는 것을 연횡이라 한다. 진(秦)나라는 범수(范雎: 범저范雎라고도 함)의 모책(謀策)을 채택하여 멀리 있는 나라와는 사귀고 가까이 있는 나라는 공격하는[원교근공遠交近攻] 정책을 써서, 진(秦)과 접경한 한(韓), 조(趙), 위(魏)를 먼저 멸망시켰다. 그러므로 "조위곤횡(趙魏困橫)"이라고 하였다.

* 제후들의 패권 경쟁 – 합종설과 연횡설

73

假途滅虢이요 踐土會盟이라
가 도 멸 괵   천 토 회 맹

직역	(진 헌공晉獻公은) 길을 빌어 괵(虢)나라를 멸망시키고, (헌공의 아들 진 문공晉文公은) 천토(踐土) 땅에서 제후를 회맹(會盟 : 모아 맹세함)하였다.
의역	진 헌공은 길을 빌어 월경(越境)하여 괵나라를 멸망시켰고, 진 문공은 천토에서 제후를 소집하고 회맹하여 맹주가 되었다.

假途滅虢

【훈음】
- 假(가) : 빌릴 가. 借也. 거짓 가.
- 途(도) : 길 도. 路也.
- 滅(멸) : 멸할 멸. 亡也.
- 虢(괵) : 나라 이름 괵. 지금의 섬주(陝州).

【주해】
- 假途滅虢(가도멸괵) : 춘추시대에 진 헌공(晉獻公)은 우(虞)나라(옛 터가 지금의 산서성 평륙平陸 동북에 있다)에게 길을 빌어, 괵(虢)나라(지금의 하남성 섬현陝縣 동남에서 삼문협三門峽 일대에

이르는데 우나라와 접경하고 있었다)를 공격해 멸망시켰다.
• 곽나라는 우나라의 이웃에 있었다. 진 헌공(晉 獻公)은 곽나라를 공격하려고 생각했지만, 그렇게 하려면 반드시 우나라를 통과해야 했기 때문에 우나라에게 길을 빌리려고 했다. 우나라의 군주가 승낙하지 않을까 염려해서, 대부(大夫) 순식(荀息)은 헌공에게 말하길, 우나라에 사자를 보내 천금에 해당하는 말〔굴산지마屈產之馬: 굴 땅에서 생산된 말〕과 벽옥〔수극지벽垂棘之璧: 수극에서 생산된 구슬〕을 통행료로 우나라 임금에게 주고 길을 사서 곽나라를 공격하자고 했다.

우나라 임금은 이 일을 허락했지만, 대부(大夫) 궁지기(宮之奇)는 다음과 같이 간언했다. "진(晉)나라 임금이 보낸 말과 옥을 돌려보내야 합니다. 진나라의 군대가 통과하는 것을 허락하지 마십시오. 우나라와 곽나라는 입술과 이빨이 서로 의지하는 것과 같습니다. 입술이 없으면 이빨이 시리게 됩니다. 만약 진나라 군대를 지나가게 허가한다면, 곽나라를 공격하고 돌아갈 때 반드시 우리 우나라를 공격할 것입니다."

우나라 임금은 궁지기의 말을 받아들이지 않고 진나라의 군대가 길을 지나가도록 허락했다. 진나라는 곽나라를 정벌하고 돌아갈 때 과연 우나라를 공격했다. 궁지기가 말했다. "대왕이 보물을 욕심내다가 나라를 망하게 했다."(『춘추좌씨전』, 희공 2년. 『史記』, 卷 39, 晉世家)〔이상, 신정근 역『세상을 삼킨 천자문』〕
• 脣亡齒寒(순망치한) : 입술이 없어지면, 이가 드러나 시리다는 뜻으로, '서로 의지하고 돕는 사이의 한 쪽이 망하면, 다른 한 쪽도 따라 망하게 됨'을 비유하여 이르는 말.
• 임진왜란 때에 조선(朝鮮)을 침입한 일본의 표면상의 명분은 명(明)나라를 정벌하는데 길을 빌려 달라〔정명가도征明假道〕는 것이었다. 물론 실제로는 조선을 침략하고자 해서였다. 이 역시 역사에

서 타산지석의 교훈으로 삼을 만하다.

踐土會盟

【훈음】
- 踐(천) : 밟을 천.
- 土(토) : 흙 토.
- 會(회) : 모을 회. '제후를 모으다(會諸侯也)'.
- 盟(맹) : 맹세할 맹. 誓約也, 歃血以結信也.

【주해】
- 踐土(천토) : 땅이름. 지금의 하남성 형양(滎陽) 동북에 있다. 진 문공은 성복(城濮) 전쟁에서 초나라 군대를 크게 이긴 후, 천토에서 제후들의 회맹을 주재하여, "춘추오패(春秋五覇)"의 하나가 되었다.
- "천토(踐土)는 지명이니, 진(晉)나라 문공(文公)이 제후들과 약속하여 이곳에서 회맹(會盟)하고 주(周)나라 양왕(襄王)을 하양(河陽)에서 불러와 조회하였으니, 이는 천자를 등에 업고 제후들을 호령한 것이다."(『註解千字文』)
- 이는 진(晉)나라의 일을 빌어 오패(五覇)와 6국(六國)을 해당시킨 것이다. 오패에는 모신(謀臣)이 있고, 칠웅(七雄)에는 책사(策士)가 있으니, 또한 여러 영웅[群英]의 개략을 볼 수 있다.(『千字文釋義』)
- 會盟(회맹) : 제후들 사이에 서로 협조하여 약속을 지키려고 모여 맹약을 맺는 회합. 중국 고대 나라 사이에 외교를 유지하고 정기적으로 혹은 부정기적으로 집회하여 맹약을 맺는 것이다.

* 진(晉)나라 헌공과 그의 아들 문공의 대외정책

74

何遵約法이요 韓弊煩刑이라
하 준 약 법   한 폐 번 형

직역	소하(蕭何)는 한 패공(漢沛公 : 후에 고조高祖가 됨)의 약법(約法 : 간단한 법률)을 따랐고, 한비(韓非)는 번거로운 형벌에 (스스로) 피폐해졌다.
의역 1	소하는 한 패공의 약법삼장(約法三章)을 따랐고, 한비(韓非)의 가혹한 형명지학(刑名之學 : 법을 가지고 나라를 다스려야 한다고 주장한 학설)에 한비 자신과 진(秦)나라가 피폐되었다.
의역 2	소하는 율법을 받들어 간편하게 (약법삼장을 보완한) 구장(九章)의 법률을 제정하였고, 한비는 가혹한 형벌을 법으로 삼아 목숨을 잃었다.[한비자는 법치만을 고집하다가 그 법에 의해 옥중에서 죽음을 당했다]

何遵約法

【훈음】

- 何(하) : 어찌 하. 여기서는 소하를 가리킨다(蕭何也).
- 遵(준) : 좇을 준. 받들다(奉也).

◆ 約(약) : 요약할 약. 요약이다(要約也). 간략할 약. 맺을 약. 약속 약.
◆ 法(법) : 법 법. 형벌이다(刑也).

【주해】

◆ 何(하) : 소하(蕭何, ?~193년). 한 고조(漢高祖)의 공신(功臣). 고조를 도와 천하를 통일함. 장량(張良), 한신(韓信)과 더불어 한(漢)의 삼걸(三傑)이라 한다. '소하작법(蕭何作法)'은 소하가 고조의 약법(約法)삼장을 보완하여 구장의 법률을 만든 일을 말한다. 백성들이 진(秦)나라의 가혹한 형벌에 강한 불만을 가지고 있음을 살펴, 그는 민의(民意)에 따라 비교적 간략한 한대(漢代)의 첫 법률인 구장률(九章律)을 제정하였다.

◆ 約法三章(약법삼장) : 한 고조(당시는 패공沛公으로 불렸다)는 진(秦)나라를 멸망시킨 다음 현지의 부로(父老)들과 상의하여 진나라의 까다롭고 가혹한 법령을 폐지하고, 사람을 죽인 자는 사형에 처하고, 사람을 상해(傷害)한 자와 도둑질 한 자는 벌을 주는 3개 항목의 법으로 요약하여 사용하였다. 약법(約法)은 간략한 법률이다.

◆ "한 고조는 요약한 삼장(三章)의 법만을 썼는데 소하(蕭何)가 이를 가감하여 행하여 한(漢)나라는 4백 년을 이어갔으며, 소하 또한 자손들이 영화롭고 현달(顯達)하였으니, 이는 관대하게 정사를 베푼 효험이었다."(『註解千字文』)

韓弊煩刑

【훈음】

◆ 韓(한) : 나라 한. 여기서는 한비(韓非).

- 弊(폐) : 해질 폐. 떨어질 폐. 困也.
- 煩(번) : 번거로울 번. 가혹하다(苛也).
- 刑(형) : 형벌 형.

【주해】

- 韓(한) : 한비(韓非, B.C. 295~233년). 한비자. 전국시대 한(韓)나라 사람. 법가(法家)의 대표자. 형명법술(刑名法術)을 좋아하여, 진(秦)나라의 이사(李斯)와 함께 순경(荀卿: 순자荀子)의 문인이 되었다. 뒤에 시황제(始皇帝)의 신임을 받았으나 이사의 시기로 독살되었다. 형명법술을 논한 『한비자(韓非子)』를 지었다. 전국(戰國) 말기 법가의 대표인물. "법(法), 술(術), 세(勢)"의 세 가지를 합친 통치방법을 제기하였다.
- 刑名之學(형명지학) : 형명학(刑名學). 중국 전국시대에 한비(韓非) 등이 법을 가지고 나라를 다스려야 한다고 주장한 학설.
- 煩刑(번형) : 가혹한 형벌.
- "한비(韓非)는 참혹하고 각박한 법을 쓰도록 진왕(秦王: 후에 진시황이 됨)을 설득하였으며 10여만 자(字)에 이르는 책을 지었는데 모두 각박한 내용이었다. 진(秦)나라는 2대(代) 만에 망하였고 한비 또한 죽음을 당하였으니, 이는 가혹한 형벌의 폐해 때문이었다."(『註解千字文』)
- 한비는 한(漢)나라 소하(蕭何)보다 시대적으로 앞서나 압운 때문에 도치되었다.

* 형명(刑名 : 법치주의)의 결과와 법률을 간소화시킨 정신 – 진(秦)이 망하고 한(漢)이 흥성

75

起翦頗牧은 用軍最精이라
기 전 파 목   용 군 최 정

직역	(전국시대 명장名將인) 백기(白起)와 왕전(王翦)과 염파(廉頗)와 이목(李牧)은, 용병술이 가장 정예로웠다.
의역	(진秦나라의 명장인) 백기와 왕전과 (조趙나라의) 염파와 이목은, 모두 용병(用兵)에 능하고 작전(作戰)에 가장 정통했다.

起翦頗牧

【훈음】

◆ 起(기) : 일어날 기. 여기서는 백기(白起).
◆ 翦(전) : 자를 전. 여기서는 왕전(王翦).
◆ 頗(파) : 자못 파. 여기서는 염파(廉頗).
◆ 牧(목) : 칠 목. 여기서는 이목(李牧).

【주해】

◆ 起(기) : 백기(白起, ?~B.C. 257년). 전국시대 진(秦)나라의 명장(名將). 소양왕(昭襄王) 때 위주(魏冑)의 추천으로 장수가 되어 전공을 많이 올렸으며, 이로 인해 벼슬이 좌서장(左庶長)에서

대량조(大良造)로 뛰어올랐다. 한(韓), 위(魏) 연합군을 공격하여 24만여 군사를 참수했으며, 초(楚)와의 전쟁에서 승리하고는 공으로 무안군(武安君)에 임명되었다. B.C. 260년 조(趙)나라와 장평(長平)에서 전쟁을 벌여 조나라 군사 40만을 구덩이에 묻어 죽였다. 후에 재상 범수(范雎: 범저范雎라고도 함)와 사이가 좋지 않아 자살했다.

◆ 翦(전) : 왕전(王翦). 전국시대 말기의 진(秦)나라 대장(大將). 진왕 정(政: 후에 시황제始皇帝가 됨)에 의해 발탁되었다. 군졸들과 함께 자고 함께 먹음으로써 군대의 사기를 높였으며, 조(趙), 연(燕)을 무찌르고 초(楚)나라를 멸망시켰다.

◆ 頗(파) : 염파(廉頗, B.C. 283~240년). 전국시대 조(趙)나라의 명장(名將). 명신(名臣)인 인상여((藺相如)와 문경지교(刎頸之交)를 맺고 함께 조나라를 흥성하게 하였다. 여기서 문경지교란 '서로를 위해서 목이 잘린다 해도 후회하지 않을 정도의 사이'라는 뜻으로 생사를 같이할 수 있는 사이, 또는 그런 친구를 이르는 말이다. 조 혜왕(趙惠王) 때 제(齊)나라 군사를 크게 무찔러 상경(上卿)에 봉해졌으며, 이후에도 제(齊)·위(魏) 연합군을 여러 차례 격파하여 용감하기로 이름을 떨쳤다. 장평(長平) 전투에서 3년 동안 성을 지키기만 하자 혜왕이 그를 폐하고 조괄(趙括)을 장수로 삼았다가 대패했다. 이후 복권되어 연(燕)나라 군사를 크게 무찌르고 신평군(信平君)에 봉해졌으나, 조 도양왕(趙 悼襄王) 때 뜻을 얻지 못하고 위나라로 도망갔으며 초(楚)나라에서 죽었다.

◆ 牧(목) : 이목(李牧, ?~B.C. 228년). 전국시대 조(趙)나라의 장군. 일찍이 비(肥: 지금의 하북성 진현晉縣 서쪽)에서 진군(秦軍)을 대파하였다. 그는 북쪽 이민족을 차례로 정벌하여 큰 공을 세웠으나, 진(秦)나라의 반간계(反間計)에 걸려 모함에 빠져 피살

되었다.

◆ 인상여(藺相如)와 염파(廉頗) : 인상여는 전국시대 조(趙)나라의 대신(大臣). 그가 보필하던 혜문왕(惠文王)이 초(楚)나라로부터 화씨지벽(和氏之璧)을 얻었으나 진(秦)나라가 이를 탐내 15개의 성(城)과 바꾸자고 제의했다. 명을 받아 진나라에 사신으로 간 그는 진나라가 구슬만 빼앗고 성은 내놓지 않을 조짐을 보이자 목숨을 다해 구슬을 되찾아 가지고 왔다. 이로부터 '완벽(完璧)'이란 단어가 생겨났다. 벼슬이 상경(上卿)으로 염파(廉頗) 장군보다 높았으므로 염파의 시기와 미움을 받았으나 충돌을 피하고 자신을 낮춰 후에 염파의 사죄를 받았다. 이후 형성된 두 사람의 우의가 오늘날까지 일화로 전해진다.

用軍最精

【훈음】

◆ 用(용) : 쓸 용.
◆ 軍(군) : 군사 군. 兵也. 12,500명을 군(軍)이라고 한다.
◆ 最(최) : 가장 최. 極也.
◆ 精(정) : 정할 정. 善也. 세밀할 정. 날랠 정.

* 전국(戰國)시대의 명장(名將)들

76

宣威沙漠이오 馳譽丹靑이라
선 위 사 막   치 예 단 청

직역 (그 장군들이) 사막에서 위엄을 떨쳐 공로를 세웠고,
(후에) 단청으로 (각閣에다 초상화를 그려) 명예를 드날렸다.

의역 서한의 장군 위청, 이광, 곽거병은 누차 흉노를 패퇴시키어 멀리 사막에 명성을 떨쳤고,
천하 도처에서 그들의 뛰어난 공훈을 명예롭게 여겨 청사(靑史)에 아름다운 이름을 영원히 남겼다.

宣威沙漠

【훈음】
- 宣(선) : 베풀 선. 布也.
- 威(위) : 위엄 위. 兵威也.
- 沙(사) : 모래 사.
- 漠(막) : 아득할 막. 廣大也. 사막 막.

【주해】
- 沙漠(사막) : 중국 서북쪽 땅은 모래여서 초목이 자라지 않고 일망광대(一望廣大)하다. 그러므로 사막이라고 한다.
- 宣威沙漠(선위사막) : 서한(西漢)의 대장(大將) 위청(衛靑), 곽

거병(霍去病), 이광(李廣) 등의 일을 가리킨다. 그들은 군대를 이끌고 흉노를 격퇴시켜, 북방에서의 한(漢)에 대한 위협을 풀고, 서쪽으로 서역의 길을 열어, 국위를 선양시켜 명성을 사막에 떨쳤다.

馳譽丹靑

【훈음】
- 馳(치) : 달릴 치. 馬疾行也.
- 譽(예) : 기릴 예. 명예 예. 聲名也.
- 丹(단) : 붉을 단.
- 靑(청) : 푸를 청.

【주해】
- "단청(丹靑)은 그들의 얼굴과 모습을 그린 것이다. 공을 세우면 그들의 얼굴을 그려 명예를 영원히 드날리니, 한 선제(漢宣帝)가 공신(功臣)들의 초상화를 기린각(麒麟閣)에 그려놓은 것이 이것이다."(『註解千字文』)
- 馳譽丹靑(치예단청) : 그 명성을 그림〔圖畵〕 사이에서 날렸다. 예를 들면, 한 선제(漢宣帝)는 기린각에 공신을 그려놓았고, 한 명제(漢明帝)는 운대(雲臺)에 28명의 공신을 그려놓았으며, 당 태종(唐太宗) 때에는 능연각(凌煙閣)에 24명 공신의 초상화를 그려놓았다.(『千字文釋義』)
- "이 네 사람들은 용병(用兵)을 매우 잘하여 북쪽 사막의 땅에 위엄을 펼쳤다. 그 명예를 멀리 날려, 그들의 초상화를 그려놓아 잊지 않도록 했다. '책공(策功)'으로부터 여기까지 4절(節)은 많은 영웅들의 훌륭함을 이야기하고 있다. 예를 들면, 은(殷)나라에는 이윤(伊尹)과 부열(傅說)이 있었고, 주(周)나라에는 주공 단(周公

旦)과 태공망이 있었고, 한(漢)나라에는 상산사호(商山四皓)가 있었다. 또 넓게 말하면, 오패(五覇)와 칠웅(七雄)의 모신(謀臣)과 책사(策士)가 있었다. 명법(明法: 법률)을 맡은 자로는 소하(蕭何)와 한비(韓非)가 있었고, 무공(武功)을 세운 자로는 백기(白起)와 왕전(王翦)과 염파(廉頗)와 이목(李牧)이 있었으니, 이루 그 수를 헤아릴 수가 없다."(『千字文釋義』)

* 명장(名將)들의 명성이 후세에 전해짐

77

九州禹跡이요 百郡秦幷이라
구 주 우 적　　　백 군 진 병

직역	구주(九州)는 우(禹)임금의 업적이고, 백군(百郡)은 진(秦)나라가 합병한 것이다.
의역 1	(중국의) 구주는 우임금의 (물 다스리던) 자취요, 백군은 진나라가 합병하여 (중국을) 통일하여 만든 것이다.
의역 2	구주의 대지에는 곳곳에 우임금의 치수(治水)의 자취가 남아있고, 천하의 군현(郡縣)은 진(秦)나라가 6국(六國)을 병합한 후 통일하여 만든 것이다.

九州禹跡

【훈음】

- 九(구) : 아홉 구.
- 州(주) : 고을 주.
- 禹(우) : 하우씨 우. 하(夏)나라를 세운 임금.
- 跡(적) : 자취 적. 足跡也.

【주해】

◆ 九州(구주) : 아홉 주. 기주(冀州), 연주(兗州), 청주(靑州), 서주(徐州), 양주(揚州), 형주(荊州), 예주(豫州), 양주(梁州), 옹주(雍州). 황제(黃帝)로부터 (중국의) 천하를 9주로 나누었다. 우순(虞舜: 순舜임금)에 이르러 또 12주(州)로 나누었다가, 우(禹)가 수토(水土)를 고르게 함에 이르러 다시 9주로 나누었다. 삼대(三代: 하·은·주)에는 그에 따랐다. 9주는 하(夏)나라의 우(禹)가 세운 것으로, 그의 발자취가 이른 곳이다.(『千字文釋義』)

◆ 禹(우) : 우임금. 중국 하(夏)나라의 시조 우를 임금으로 부르는 말.

◆ 禹跡(우적) : 우(禹)가 실제 답사를 하였던 지역. 우의 아버지 곤(鯀)이 홍수를 다스리면서 터진 물을 막는 방법을 채택하여 실패하였다. 우는 물을 소통시키는 방법을 채택하여 성공하였다. 순임금이 우에게 제위를 물려주었다. 그는 남쪽을 순행하다가 회계(會稽: 지금의 절강성 소흥紹興)에서 죽어 현재 그곳에 대우릉(大禹陵)이 있다. 이처럼 우임금은 고대 중국의 인프라를 구축한 사람이다.

◆ 『書經(서경)·立政(입정)』 - "우임금의 옛 자취에 오르다(以陟禹之跡)."

百郡秦幷

【훈음】

◆ 百(백) : 일백 백.
◆ 郡(군) : 고을 군.
◆ 秦(진) : 나라 진.
◆ 幷(병) : 아우를 병. '여럿을 모아 한 덩어리나 한 판이 되게 하다'

'합하여 하나가 되다(合爲一也)'.

【주해】

◆ 百郡(백군) : 일백 고을. 한(漢)나라 때 행정구역의 개략적인 수. 경조(京兆), 우풍익(左馮翊), 우부풍(右扶風), 홍농(弘農), 하동(河東), 하내(河內) 등 무릇 103개의 군(郡)을 말한다. 백군이라고 한 것은 대체적인 수를 든 것이다. 상고시대로부터 제후를 봉(封)하여 천하를 나누어 다스렸다. 진시황(秦始皇) 때에 이르러 6국(六國)을 멸망시키고 천하를 통일하였다. 봉건제를 폐지하고 천하를 36군(郡)으로 나누었다. 한(漢)나라 때에 이르러 다시 백군으로 나누었다. 한(漢)의 백군은 원래 진(秦)이 합병시킨 것이다. (『千字文釋義』)

◆ 秦幷(진병) : 진(秦)나라가 구주를 병합하여 군현제도로 바꾼 것을 말한다.

◆ 秦(진) : 주(周)나라 봉건제후국 중의 하나. 원래는 지금의 섬서성이 그 땅이었다. 전국칠웅을 거쳐 시황제(始皇帝) 때 천하를 통일하였다. 주 효왕(周 孝王) 때 비자(非子)가 위수(渭水) 유역에 분봉받았으며 6대손 양공(襄公) 때 옹(雍)에 도읍하였다. 목공(穆公)이 즉위하면서 견융(犬戎)을 정벌하고 진(晉)과 더불어 중원의 패권을 다툴 만큼 세력을 떨쳤다. 전국시대 초에 효공(孝公)이 상앙(商鞅)을 등용하여 부국강병을 꾀했으며, 혜문왕(惠文王) 때는 함양(咸陽)으로 천도하여 동방의 6대 강국과 패권을 겨뤘다. B.C. 247년 진왕(秦王) 정(政: 시황제)이 들어서 6국을 차례로 물리치고 B.C. 221년 전국을 통일하였다.

◆ 통일된 진(秦)나라 : 진왕(秦王) 정(政)이 전국시대 봉건제후국의 할거국면을 끝내고 전국을 통일하여 성립시켰다. 진왕 정은 자칭 시황제(始皇帝)라 하고 함양(咸陽)에 도읍하였다. 중국 역사상

최초의 전제군주에 의한 통일 왕조이다. 군현제(郡縣制)를 시행하여 중앙집권체제의 기틀을 마련했다. 그러나 진시황은 만리장성을 수축하고 끊임없이 대외정책을 펴는 한편 가혹한 법령을 만들어 백성을 핍박하였으므로 그의 사후 농민 봉기가 잇따랐고, 점점 국가권력이 약해졌다. 3대 왕인 자영(子嬰)이 유방(劉邦)에게 투항함으로써 개국 15년 만에 멸망하였다.

◆ 봉건제(封建制) : 일명 분봉제(分封制). 고대 국왕 혹은 황제가 제후에게 분봉하던 제도. 하(夏), 상(商)대부터 시작되었다고 한다. 주 무왕(周 武王) 때는 은(殷)을 멸한 공로로 공신이나 일족에게 봉국(封國)을 내리고 이들을 봉국의 제후에 임명했다. 제후는 가신과 노예를 이끌고 봉지로 가서 세습 특권을 누리며 세경(世卿)이 되었다. 제후는 정기적으로 왕실에 조공을 바치고 조빙(朝聘)했으며, 유사시 왕을 위해 군대와 노역을 제공했다. 그러나 모든 행정적 권한은 제후에게 주어졌으므로 독립된 국가 형태를 띠었다. 춘추시대의 열국은 대부분 주 왕실의 분봉에 의해 생겨난 것이다. 또 이때부터 제후의 권력이 커지면서 천자의 통제에서 벗어났으며, 제후국간 패권다툼을 벌이는 춘추전국시대의 장을 열었다.

◆ 군현제(郡縣制) : 진(秦)대에 본격 시행된 지방행정제도. 춘추시대 전기부터 이 제도가 일부 시행되었다. 즉 진(秦), 초(楚), 진(晉) 등의 국가에서 일부 지방에 현(縣)을 설치했으며, 춘추 말기에는 각국이 변방에 군(郡)을 설치했다. 군은 현에 비해 넓은 면적을 차지했으나 변방에 위치했으므로 행정조직 면에서는 현보다 낮았다. 전국시대에는 변방의 군 아래 현을 두어 점점 군현제의 모습을 갖추어 갔다. 진(秦)의 시황제는 전국을 36군으로 나누었다가 40군으로 늘렸으며, 그 아래 현을 설치했다. 군의 수령인 군수(郡守)는 중앙에서 임명하고 봉록을 주었으며, 세습할 수 없게 하였

다. 한대(漢代) 초기에는 군현제와 봉건제를 병용한 군국(郡國)제도를 실시하다가 무제 때 군현제로 돌아갔다. 군현제도는 중앙집권제도의 초보적인 형태라고 할 수 있다.

* 중국의 행정구역 - 구주(九州)와 백군(百郡)

78

嶽宗恒岱요 禪主云亭이라
악 종 항 대   선 주 운 정

직역	오악(五嶽)은 항산(恒山)과 대산(岱山 : 태산泰山)을 높이고, 선(禪) 제사는 운운산(云云山)과 정정산(亭亭山)에서 주로 지냈다.
의역	오악으로는 항산과 태산을 으뜸으로 높여(그 중에서도 태산을 높임) 제왕이 (태산의) 정상에 올라 하늘에 제사지냈고, 터를 닦아 땅에 제사지내는 선(禪) 의식은 (태산 아래의 작은 산인) 운운산, 정정산에서 하였다.

嶽宗恒岱

【훈음】

◆ 嶽(악) : 큰 산 악. 큰 메 악. 높은 산 악. 오악(五嶽).

◆ 宗(종) : 마루 종. 높다는 의미. (일의 근원, 근본) 으뜸 종. 尊也. 근본 종. 사당 종. 일족 종.

◆ 恒(항) : 항상 항. 『천자문석의(千字文釋義)』에는, "泰". 어떤 판본에는 역시 "泰".

◆ 岱(대) : 대산 대. 오악의 하나. 동악(東嶽). 태산(泰山)의 별칭.

【주해】

◆ 宗(종) : 마루. 등성이를 이루는 지붕이나 산 따위의 꼭대기.
◆ 恒山(항산) : 산서성 동북부 혼원현(渾源縣)에 있다. 오악(五嶽)의 하나.
◆ 岱山(대산) : 대종(岱宗). 산 이름. 태대(泰岱). 오악 중에 으뜸으로 여겼으므로 종(宗)이라 이른다. 곧 태산(泰山)이다. 지금의 산동성 태안시(泰安市) 북쪽에 있다. 오악 가운데 태산(泰山)을 높였다.
◆ 『書經(서경)·舜典(순전)』 - "(순수巡守하던) 해의 2월에 동쪽 지방을 순수(巡守)하여 대종(岱宗: 태산泰山)에 이르러 시(柴) 제사를 지내며 산천을 바라보고 차례를 정하여 제사하고 마침내 동쪽 제후들을 만나보았다(歲二月, 東巡守至于岱宗, 柴, 望秩于山川, 肆覲東后)."
◆ 五嶽(오악) : 동악(東嶽) 태산(泰山), 서악(西嶽) 화산(華山), 남악(南嶽) 형산(衡山), 북악(北嶽) 항산(恒山), 중악(中嶽) 숭산(嵩山)을 말한다. 화산은 섬서성 화양시(華陽市)에 있고, 형산은 호남성 형산현(衡山縣)에 있다. 숭산은 하남성 등봉시(登封市) 북쪽에 있다.

禪主云亭

【훈음】

◆ 禪(선) : 봉선 선. 봉선(封禪也 : 고대 제왕이 하늘과 땅에 제사지내는 행사). 사양할 선. 고요할 선.
◆ 主(주) : 주인 주. 임금 주. 우두머리 주. 주될 주. 依也.

◆ 云(운) : 이를 운. 산명(山名). 운운산(云云山).
◆ 亭(정) : 정자 정. 산명(山名). 정정산(亭亭山).

【주해】

◆ 封禪(봉선) : 봉(封)은 태산(泰山)의 주봉에 흙을 쌓아 단(壇)을 만들어 하늘에 제사지내는 것이고, 선(禪)은 태산 남측의 지맥(支脈)의 작은 산에 땅을 판판하게 골라 놓아 선(墠: 제터 선)을 만들어 땅에 제사지내는 것이다. 전설에 의하면, 신농(神農), 요(堯), 순(舜)은 태산에서 하늘에 제사지냈고, 운운산에서 땅에 제사지냈으며, 황제(黃帝)가 땅에 제사지낸 곳은 정정산이다.

◆ 云亭(운정) : 운운산(云云山)과 정정산(亭亭山)의 합칭. 모두 태산 남측의 지맥이다. 운운산은 지금의 태안시(泰安市) 동남에 있다. 정정산은 지금의 태안시 남쪽에 있다. 모두 태산 아래의 작은 산이다.

◆ "천자는 12년에 한 번씩 순수(巡狩 : 임금이 나라 안을 두루 보살피며 돌아다님)하였는데, 반드시 태대(泰岱: 태산)에서 봉선(封禪)의식을 거행하였다. 운운산과 정정산은 태대 아래에 있는 작은 산인데, 천자가 반드시 이곳에서 유숙하며 목욕재계한 뒤에 대종(岱宗)에 제사하였다."(『註解千字文』)

◆ 전하는 이야기에, 신농(神農), 요(堯), 순(舜)은 태산에서 하늘에 제사를 지냈고, 운운산에서 땅에 제사를 지냈으며, 황제는 정정산에서 땅에 제사를 지냈다고 한다.

◆ 『史記(사기)·封禪書(봉선서)』 - "관중(管仲)이 다음과 같이 말했다. '……옛날 무회씨가 태산에서 봉(封)하고 운운산에서 선(禪)하였고, 복희씨는 태산에서 봉(封)하였고, 운운산에서 선(禪)하였다. 신농씨는 태산에서 봉(封)하였고 운운산에서 선(禪)하였다.

염제는 태산에서 봉(封)하였고 운운산에서 선(禪)하였고, 황제(黃帝)는 태산에서 봉(封)하였고 정정산에서 선(禪)하였다. 전욱은 태산에서 봉(封)하였고 운운산에서 선(禪)하였다. 제곡은 태산에서 봉(封)하였고 운운산에서 선(禪)하였다. 요임금은 태산에서 봉(封)하였고 운운산에서 선(禪)하였다. 순임금은 태산에서 봉(封)하였고 운운산에서 선(禪)하였다. 탕임금은 태산에서 봉(封)하였고 운운산에서 선(禪)하였다'(管仲曰, ……昔無懷氏封泰山, 禪云云, 伏羲氏封泰山, 禪云云, 神農封泰山, 禪云云, 炎帝封泰山, 禪云云, 黃帝封泰山, 禪亭亭, 顓頊封泰山, 禪云云, 帝嚳封泰山, 禪云云, 堯封泰山, 禪云云, 舜封泰山, 禪云云, 湯封泰山, 禪云云)."

* 오악(五嶽)과 봉선(封禪)

79

鴈門紫塞와 鷄田赤城과
안 문 자 새   계 전 적 성

직 역	관문(關門)은 안문(鴈門), 성(城)은 자새(紫塞), 역참은 계전(鷄田), 성벽은 적성(赤城)
의 역	안문관의 험함, 북쪽 변경의 자줏빛 장성(長城)과, 회맹(會盟)을 했던 역참인 계전, 군대를 주둔하면서 지켰던 적성

鴈門紫塞

【훈음】

- 鴈(안) : 기러기 안. 어떤 판본에는 "雁(기러기 안)".
- 門(문) : 문 문.
- 紫(자) : 자줏빛 자.
- 塞(새) : 변방 새. 막을 색.

【주해】

- 鴈門(안문) : 안문관(雁門關). 관문(關門) 이름. 지금의 산서성 대현(代縣) 서북쪽에 있다. 산세가 험준하여 위에는 서경관(西陘關)이 있는데, 안문관이라고도 칭한다.
- 紫塞(자새) : 북방의 변새(邊塞)인데, 여기서는 장성(長城)을 가

리킨다. 진시황과 한(漢)나라 때 장성을 쌓았다. 서쪽으로는 임조(臨洮)에서 시작하여 동쪽으로는 조선(朝鮮: 고조선. 옛날 고조선의 위치는 한반도뿐만 아니라 지금의 중국 요녕성도 포괄하고 있었기 때문에 여기서는 한반도가 아니라 요녕성을 가리킴)에 이르렀으니, 그 길이가 장장 만 리이다. 흙의 빛깔이 자줏빛이므로 자새(紫塞)라고 칭하였다. 고조선의 영역은 중국 길림성, 흑룡강성, 요녕성, 하북성 등을 포괄하고 있었다고 한다.

◆ "안문(雁門)은 군명(郡名: 고을 이름)이니 병주(幷州)에 있었다. 봄에 기러기가 북쪽으로 돌아갈 때에 이곳을 넘어가므로 이름한 것이다. 자새(紫塞)는 지명(地名)이니, 진(秦)나라가 이곳에 장성(長城)을 쌓았는데, 흙빛이 모두 자주색이었다."(『註解千字文』)

鷄田赤城

【훈음】

◆ 鷄(계) : 닭 계.
◆ 田(전) : 밭 전.
◆ 赤(적) : 붉을 적.
◆ 城(성) : 성 성. 재 성.

【주해】

◆ 鷄田(계전) : 역명(驛名: 역참명)이다. 계택(鷄澤)이라고도 하는데, 지금의 하북성 영년(永年) 서남으로, 춘추시대에 노 양공(魯襄公)이 여기에서 제후를 회맹(會盟: 모여서 서로 맹세함)하였다.
◆ 赤城(적성) : 지명. 옛날에 치우(蚩尤)가 살던 곳이다. 청대의 지명으로는 선부(宣府)에 있다. 위진(魏晉)시대에 이곳에다 성을 쌓고 수루를 설치하여 유연(柔然)의 침입을 방어하였다.

◆ "계전(鷄田)은 옹주(雍州)에 있었다. 옛날에 주 문왕(周文王)은 암탉을 얻고 왕자(王者)가 되었으며, 진 목공(秦穆公)은 암탉을 얻고 패업을 이루었다. 계전 아래에 보계사(寶鷄祠)가 있으니, 진(秦)나라에서 하늘에 교제(郊祭)를 지내던 곳이다. 적성(赤城)은 기주(夔州) 어복현(魚腹縣)에 있다."(『註解千字文』)

* 중국 북방 변경의 요새

80

昆池碣石과 鉅野洞庭은
곤 지 갈 석　　거 야 동 정

직역	못은 곤지(昆池), 산은 갈석(碣石), 늪은 거야(鉅野), 호수는 동정호(洞庭湖)
의역	곤명지(昆明池)에서는 배를 훈련시켰고, 갈석에서는 명(銘)을 새겼으며, 대택(大澤)은 거야, 호수는 동정호를 친다.

昆池碣石

【훈음】
- 昆(곤) : 맏 곤. 형 곤. 많을 곤.
- 池(지) : 못 지.
- 碣(갈) : 비석 갈. 둥근 비석 갈. 돌 갈.
- 石(석) : 돌 석.

【주해】
- 昆池(곤지) : 못 이름. 곤명전지(昆明澱池). 지금의 운남성에 있다. 일명 곤명지(昆明池)이다.
- 碣石(갈석) : 옛 산 이름. 갈석산. 지금의 하북성 창려(昌黎) 서북에 있는데, 진시황과 한 무제가 모두 일찍이 동쪽으로 순행(巡

行)하여 이곳까지 이르러 돌에 새기고〔刻石〕바다를 보았다. 그리고 한말(漢末) 조조(曹操)는 오환(烏桓)을 정벌하러 이곳을 지나면서「갈석편(碣石篇)」을 지었다.

◆ "곤지(昆池)는 운남성 곤명현(昆明縣)에 있었다. 한 무제(漢武帝)는 운남(雲南)과 통래(通來)하기 위하여〔실제로는 운남을 침략하기 위하여〕(장안성長安城 서쪽에) (운남성의 곤명지를 염두에 두고) 곤명지(昆明池)를 파놓고 수전(水戰)을 익혔는데, 또한 곤지라고 칭하기도 하였다. 갈석(碣石)은 북평군(北平郡) 여성현(黎城縣)에 있었다."(『註解千字文』)

◆ 한 무제 때, 남쪽 이민족 가운데 곤명국(昆明國)이 있었다. 그들의 성과 굴은 둘레가 사방 300리나 되는 데다 물로 둘러싸여 있었고, 수전(水戰)에 뛰어났다. 무제는 매번 정복하려고 했지만 뜻을 이루지 못했다. 그래서 방책을 세워, 장안성 서쪽 20리쯤에 연못을 하나 팠다. 사방 40리로 그 속에 물을 가득 채우고 배를 건조해서 수전을 훈련했다. 마침내 그 나라를 격파하고 그곳에 곤명주(昆明州)를 설치했다. 그런 까닭으로 그 못에 이름 붙이기를 '곤명지'라 했던 것이다.〔신정근 역,『세상을 삼킨 천자문』〕

鉅野洞庭

【훈음】

◆ 鉅(거) : 클 거. 톱 거. 강할 거. 어떤 판본에는 "巨".
◆ 野(야) : 들 야.
◆ 洞(동) : 골 동. 굴 동. 마을 동. 깊을 동. 통할 통.
◆ 庭(정) : 뜰 정.

【주해】

◆ 鉅野(거야) : 늪 이름〔澤名〕. 대야택(大野澤)이라고도 한다. 지금의 산동성 거야(鉅野) 북쪽에 있었는데, 지금은 고갈되었다. 그 북쪽이 수호지의 무대로 알려진 양산박(梁山泊)의 일부로 남아있다.

◆ 洞庭(동정) : 호수 이름. 동정호. 호남성 북부에 있는 중국에서 두 번째로 큰 담수호(淡水湖). 양자강〔長江〕의 흐름을 완화시키며 범람을 방지하는 작용을 하며, 운하에 의하여 양자강과 통하고 있음. 중국에서 제일 큰 담수호는 파양호(鄱陽湖)이다.

* 중국의 자연 – 사방의 못, 산, 늪, 호수

81

曠遠綿邈하고 巖岫杳冥이라
광 원 면 막　　　암 수 묘 명

직역 (이처럼 산천이) 광활하고 멀리 아득히 뻗어있고,
(높은) 바위 멧부리가 아득하고 아득하다.

曠遠綿邈

【훈음】

- 曠(광) : 넓을 광. 闊也. 빌 광.
- 遠(원) : 멀 원.
- 綿(면) : 이을 면. 솜 면. 자세할 면. 『智永眞書千字文』에는 "緜(햇솜 면)".
- 邈(막) : 멀 막. 아득할 막.

【주해】

- 綿邈(면막) : 아득히 멀다. 가물가물할 정도로 멀리 뻗어 있다. 쌍성연면어(雙聲連綿語)이다. 연면어란 두 음절이 모여 하나의 의미 단위를 이루는 어절을 말한다. 즉 두 글자이지만 뜻은 하나인 경우이다. 성(聲)이 같은 것을 쌍성이라 한다.

巖岫杳冥

【훈음】

- 巖(암) : 바위 암. '석굴을 암이라고 한다(石窟曰巖)'.
- 岫(수) : 멧부리 수. 산굴 수. 山穴曰岫. 산봉우리 수. 어떤 판본에는 "峀".
- 杳(묘) : 아득할 묘. 어두울 묘. 깊다(深也).
- 冥(명) : 어두울 명. 아득할 명. 어둡다(昏暗也). 그윽할 명. 저승 명.

【주해】

- 杳冥(묘명) : 아득하다. 쌍성연면어. 글자를 연결하여 새로운 하나의 뜻을 나타내는 어휘이다.
- 巖岫杳冥(암수묘명) : 높은 바위 멧부리가 아득하고 아득하다. 일설에는, '높은 봉우리가 가파르게 서있고, 암혈이 그윽하고 깊다'라고도 한다.
- "왕자(王者)의 토지가 광대하여, 구주(九州)와 백군(百郡)을 모두 그 소유로 하여 그 가운데에 또 토지의 현저한 것을 들어 그 성(盛)함을 말하였다. 예를 들면 봉선은 태산 및 운운산, 정정산에서 하고, 관(關: 관문)에는 안문이 있고, 성에는 자새(紫塞), 적성(赤城)이 있고, 역(驛: 역참)에는 계전이 있고, 못에는 곤명이 있고, 산에는 갈석이 있고, 늪에는 거야가 있고, 호수에는 동정호가 있으니, 모두 광활하고 아득히 멀며, 멀고 아득하여 끝이 없다. 그 산의 바위와 산굴은 또한 깊고 어두워서 헤아릴 수가 없다."(『千字文釋義』)
- "'구주(九州)'부터 '암수(巖岫)'까지는 왕자(王者)의 토지가 광대

하다는 것을 말하고 있다."(『千字文釋義』)

* 광활한 대지

* 이 제3장은 천하에 왕 노릇 하는 자의 경우, 그 수도의 큼과 궁궐의 장엄함, 전적(典籍)의 풍성함, 영재(英才)의 많음, 그리고 토지의 넓음이 이와 같음을 말하고 있다.(『千字文釋義』)

제 4 장
은거하는 선비의 처신과 치가(治家)의 도(道)

82

治本於農하니 務茲稼穡이라
치 본 어 농　　무 자 가 색

| 직역 | (나라를) 다스림은 농사에 근본하니, 이렇게 (봄에 곡식을) 심고 (가을에) 거두는 것을 힘쓴다. |

| 의역 | 나라를 다스리는 근본은 농사에 있으니, 밭으로 가 힘써 밭갈이하여 심고 거둔다. |

治本於農

【훈음】

- 治(치) : 다스릴 치. 삶을 다스리다(治生也).
- 本(본) : 근본 본. 根本也.
- 於(어) : 어조사 어. 늘 어[고어].
- 農(농) : 농사 농. 治田也. 『한서(漢書)·식화지(食貨志)』 – "토지를 개척하여 곡식을 심는 것을 '농사'라고 한다(闢土植穀曰農)."

務茲稼穡

【훈음】

- 務(무) : 힘쓸 무. 힘을 다하다(致力也).
- 茲(자) : 이 자. 이에 자. 此也.

- 稼(가) : 심을 가. (봄에 곡식을) 심다. 種五穀曰稼. 농사 가.
- 穡(색) : 거둘 색. (가을에 곡식을) 거두다. 斂五穀曰穡. 농사 색.

【주해】

- 稼穡(가색) : 심고 거둔다. 농사짓는 일. 농산물을 심는 일과 거둬들이는 일.
- 『詩經(시경)・魏風(위풍)・伐檀(벌단)』 - "씨를 뿌리지도 않고 거두지도 않으면, 어떻게 수백 호의 전세(田稅) 곡식을 거두어들이겠는가(不稼不穡, 胡取禾三百廛兮)."
- 이 이하는 군자가 가정을 다스리고 처신하는 도를 말한다.
- "이곳부터 '권상출척(勸賞黜陟)'까지는 가정을 다스림이 부유함의 근본이 되는 것을 소중히 여긴 것이다."(『千字文釋義』)

* 농자천하지대본야(農者天下之大本也)

83

俶載南畝하니 我藝黍稷이라
숙 재 남 묘　　　아 예 서 직

직역 (봄이 되면) 비로소 남쪽 이랑에서 일을 시작하니,
나는 기장과 피를 심는다.

의역 봄이 되면 밭에 가서 농사일을 시작하니,
오곡을 심느라 바빠 쉬지 않는다.

俶載南畝

【훈음】

- 俶(숙) : 비로소 숙. 비롯함이다(始也).
- 載(재) : 실을 재. 일할 재. 일하다(事也).
- 南(남) : 남녘 남.
- 畝(묘) : 이랑 묘. 이랑 무.

【주해】

- 畝(묘) : 『사마법(司馬法)』 - "6척이 '보(步)'이고 백보(百步)가 '묘(畝)'이다(六尺爲步, 步百爲畝)." 진(秦)나라 제도에는 240보(步)를 묘(畝)라 하였다.
- 『詩經(시경)·小雅(소아)·大田(대전)』 - "큰 밭에 심어야 할 벼가 많은지라, 이미 씨앗을 가리고 농구 갖춰, 농사일 다 준비하

고, 나의 날카로운 보습[쟁기]으로, 비로소 남쪽 이랑에서 일하여 백곡을 파종하니, 자라는 싹이 곧고 또 큰지라, 증손(曾孫)의 마음을 흡족하게 하도다(大田多稼, 旣種旣戒, 旣備乃事. 以我覃耜, 俶載南畝, 播厥百穀. 旣庭且碩, 曾孫是若)."

我藝黍稷

【훈음】
- 我(아) : 나 아. 自己也.
- 藝(예) : 재주 예. 심을 예. 種植也.
- 黍(서) : 기장 서.
- 稷(직) : 피 직. **참고)** 五穀(오곡) - 벼[稻], 기장[黍], 피[稷], 보리[麥], 콩[菽].

【주해】
- 黍稷(서직) : 기장과 피. 실제로는 오곡을 두루 가리키지만 4언시인 관계로 '기장'과 '피' 두 자만 썼다.
- 『詩經(시경)・小雅(소아)・楚茨(초자)』 - "무성한 찔레밭에, 그 가시를 뽑아버림은, 예부터 어째서 하였는고. 우리에게 서직(黍稷: 기장과 피)을 심게 하려 해서였네(楚楚者茨, 言抽其棘. 自昔何爲, 我蓺黍稷)."
- "제왕이 정치할 때에는 반드시 농사를 근본으로 삼으니, 군주는 백성을 하늘로 여기고 백성은 먹는 것을 하늘로 여기기 때문이다."(『註解千字文』)

* 봄에 곡식 심기

84

稅熟貢新하니 勸賞黜陟이라
세 숙 공 신   권 상 출 척

직역	익은 곡식을 세금으로 내고 새것을 (나라에) 공물로 바치니, 상을 내려 권장하기도 하고 못하는 사람은 내쫓고 잘하는 사람은 승진시킨다.
의역 1	가을에 익은 곡식을 조세로 바치고 햇것을 공물로 바치니, (잘하는 사람에게는) 상을 내려 권장하기도 하고, (못하는 사람은) 내쫓고 (잘하는 사람을) 승진시킨다.
의역 2	농작물이 익으면 전세(田稅)를 내고 새로 수확한 양곡을 공물로 바쳐 충성을 표시하니, 잘 수확하고 못 수확한 것에 따라 상과 벌을 명확하게 한다.

稅熟貢新

【훈음】

* 稅(세) : 세금 세. 구실 세. 옛날에는 곡식으로 세금을 냈다.
* 熟(숙) : 익을 숙. 곡식이 익는 것이다(穀之成也).
* 貢(공) : 바칠 공. 공물 공. 백성이 나라나 관청에 바치던 특산물.
* 新(신) : 새 신. 새롭다. 初成曰新. 여기서는 햇곡식을 가리킨다.

【주해】

◆ "위에서 아랫사람에게 취하는 것을 세금, 조세〔稅〕라고 하고, 아랫사람이 위에게 바치는 것을 공물〔貢〕이라고 한다(自上取下曰稅, 自下獻上曰貢)."(『千字文釋義』)

◆ 『孟子(맹자)·滕文公上(등문공상)』 - "후직이 백성들에게 심고 거두는 것을 가르쳐서 오곡을 심고 가꾸게 하셨는데, 오곡이 익고 백성이 잘 길러졌다(后稷敎民稼穡, 樹藝五穀, 五穀熟而民人育)."

◆ "농토에 대한 조세를 내되 반드시 익은 것을 사용하여 국가의 쓰임에 대비하고, 토산물을 공물로 바치되 반드시 새로 수확한 것을 가져다 종묘에 올린다."(『註解千字文』)

勸賞黜陟

【훈음】

◆ 勸(권) : 권할 권. '힘쓴다는 뜻이니, 농사를 권장(장려)한다는 것이다(勉也, 蓋勸農也)'.
◆ 賞(상) : 상줄 상. 칭찬하여 내려주는 것이다(褒而賜之也).
◆ 黜(출) : 내칠 출. 물리칠 출. 물리치다(退之也).
◆ 陟(척) : 올릴 척. 오를 척. 올리다(進之也).

【주해】

◆ 黜陟(출척) : 무능한 사람을 내쫓고 유능한 사람을 올리어 쓰다. 공이 없는 사람을 물리치고, 공이 있는 사람을 지위를 올려서 쓰다. 쌍성연면어(雙聲連綿語)이다. 연면어란 두 음절이 모여 하나의 의미단위를 이루는 어절을 말한다. 글자를 연결하여 새로운 하나의 뜻을 나타내는 어휘. 성(聲)이 같은 것을 쌍성이라 한다.
◆ 『書經(서경)·舜典(순전)』 - "3년에 한 번씩 공적을 살피고, 세

번 살핀 다음에 어두운 자를 내치고 밝은 자를 올리니, 여러 공적이 다 넓혀졌다(三載考績, 三考黜陟幽明, 庶績咸熙)."

◆ "생명을 다스리는 것은 반드시 힘써 경작함을 근본으로 삼아서, 오로지 심고 거두는 데 힘쓴다. 처음에는 남쪽 밭에 일이 있어, 기장과 피를 심고 그 곡식이 익음에 수확하게 되면 그것을 공세(貢稅)로 납부한다. 농사를 권장하여 농사를 잘 지은 자에게는 상을 주어 위로하고, 그로 인해 그 해의 공〔歲功〕을 계산하여 게으른 자는 물리치고 부지런한 자는 높이어서 그들로 하여금 각기 농사에 힘쓰게 한다. '숙재(俶載)' 2구는 농작물을 심는 것〔稼〕을 주로 하고, '세숙(稅熟)' 2구는 농작물을 거둠〔穡〕을 주로 하여 말한 것이다."(『千字文釋義』)

◆ "농사가 이미 이루어지면 권농관(勸農官)이 부지런한 자에게 상을 주어 힘쓰게 하고 게으른 자를 내쳐 경계하니, 척(陟)도 또한 상을 주는 것이다."(『註解千字文』)

* 조세와 상벌

85

孟軻敦素요 史魚秉直이라
맹 가 돈 소   사 어 병 직

직역	맹자는 (성품이) 본바탕을 돈독히 하였고, 사어(史魚)는 정직함을 잡았다[마음잡기를 곧게 하였다].
의역 1	맹자는 돈독한 본바탕을 가졌고, 사어는 올곧음을 붙잡고 있었다.
의역 2	맹자는 졸박함을 숭상하였고[힘썼고], 사어는 올바른 의를 감히 말하는 것을 견지하였다.

孟軻敦素

【훈음】

- 孟(맹) : 맏 맹.
- 軻(가) : 수레 가. 맹자의 이름.
- 敦(돈) : 도타울 돈. 힘쓰다. 노력하다. 숭상하다(尙也). '도탑다'는 '서로의 관계에 사랑이나 인정이 많고 깊다'는 의미이다.
- 素(소) : 흴 소. 질박할 소. 정결하며 순수하다(精純也). 바탕 소. 본디 소.

【주해】

- 孟軻(맹가) : 맹자. B.C. 372~B.C. 289년. 전국시대 추(鄒)나

라 사람으로 전국시대 유가의 대표인물이다. 이름은 가(軻). 자는 자여(子輿). 공자의 도를 이어 받아 여러 나라를 순회하며 왕도정치와 인의를 주장하였으며, 성선설(性善說)을 제창하였다. 또한 호연지기(浩然之氣)를 중시하였다.『맹자』에 그의 언행이 기록되어 있다.

◆ 맹모삼천지교(孟母三遷之敎) : 맹자의 어머니가 맹자를 가르치기 위하여 세 번 이사했다는 고사. 처음에 공동묘지 가까이 살았는데 맹자가 장사지내는 흉내만 내었다. 시장 가까이로 옮겼더니 이번에는 물건 파는 흉내만 내었다. 드디어 글방 있는 곳으로 옮겼더니, 그제야 공부를 열심히 하더라는 고사에서 온 말.
◆ 맹모단기(孟母斷機) : 맹자의 어머니가 아들이 학업을 중단하고 돌아왔을 때, 짜던 베를 칼로 잘라서 훈계한 고사.
◆ 敦素(돈소) : 질박함을 숭상하다. 본바탕을 돈독히 하다. 이일안(李逸安)은 '敦'은 '힘쓰다, 숭상하다'는 의미하고, '素'는 '현재의 지위와 환경', '그때그때의 지위 또는 환경'을 의미한다고 하였다.

史魚秉直

【훈음】
◆ 史(사) : 역사 사. 관명(官名). 사관 사.
◆ 魚(어) : 물고기 어.
◆ 秉(병) : 잡을 병. 쥘 병. 執也.
◆ 直(직) : 곧을 직.

【주해】
◆ 史魚(사어) : 춘추시대 위(衛)나라의 대부로 임금에게 곧음으로 간(諫)한 것으로 저명하다.

◆ 『論語(논어)·衛靈公(위령공)』 – "공자께서 말씀하셨다. '정직하다, 사어여! 나라에 도가 있을 때에는 화살처럼 곧으며, 나라에 도가 없을 때에도 화살처럼 곧도다. 군자답다, 거백옥이여! 나라에 도가 있으면 벼슬하고, 나라에 도가 없으면 거두어 속에 감추어 두는구나!'(子曰, 直哉史魚! 邦有道, 如矢, 邦無道, 如矢. 君子哉蘧伯玉! 邦有道, 則仕, 邦無道, 則可卷而懷之)."

◆ 사어(史魚)는 위(衛)나라 대부로 사람됨이 충실하고 정직했다. 당시 거백옥(蘧伯玉)이라는 현자가 있었는데, 그는 위나라 군주 영공(靈公)이 무도한 것을 보고 벼슬살이를 하려고 하지 않았다. 사어가 그것에 관해 질문을 하자 거백옥이 대답했다. "나라에 원칙이 존중되면 저는 모습을 드러내고, 나라에 원칙이 무시되면 모습을 숨깁니다." 사어가 말했다. "저는 나라에 원칙이 존중되더라도 화살처럼 곧고, 나라에 원칙이 무시되더라도 화살처럼 곧습니다."

사어는 늘 위 영공에게 간언하며 거백옥을 추천했지만, 위 영공은 거백옥을 쓰지 않고 미자하(彌子瑕)를 총애했다. 미자하가 복숭아 하나를 따다가 먼저 반쯤 베어 먹고서 남은 반쪽을 위 영공에게 건네서 먹게 했다. 사어가 "미자하는 윗사람과 아랫사람 사이에 지켜야 할 예를 무시했습니다. 먼저 복숭아를 먹은 다음에 대왕에게 건넨 것입니다."라고 하자, 위 영공이 대답했다. "자하는 충심으로 한 일이다."

위 영공이 수레 한 대를 만들고서 칙령을 내렸다. "이것을 타는 사람이 있으면 누구라도 참형에 처하라." 미자하는 몰래 그것을 타고 집으로 돌아가서 어머니 병문안을 했다. 사어가 "미자하는 명을 어기고 몰래 대왕의 수레를 탔습니다."라고 하자, 위 영공은 또 말했다. "미자하는 효성스럽다. 짐의 명에 개의치 않고 수레를 타고 병문안을 했다."

훗날 사어는 병이 위중해지자 집안사람들에게 말했다. "내가 죽거든 시신을 집안에 안치하지 말고 화장실(역주자 注: 『한시외전韓詩外傳』에는 〔규정적인 곳인〕 정당正堂이 아닌 〔비규정적인〕 "어실於室"로 되어 있고, 『공자가어孔子家語』에는 "유하牖下"라고 되어 있다)에 안치하라. 나는 미자하의 악행을 눈감아 준 셈이고, 거백옥이 현인이지만 나는 군주에게 간언해서 그를 등용하도록 하지 못했다. 이것은 나의 과오이다." 사어가 죽자 시신을 그의 말대로 화장실에다 안치했다.

위 영공은 사자를 보내 사어의 집에 조문하게 했다. 사자가 돌아와서 이 사실을 보고했다. 그때서야 위 영공은 급히 시신을 집안에 안치하도록 명령을 내리고 미자하를 꾸짖으며 말했다. "너는 복숭아를 먹고 나머지 반을 과인에게 주었으니, 이것이 첫 번째 불충이다. 과인의 명을 어기고 과인의 수레를 탔으니, 이것이 두 번째 불충이다. 거백옥을 경상(卿相)에 등용하도록 권하지 않았으니, 이것이 세 번째 불충이다."

공자가 말했다. "어질구나, 사어여! 죽어서도 군주의 잘못을 간언하다니."〔이상, 신정근 역 『세상을 삼킨 천자문』〕
◆ 시간(尸諫) : "자어(子魚)는 죽을 때에 유언하기를 "나는 생전에 현신(賢臣)인 거백옥을 등용시키지 못하고 간신인 미자하를 물러나게 하지 못하였으니, 내가 죽거든 시신을 거적에 말아서 그대로 장례하라." 하였다. 이 때문에 위 영공(衛靈公)은 자신의 과오를 뉘우치게 되었으므로 '시신으로 간하였다'고 한 것이다."〔성백효 역주 『註解千字文』, "사어병직(史魚秉直)"에 대한 주석〕
◆ 이곳부터 "면기지식(勉其祗植)"까지는 처신을 하는데 공경과 삼감을 요체로 한다.(『千字文釋義』)

* 본바탕을 숭상한 맹자(孟子)와 올곧은 사어(史魚)

86

庶幾中庸인댄 勞謙謹勅하라
서 기 중 용   노 겸 근 칙

직역 중용(中庸)에 가까우려면,
부지런하고 겸손하고 삼가고 경계하라.

의역 중용의 편벽되지 않고 치우치지 않는 경지에 이르려면,
부지런하고 겸손하며 삼가고 근엄해야 한다.

庶幾中庸

【훈음】

- 庶(서) : 거의 서. 여러 서. 많을 서.
- 幾(기) : 거의 기. 기미 기. 몇 기.
- 中(중) : 가운데 중.
- 庸(용) : 떳떳할 용.

【주해】

- 이 두 구는 '부디 『중용』 책에 대해 수고롭게 공부하고 겸손하며 삼가고 경계하라'라고 해석하기도 한다.
- 庶幾(서기) : 가깝다는 말이다(近詞). 도달하기를 바란다. 거의 그와 같아지다. 흔히 희망사항을 말할 때 사용한다.
- 中庸(중용) : 유가사상에서 제창한 "편벽되지 않고 치우치지 않으

며, 지나치지도 않고 미치지 못하는 것도 아니하는" 도덕표준이다. 『중용』제1장 - "중(中)은 편벽되지 않고 치우치지 않으며 지나침과 미치지 못함이 없는 것의 이름이요, 용(庸)은 평상(平常: 항상 존재하는 이치, 바뀌지 않는 도리)함이다(中者, 不偏不倚無過不及之名, 庸平常也.)."

朱子注: 정자가 말했다. "편벽되지 않음을 중(中)이라 이르고, 바뀌지 않음을 용(庸)이라 이르니, 중(中)은 천하의 정도(正道)요, 용(庸)은 천하의 정리(定理: 정해진 이치)이다(子程子曰, 不偏之謂中, 不易之胃庸, 中者天下之正道, 庸者天下之定理)."
중용은 유가가 제창한 편벽되지 않고 치우치지 않으며, 지나치지도 않고 미치지 못하는 것도 아니며, 떳떳하여 변함이 없는 상태나 정도를 말한다.

勞謙謹勅

【훈음】

- 勞(로) : 수고로울 로. 부지런하다(勤也). 일할 로. 위로할 로.
- 謙(겸) : 겸손할 겸. 공손하다(恭遜也).
- 謹(근) : 삼갈 근. 삼가다(愼也).
- 勅(칙) : 경계할 칙. 경계하다(戒也). 신칙(申勅)할 칙. 신칙은 단단히 타일러 다잡거나 경계한다는 뜻이다. 타이를 칙. 칙서 칙. 조서 칙. 어떤 판본에는 "敕(칙)".

【주해】

- 謙(겸) : 『周易(주역)·謙卦(겸괘)』- "공로가 있어도 겸손함이니, 군자가 끝맺음이 있어야 길하니라(勞謙, 君子有終, 吉)."

* 중용으로 가는 길 - 부지런함, 겸손, 삼감, 경계함

87

聆音察理요 鑑貌辨色이라
영 음 찰 리   감 모 변 색

직역	말소리를 듣고 이치를 살피고, 얼굴 모습을 보고 안색을 분별한다.
의역	남의 이야기를 듣고 그 말 가운데의 이치를 이해해야 하고, 남과 교류할 때는 상대방의 안색의 변화를 살펴야 한다.

聆音察理

【훈음】

- 聆(령) : 들을 령. 듣다(聽也).
- 音(음) : 소리 음. 사람의 소리이니, 말을 이른다(人聲, 謂言也).
- 察(찰) : 살필 찰. 살피다(審之也).
- 理(리) : 이치 리. 다스릴 리. 결 리.

【주해】

- "큰 지혜가 있는 사람은 그 소리를 들어보고 사리를 살핀다. 예컨대 공자(孔子)는 자로(子路)가 타는 거문고 소리를 듣고서, '북쪽 변방의 살벌한 소리가 들어있다.'고 말한 것이 이 경우이다."(『註解千字文』)

鑑貌辨色

【훈음】

- 鑑(감) : 거울 감. 비추어 볼 감. 살필 감. 觀也.
- 貌(모) : 모양 모. 용모이다(容貌也).
- 辨(변) : 분변할 변. 구별하다(別也). 『智永眞書千字文』에서는 "辯(말 잘할 변)"이라고 하였는데, '辨'의 오기인 것으로 보인다.
- 色(색) : 낯빛 색. 빛 색. 안색이다(顔色也). 색 색.

【주해】

- "용모와 말과 얼굴빛으로 사람의 정을 보고 뜻을 분별할 수 있으니, 제 환공(齊桓公)의 부인이 (환공이) 위(衛)나라를 치려고 함을 안 것과, 관중(管仲)이 (환공이) 위나라를 용서하려고 함을 안 것이 이것이다."(『註解千字文』)
- 옛날에 제 환공이 제후들을 소집했을 때, 제후들이 모두 제때 도착했지만, 위후(衛侯)가 오지 않았다. 환공이 관중에게 말했다. "제후들이 모두 도착했는데, 위후만이 도착하지 않았소. 왕법(王法)에는 친한 이와 그렇지 않은 이를 구별하지 않는다 합니다. 내일 그대에게 그를 처벌할 명령을 내리겠으니, 다른 사람에게 말하지 마세요."

관중은 궁정에서 물러나고 환공은 침전으로 들어갔다. 위비(衛妃: 위나라 출신의 환공 부인)는 환공이 들어오는 것을 보고 곧 위후를 죽이려 한다는 낌새를 알아차리고, 비녀를 뽑고 허리에 장식하는 옥을 내려놓으며 남편의 발 아래 넙죽 엎드리며 말했다. "대왕이시여, 위후의 죄를 용서해 주시기 바랍니다."

환공이 말했다. "과인은 아침에 나가서 저녁에 돌아올 때까지 다른 말을 하지 않았소. 부인은 어떻게 위후를 처벌한다는 것을 아시는가?" 부인이 대답했다. "저는 군주에게 세 가지 표정이 있는 것을 보았습니다. 신나고 즐거운 표정, 그 표정은 기뻐서 즐거움이 나타날 때입니다. 잔치를 할 때의 표정, 그때의 표정은 편안하고 느긋해 보이십니다. 전쟁을 앞둘 때의 표정, 그때의 표정은 장엄하고 비장하십니다. 왕의 표정을 보고서 위후를 처벌하리라는 것을 알았습니다." 마침내 환공은 위후를 용서하고 처벌하지 않도록 했다.

다음날 관중이 입궐하여 환공을 만나 뵙고 위후의 죄를 용서한 것에 대해 사의를 표했다. 환공이 물었다. "과인은 아무 말도 하지 않았는데, 그대는 어떻게 아는가?" 관중이 대답했다. "저는 대왕의 말에 약하고 멋쩍어 하는 빛이 있는 것을 보고서 위후의 죄를 용서하리라는 것을 알았습니다." 환공이 말했다. "안에는 위부인이 있고 밖에는 관중 같은 대신이 있으니, 무엇 때문에 나랏일을 걱정하겠는가?"〔신정근 역, 『세상을 삼킨 천자문』〕

* 말소리와 얼굴빛 관찰

88

貽厥嘉猷하니 勉其祗植하라
이 궐 가 유   면 기 지 식

> 직역 아름다운 훈계[계책]를 (자손에게) 남겨주니,
> 공경하여 (마음에 덕을) 세우기를 힘쓰라[권한다].

貽厥嘉猷

【훈음】
- 貽(이) : 줄 이. 끼칠 이. 남길 이. 남겨주다(遺也).
- 厥(궐) : 그 궐. 대명사.
- 嘉(가) : 아름다울 가. 善也.
- 猷(유) : 꾀 유. 계책 유. 謀也.

【주해】
- 嘉猷(가유) : 좋은 계책. 아름다운 훈계.
- 『書經(서경)·夏書(하서)·五子之歌(오자지가)』 - "밝고 밝은 우리 선조는 만방의 군주이시니, 원칙이 있고 법칙이 있어 (그것을) 자손들에게 남겨주셨다(明明我祖, 萬邦之君, 有典有則, 貽厥子孫)."
- 『詩經(시경)·大雅(대아)·文王有聲(문왕유성)』 - "그 자손에게 계책을 남겨주어서, 공경하는 아들을 편안하게 하시니, 무왕이 훌

륭한 군주이시도다(詒厥孫謀, 以燕翼子, 武王烝哉)."
◆ "군자는 자손들에게 물려줄 때에 마땅히 아름다운 계책으로 하여야 하니, 예를 들면 소하(蕭何)는 검소함을 물려주고, 양진(楊震)은 청렴함을 물려주고, 방덕공(龐德公)은 편안함을 물려준 것이다. 이는 모두 훌륭한 법을 물려준 것이다."(『註解千字文』)
◆ 소하(蕭何) : 소하는 농지와 집을 반드시 궁벽한 곳에 두고, 담이 있는 집을 짓지 않게 하고 말하였다. "후손이 현명하면 나의 검소함을 본받을 것이고, 현명하지 않더라도 세력가에게 빼앗기지 않을 것이다."(『史記』 권53, 「蕭相國世家」)
◆ 양진(楊震) : 왕밀(王密)이 황금 10근을 품고 와서 양진에게 주자 양진이 말하였다. "옛 친구인 나는 그대를 알건만 그대는 옛 친구인 나를 알지 못하니, 어째서인가?" 왕밀이 말하였다. "저문 밤입니다. 아는 사람이 없습니다." 양진이 말하였다. "하늘이 알고 신(神)이 알고 내가 알고 그대가 아는데 어찌 아는 이가 없다고 하는가." 왕밀은 부끄러워하고 나갔다.(『後漢書』 권54, 「楊震列傳」)
◆ 방덕공(龐德公) : 유표(劉表)가 '방덕(龐德)의 처자가 앞에서 김매는 것을' 가리키며 물었다. "선생께서 괴로이 밭고랑에서 고생하면서 관직과 녹봉을 기꺼이 받지 않으니, 후세에 무엇으로 자손에게 물려주시겠습니까." 방덕이 말하였다. "세상 사람들은 모두 위태로운 것을 물려주지만 (나는) 지금 다만 편안함으로 물려줍니다. 비록 물려주는 것이 같지 않지만 물려주는 것이 없는 것은 아닙니다." 유표는 감탄하면서 떠나갔다.(『後漢書』 권83, 「龐公傳」)〔이상 3條, 이충구 역〕

勉其祗植

【훈음】

- 勉(면) : 힘쓸 면. 권면할 면. 권할 면.
- 其(기) : 그 기.
- 祗(지) : 공경 지. 공경하다(敬也). '祗'는 '祇'와 통자(通字)이다.
- 植(식) : 심을 식. 세우다(立也).

【주해】

- 이 구는 "그 공경히 마음에 덕을 세우는 것을 권한다"라고 해석하기도 한다.
- "몸을 처신함에는 맹자처럼 순수하고 사어(史魚)처럼 정직해야 거의 중용에 가까우니, 부지런하고 겸손하며 삼가고 경계하여야 한다. 남의 말을 들을 때에는 그 옳고 그름을 살피고, 사람을 관찰함에는 그 사악함과 올바름〔사정邪正〕을 구별하니, 모두 신중함에 이르는 것이다. 이와 같이 한다면 허물이 없을 것이며, 남기는 것은 모두 훌륭한 계책이니, 경외(敬畏)에 힘쓰고, 이 몸은 기울지 않게 선다.

이는 위의 절(節)과 함께 한 장(章)의 중심이 된다. 이하 17절은 혹은 처신(處身)에 대해 이야기하고, 혹은 치가(治家)에 대해 말하였으니, 모두 이 뜻을 미루어 넓힌 것이다."(『千字文釋義』)

* 자손에게 아름다운 훈계를 남김

89

省躬譏誡요 寵增抗極이라
성 궁 기 계　　총 증 항 극

직역	내 몸에서 비판과 경고를 살피고, 총애가 더할수록 한껏 극에 이름을 막는다.
의역	남의 비방과 경계[경고]에 대해 스스로 몸을 반성하고, 때때로 과도한 영예나 총애를 막아야[방지해야] 한다.

省躬譏誡

【훈음】

- 省(성) : 살필 성. 察也. 덜 생. 줄일 생.
- 躬(궁) : 몸 궁. 身也.
- 譏(기) : 기롱할 기. 살필 기. 조사할 기. 나무랄 기. 헐뜯을 기. 訕誚也.(헐뜯을 산. 꾸짖을 초)
- 誡(계) : 경계할 계.

【주해】

- 『論語(논어)·學而(학이)』 - "증자가 말하였다. '나는 날마다 세 가지로 내 몸을 살피나니, 남을 위하여 일을 도모함에 충실하지 못했는가? 친구와 더불어 사귐에 성실하지 못했는가? 전수받은 것을 익히지 않았는가?'(曾子曰, 吾日三省吾身, 爲人謀而不忠乎? 與朋

友交而不信乎? 傳不習乎?)"
- "신하가 스스로 자기 몸을 살펴 매양 비판과 풍자와 경계가 옴을 생각한다면, 스스로 마땅히 벼슬길에 나아감을 어렵게 여기고 물러나기를 쉽게 할 것이다."(『註解千字文』)

寵增抗極

【훈음】

- 寵(총) : 사랑할 총. 괼 총('괼'은 '사랑을 받다'는 의미이다). 귀여워할 총. 영화로울 총. 尊榮也.
- 增(증) : 더할 증. 더하다(益也).
- 抗(항) : 막을 항. 방지할 항. 겨룰 항. 대항할 항.
- 極(극) : 지극할 극. 다할 극. 극진할 극. 至也. 한계. 극단.

【주해】

- 寵增(총증) : 사랑이 더해질수록.
- 抗極(항극) : 극도에 이르지 않도록 막는다.
- "영광이 더욱 높아지면 마땅히 항극(亢極: =抗極. 끝까지 이르게 되다. 극에 이르다. 매우 높게 되다. 그 끝은 화가 닥쳐올 가능성이 있다. 亢: 높아지다. 맞설, 대적할 항)의 근심을 두어야 하니, 옛사람들이 영화에 처하면 위태로움을 생각한 것은 이 때문이었다."(『註解千字文』)
- 『書經(서경)·周官(주관)』 - "총애를 받으면 위태로움을 생각하라(居寵思危)"
- 『周易(주역)·乾卦(건괘) 上九(상구)』」 - "높이 올라간 용이니, 뉘우침이 있으리라(亢龍有悔)."
- 『老子(노자) 58장』 - "재앙은 복이 기대고 있는 것이고, 복은 재

앙이 엎드려 있는 것이다(禍兮福之所倚, 福兮禍之所伏)."
◆ 여기서부터 "해조수핍(解組誰逼)"까지는 기미를 보는 명철함과 처신의 도를 말하고 있다.(『千字文釋義』)

* 항상 겸손하고 반성하라

90

殆辱近恥니 林皐幸卽하라
태 욕 근 치 　 임 고 행 즉

직역	(높은 자리에 올라갔다가) 위태롭고 욕을 당하면 치욕에 가까우니, (더 이상 출세를 말고) 산림과 언덕에 찾아감이 좋다.
의역 1	위태롭고 높은 것이 부끄러움에 가깝게 되니, 산림과 언덕에 다행히도 나아가라.(초야로 일찌감치 물러나라)
의역 2	자만하여 자신의 처지를 잊을 때는 왕왕 치욕에 가까우니, 다행히 산림과 산야가 있어 제때에 돌아가 은거하라.

殆辱近恥

【훈음】

◆ 殆(태) : 위태할 태. 거의 태. 가깝다(近也).
◆ 辱(욕) : 욕될 욕. 恥也, 皆羞愧之意.
◆ 近(근) : 가까울 근.
◆ 恥(치) : 부끄러울 치.

【주해】

- 『천자문석의(千字文釋義)』에서는 "태(殆)"를 '가깝다'라는 의미로 보아 이 두 구를 "욕됨에 가깝고 부끄러움에 가까우면, 산림과 언덕으로 다행히 나아가야 한다."라고 이해하고 있다. 이도 가능한 해석이다.
- 『老子(노자) 44장』 - "만족함을 알면 욕되지 않고, 그칠 줄을 알면 위태롭지 않다(知足不辱, 知止不殆)."
- 『老子(노자) 46장』 - "재앙은 만족함을 알지 못하는 것보다 큰 것이 없다(禍莫大於不知足)."

林皐幸卽

【훈음】

- 林(림) : 수풀 림.
- 皐(고) : 언덕 고.
- 幸(행) : 다행 행. 요행이다(僥幸也). 바랄 행.
- 卽(즉) : 곧 즉. 나아갈 즉. 나아가다(就也).

【주해】

- 幸卽(행즉) : 다행히 찾아가다. 다행히 나아가다. '卽'은 '나아가다'라는 의미이다.
- 『莊子(장자)·知北遊(지북유)』 - "산림과 언덕이 나를 흔쾌히 즐겁게 한다(山林與, 皐壤與, 使我欣欣然而樂與)."
- "이미 그칠 줄 알고 만족할 줄 아는 뜻이 있으면, 임고(林皐: 산림) 아래로 나아가 천성(天性)을 온전히 보전할 것이다."(『註解千字文』)

* 치욕과 수치를 피해 자연에 은거

91

兩疏見機하니 解組誰逼가
양 소 견 기   해 조 수 핍

직역 (벼슬이 높아지자) 두 소씨(疏氏)는 기미를 살피어 보고, 벼슬 인끈을 풀고 사직하니 누가 (그들을) 핍박하겠는가?

의역 소광(疏廣)과 소수(疏受)는 기미를 보아 재앙을 피하여, 벼슬 인끈을 풀고 관직을 사직하니 누가 그들을 핍박하겠는가?

兩疏見機

【훈음】

◆ 兩(량) : 두 량.
◆ 疏(소) : 성길 소. 성글 소. 소통할 소. 성 소. 성이다(姓也). 트일 소. 친하지 않을 소. 『智永眞書千字文』에는 '疏(성길 소)'
◆ 見(견) : 볼 견. 눈으로 보는 것을 '견(見)'이라 한다(目有所睹曰見).
◆ 機(기) : 기미 기. 幾也, 微也. 틀 기.

【주해】

◆ 兩疏(양소) : 서한(西漢)의 소광(疏廣)과 그의 조카 소수(疏受). 선제(宣帝) 때 소광은 태자태부(太子太傅)에 임용되었고, 소수는 태자소부(太子少傅)에 임용되었는데, 재임 5년 만에 둘 다 병을 칭하여 고향으로 돌아갔다. 임금이 황금 20근을 하사하였고, 태자 역

시 50근을 주었다. 사람들이 도성 문에 모여 성대하게 전별식을 해주었다. 그리고 고향으로 돌아온 뒤 그들은 금을 모두 고향 사람들에게 풀어 큰 잔치를 열어 써버렸다. 후세에 "공을 이루면 몸은 은퇴한다(功遂身退)"의 전고(典故)로 사용되었다.
- 機(기) : 기미.
- 『周易(주역)・繫辭下傳(계사하전)』 - "공자께서 말씀하셨다. '기미를 앎이 그 신묘하도다. 군자는 위로 사귀되 아첨하지 않고 아래로 사귀되 모독하지 않으니, 기미를 아는 것이다. 기미〔幾〕는 움직임의 은미한 것으로 길흉이 먼저 나타난 것이니, 군자는 기미를 보고 일어나서〔떠나가서〕 하루가 마치기를 기다리지 않는다'(子曰, 知幾其神乎! 君子上交不諂, 下交不瀆, 其知幾乎! 幾者, 動之微, 吉凶之先見者也. 君子見幾而作, 不俟終日)."

解組誰逼

【훈음】
- 解(해) : 풀 해. 脫之也.
- 組(조) : 인끈 조. 끈 조. 인끈〔綬〕의 유(類)이니, 도장 끈이다(印紱也). 관인(官印)을 매는 인끈.
- 誰(수) : 누구 수. 何也.
- 逼(핍) : 핍박할 핍. 迫之也.

【주해】
- 解組(해조) : 인끈을 풀다. 관직을 사직함을 가리킨다. '組'는 관인(官印)을 매는 끈이다. 인끈은 벼슬을 상징하는 물건이므로, 인끈을 풀었다는 것은 벼슬을 내놓고 물러가는 것을 말한다.
- "사람은 꾸지람을 받거나 헐뜯고 경계하는 일로써 자기 몸을 성

찰해야 한다. 헐뜯고 경계할 만한 것은 존귀한 영예가 지나친 것보다 심한 것이 없다. 지극한 것에 이르지 않도록 막는 것이다. 대개 지위가 높은 자는 몸이 위태로우며, 반드시 벼슬이 폄적되거나 깎이게 됨에 이르니, 치욕스런 일이 장차 이를 것이다. 이때에 물러나 수풀과 언덕에 나아가면 다행히 화를 면할 수 있다.

예를 들어, 한(漢)의 양소(兩疏: 소광과 소수)는 기미를 보아 일어나 인끈을 풀고서 떠났으니, 누가 그들을 핍박하여 그렇게 한 것이겠는가? 진실로 스스로 물러남을 달게 여긴 것이다. 군자는 마땅히 분수에 만족하여, 치욕을 멀리하여야 한다. 이 또한 『논어(論語)·태백(泰伯)』의 '무도하면 숨는다(無道則隱)'는 뜻이다."(『千字文釋義』)

* 기미를 살피어 벼슬에서 물러날 것

92

索居閑處하여 沈默寂寥라
색 거 한 처　　침 묵 적 료

| 직역 | (은퇴 후) 한가로운 곳을 찾아 거처하여, (시비를 이야기하지 않고) 침묵을 지키며 적막하게 (평민과 같이) 지낸다. |

索居閑處

【훈음】

- 索(색) : 찾을 색. 쓸쓸할 삭. '쓸쓸히 홀로 살다(蕭索[소삭]獨處也)'. 동아줄 삭. 흩어질 삭.
- 居(거) : 살 거. 거처하다(處也).
- 閑(한) : 한가할 한. '남은 한가로움이 있다(有餘暇也).'
- 處(처) : 곳 처. 거처할 처.

【주해】

- 索居(색거) : 찾아 거처하다. 『천자문석의(千字文釋義)』에는 '삭거'로 읽어, '쓸쓸히 홀로 살다(蕭索獨處也)'라고 하였다. 이 경우, 이 구는 "쓸쓸히 한가로운 곳에 거처하여"라고 해석할 수 있다.
- 『禮記(예기)·檀弓(단궁)』 - "무리를 떠나 쓸쓸히 거처한다(離群而索居이군이삭거)."

沈默寂寥

【훈음】

- 沈(침) : 잠길 침. 晦也. 빠질 침. 성 심.
- 默(묵) : 잠잠할 묵. 말 없을 묵. 靜也.
- 寂(적) : 고요할 적.
- 寥(료) : 고요할 료.

* 한가로이 은거하며 침묵한다.

93

求古尋論이요 散慮逍遙라
구 고 심 론　　　산 려 소 요

| 직역 | (그때는 집에서) 옛것을 구하고 (옛사람의) 의론을 찾아서, (답답하면) 온갖 생각을 흩어 버리고 한가롭게 거닌다. |

| 의역 | 옛사람과 옛사람의 저작 가운데서 이치를 찾아서, 근심과 잡념을 떨쳐 버리고 소요자적(逍遙自適)한다. |

求古尋論

【훈음】
- 求(구) : 구할 구.
- 古(고) : 옛 고.
- 尋(심) : 찾을 심. 보통 심. 발 심.
- 論(론) : 의논할 론.

【주해】
- "군자는 한가롭게 거처할 때에도 반드시 하는 일이 있어 옛사람의 출사(出仕: 벼슬에 나감)와 은퇴(隱退)에 대한 본말(本末)을 찾고 토론하니, 몸은 비록 물러났더라도 사회의 교화에 도움이 있는 것이 크다."(『註解千字文』)
- 『孟子(맹자)·告子上(고자상)』 - "학문하는 방법은 다른 것이

없고 그 잃어버린 선량한 마음을 찾는 것일 뿐이다(學問之道, 無他, 求其放心而已矣)."

散慮逍遙

【훈음】
- 散(산) : 흩을 산. 解也.
- 慮(려) : 생각 려. 근심 려. 생각하다(思也).
- 逍(소) : 노닐 소.
- 遙(요) : 노닐 요.

【주해】
- 散慮(산려) : 근심과 잡념을 흩어버린다.
- 逍遙(소요) : 슬슬 거닐어 돌아다니다. 한가하게 이리저리 돌아다니다. 첩운연면어(疊韻連綿語)이다. 연면어란 두 글자가 모여 하나의 의미 단위를 이루는 어절이다. 첩운은 운(韻)이 같은 두 글자로 이루어진 것을 말한다.
- "마땅히 사려(思慮: 생각)를 흩어 세상일로 마음을 얽매지 않고 소요하여 유유자적하여야 한다."(『註解千字文』)

* 적적한 가운데 당시의 사람을 상대하지 않고 옛사람을 찾는다.

* 옛사람을 찾아 소요. 은자의 생활

94

欣奏累遣이요 感謝歡招라
흔 주 루 견   척 사 환 초

직역	기쁜 것은 말하고 근심[귀찮은 일, 번뇌]은 보내며[멀리하며], 슬픈 일은 쫓아 보내고 기쁜 일은 불러들인다.
의역 1	기쁜 일은 사람들이 아뢰어주고 거리끼는 일이나 귀찮은 일은 쫓아버리고, 슬픈 일은 보내고 기쁜 일은 불러들인다.
의역 2	기쁜 일이 더해지면 번거로운 일은 자연히 떨쳐지고, 근심이 일단 떠나가게 되면 즐거운 일이 나타난다.

欣奏累遣

【훈음】

- 欣(흔) : 기쁠 흔. 喜也.
- 奏(주) : 아뢸 주. 여쭐 주. 進也. 연주할 주.
- 累(루) : 근심 루. 누 끼칠 루. 폐 끼칠 루. 거리낌. 피로나 번뇌. 여러 루. 포갤 루.
- 遣(견) : 보낼 견. 풀 견. 달랠 견. '몰아서 떠나가게 하다(驅之使去也)'.

感謝歡招

【훈음】

- 感(척) : 슬플 척. 근심이다(憂也). 어떤 판본에는 "戚".
- 謝(사) : 거절할 사. 끊는다(絶之也). 떠나가다. 하직할 사. 사례할 사. 고마워할 사. 사죄할 사.
- 歡(환) : 기쁠 환. 기쁘다(喜也).
- 招(초) : 부를 초.

【주해】

- "편안히 은퇴를 달가워하여 산림과 언덕으로 나아가는 이는 홀로 한산한 곳에 살며 고요히 침묵하고 텅 비어 사람이 없게 하니 조정이나 시가지의 시끄러운 곳을 멀리한다. 이에 여가가 있는 날엔 옛 시대의 전적(典籍)을 살펴 구하여 논변하여 사려를 흩뜨리고 소요하며 마음을 유유자적하게 한다. 날마다 기쁜 데로 나아가 기뻐할 만한 것을 모두 불러서 오게 한다. 근심은 하나도 마음에 두지 않아 모두 떠나가게 한다. 벼슬을 그만두면 나라를 근심하거나 백성을 근심하는 충정이 없게 되고, 오직 산림과 언덕을 기뻐하는 취미만 있게 된다."(『千字文釋義』)

* 기쁜 일은 받아들이고 근심은 보낸다.

95

渠荷的歷이요 園莽抽條라
거 하 적 력　　　원 망 추 조

> **직역** (여름에) 도랑물의 연꽃은 환하고 분명하고[곱고 화려하고, 반짝반짝하고],
> (봄에) 동산의 풀은 가지를 죽죽 뻗는다[패어난다].
>
> **의역** 여름에 연못의 연꽃은 요염하고 아름답고,
> (봄) 정원의 초목은 연한 초록의 가지를 뻗어낸다.

渠荷的歷

【훈음】
- 渠(거) : 도랑 거. 도랑(溝也). 개천 거.
- 荷(하) : 연꽃 하. 연꽃(芙蕖也).
- 的(적) : 분명할 적. 밝을 적. 과녁 적.
- 歷(력) : 지날 력.

【주해】
- 的歷(적력) : 선명한 모양. 광채가 빛나는 모양. 글자의 의미보다는 음운 결합에 의해 두 글자가 모여 하나의 의미를 이루었다. 첩운연면어이다. 첩운은 두 글자 이상으로 된 한자 낱말의 각 글자가 같은 운으로 됨을 말한다. 연면어란 두 음절이 모여 하나의 의미

단위를 이루는 어절을 말한다. 즉 두 글자이지만 뜻은 하나인 경우이다.

園莽抽條

【훈음】
- 園(원) : 동산 원. 뜰 원. 밭 원.
- 莽(망) : 풀 망. 풀이 우거질 망. 茂草也. 거칠 망. 무성한 풀. 여기서는 정원 가운데의 초목.
- 抽(추) : 뺄 추. 뽑을 추. 빼어나다(拔也).
- 條(조) : 가지 조.

【주해】
- 抽條(추조) : 가지가 죽죽 뻗어 오른다. 초목에서 가지와 잎이 나올 때의 형상.

* 숨어사는 사람이 기름진 땅의 자연환경을 즐긴다.

* 은자(隱者)와 자연환경 – 도랑물의 연꽃과 동산의 풀

96

枇杷晩翠요 梧桐早凋라
비 파 만 취 오 동 조 조

> 직역
> 비파나무는 늦게까지 푸르고,
> 오동나무 잎은 (가을에) 일찍 시든다.

> 의역
> 비파나무는 겨울에도 여전히 푸릇푸릇하고,
> 오동잎은 가을에 일찍 시들어 떨어진다.

枇杷晩翠

【훈음】
- 枇(비) : 비파나무 비.
- 杷(파) : 비파나무 파.
- 晩(만) : 늦을 만. 세모이다(歲暮也).
- 翠(취) : 푸를 취. 비취빛 취. 물총새 취. '취(翠)는 새이름(물총새) 으로 그 깃이 푸르므로 푸른색을 '취(翠)'라고 한다(翠, 鳥名, 其羽青, 故以青色爲翠)'.

【주해】
- 晩(만) : 늦을 만. 여기서는 겨울을 말한다.
- 枇杷(비파) : 상록과수(常綠果樹). 열매는 금황색이고 달다. 나무는 관상용, 열매는 5~6월 사이에 채취한다. 쌍성연면어이다.

연면어란 두 음절이 모여 하나의 의미 단위를 이루는 어절을 말한다. 즉 두 글자이지만 뜻은 하나인 경우이다. 글자를 연결하여 새로운 하나의 뜻을 나타내는 어취이다. 성(聲)이 같은 것을 쌍성이라 한다.

梧桐早凋

【훈음】
- 梧(오) : 오동나무 오.
- 桐(동) : 오동나무 동.
- 早(조) : 이를 조. 어떤 판본에는 "蚤(일찍 조)".
- 凋(조) : 시들 조. 葉落也.『智永眞書千字文』에는 "彫(시들 조. 새길 조)".

【주해】
- 梧桐(오동) : 오동나무. 오동과의 낙엽 활엽교목. 입추가 되면 잎이 먼저 떨어진다.
- 『詩經(시경)·大雅(대아)·卷阿(권아)』 - "봉황새가 저 높은 산 등성이에서 우네. 오동나무가 산 동쪽 기슭에 자랐네. 오동나무 무성하고 봉황새 소리 조화되네(鳳皇鳴矣, 于彼高岡. 梧桐生矣, 于彼朝陽. 菶菶萋萋, 雝雝喈喈)."

* 비파와 오동나무

97

陳根委翳요 落葉飄颻라
진 근 위 예　　낙 엽 표 요

| 직역 | 묵은 뿌리에 (낙엽이) 쌓이어 (땅이) 덮여졌고[가려졌고], (가을바람에) 낙엽이 나부낀다. |

| 의역 | 묵은 나무뿌리는 서리서리 얽혀 있고, 떨어진 나뭇잎은 바람에 나부낀다. |

陳根委翳

【훈음】

- 陳(진) : 묵을 진. 오랠 진. 오래되다(故也). 베풀 진. 진술할 진. 나라이름 진.
- 根(근) : 뿌리 근. 초목의 뿌리이다(草木之本也).
- 委(위) : 맡길 위. 쌓일 위. 버릴 위. 棄也. 서리서리 위.
- 翳(예) : 덮을 예. 가릴 예.

【주해】

- 委翳(위예) : 쌓이어 가려 덮어주다.

落葉飄颻

【훈음】

- 落(락) : 떨어질 락. 마을 락.
- 葉(엽) : 잎 엽.
- 飄(표) : 나부낄 표.
- 颻(요) : 나부낄 요. 어떤 판본에는 "搖(흔들릴 요)".

【주해】

- 飄颻(표요) : 나부끼다. 한들거리다. 바람이 물건을 움직이다(風動物也). 첩운연면어(疊韻連綿語)이다. 연면어란 두 글자가 모여 하나의 의미 단위를 이루는 어절이다. 첩운은 운(韻)이 같은 두 글자로 이루어진 것을 말한다.

* 가을의 낙엽

98

遊鵾獨運하여 凌摩絳霄라
유 곤 독 운　　　능 마 강 소

> 직역 노니는 곤새는 홀로 움직여,
> 　　　솟아올라 붉은 하늘에 다다른다.

> 의역 유유히 노니는 곤새는 막 홀로 날아서
> 　　　날개를 떨치어 공중에 높이 솟아 붉은 하늘에 다다른다.

遊鵾獨運

【훈음】

- 遊(유) : 놀 유.
- 鵾(곤) : 곤새 곤. 『註解千字文』에는 "鯤(큰 물고기 곤)".
- 獨(독) : 홀로 독.
- 運(운) : 옮길 운. 운전 운. 이동하다(轉動也).

【주해】

- 運(운) : 움직이다. 여기서는 '날다'는 것을 가리킨다.
- 『莊子(장자)·逍遙遊(소요유)』 - "북쪽 바다에 물고기가 있는데 그 이름이 곤어(鯤魚)이다. 곤어의 크기는 그것이 몇 천 리인지 모른다. 변하여 새가 되는데 그 이름이 붕새이다. 붕새의 등도 그것이 몇 천 리인지 모른다. 깃을 떨치고 날게 되면 그 날개는 마치 하

늘가에 드리운 구름과 같다. 이 새는 바다가 움직이면 남쪽 바다로 옮겨가려 하는데, 남쪽 바다라는 것은 천지(天池)이다(北冥有魚, 其名爲鯤. 鯤之大, 不知其幾千里也. 化而爲鳥, 其名爲鵬. 鵬之背, 不知其幾千里也. 怒而飛, 其翼若垂天之雲. 是鳥也, 海運則將徙於南冥. 南冥者, 天池也)."
* 『주해천자문(註解千字文)』에서는 '鵬'이 '鯤'으로 되어 있는데, 이 경우 "遊鯤獨運"이 되어, '헤엄쳐 노니는 곤어가 붕조가 되어 붉은 하늘을 휩쓸고 난다'라고 해석된다.

凌摩絳霄

【훈음】

* 凌(릉) : 능멸할 릉. 능가할 릉. '그 위로 나가다(出其上也)'. 오르다. 깔볼 릉. 업신여길 릉. 탈 릉. 오를 릉. 넘을 릉. **용례)** 능운(凌雲) - 구름 위로 높이 솟아오르거나 날다. 하늘에 닿을 듯이 높다.
* 摩(마) : 어루만질 마. 문지를 마. 다그치다. '가까이 하다(迫也)'. **용례)** 마천(摩天) - 하늘에 닿을 듯이 높다. / 마천루(摩天樓) - 하늘을 찌를 듯이 높이 솟은 고층 건물.
* 絳(강) : 붉을 강. 짙게 붉을 강. 진홍색 강. 적색(赤色).
* 霄(소) : 하늘 소. 하늘 기운에 가깝다(近天氣也).

【주해】

* 凌摩(능마) : 높이 올라 하늘에 닿다. 하늘을 만져볼 수 있을 정도이다.
* 絳霄(강소) : 짙은 홍색의 구름이 낀 하늘.
* "곤(鯤)이 변하여 새가 되면 그 이름을 붕(鵬)새라 한다. 등에 푸른 하늘을 지고 한번 날아 9만리 상공에 오르니, 바로 '붉은 하

늘에 솟구쳐 다다르는 것이다.' 이는 사람이 날아오르듯 할 때와 숨어서 움직이는 것이 각각 때가 있음을 비유한 것이다."(『註解千字文』)

♦ "수풀 언덕 가운데 도랑에는 선명한 연꽃이 있고, 정원에는 가지가 쭉쭉 뻗는 풀이 있다. 비파나무는 세모에도 오히려 무성하고, 오동나무는 가을을 맞아 앞서서 떨어진다. 뿌리가 묵은 것은 썩어서 버려져 스스로 죽고, 시든 잎은 바람에 날려 나부낀다. 곤(鵾)새가 노넓에 홀로 하늘가에 날아다니며 허공을 올라 붉은 하늘가에 이른다. 그 초목과 새들의 아름다움이 이와 같아 한적한 곳에 거처하는 즐거움이 나타난다."(『千字文釋義』)

* 하늘로 높이 솟아 날면 모든 것이 다 그 밑에 있다.

99

耽讀翫市하니 寓目囊箱이라
탐 독 완 시   우 목 낭 상

직역 (한나라 왕충王充은) 글 읽기를 즐기어 시장에서 구경하니,
글에 눈길을 주면 (눈이 바로) 글 주머니요 책 상자가 된다.

의역 글 읽기를 즐겨 저자(책방)에서 책을 보니,
눈길을 주어 책을 보면 주머니와 상자에 책을 담아둔 것과 같았다.

耽讀翫市

【훈음】

- 耽(탐) : 즐길 탐. 열중할 탐. 빠질 탐. 탐닉하다(溺也).
- 讀(독) : 읽을 독. '그 글을 익히다(習其文也)'. 구두 두.
- 翫(완) : 구경 완. 볼 완. 가지고 놀 완. '익숙히 살펴보다(熟觀之也)'. 장난감 완. 즐길 완. 어떤 판본에는 "玩(희롱할 완)".
- 市(시) : 저자 시. 시장 시.

【주해】

- 耽讀(탐독) : 책을 즐겨 읽다.
- 翫市(완시) : = 완시(玩市). 시장에서 구경하다.
- "한(漢)나라 때 왕충(王充)은 집이 가난하였으나 학문을 좋아하였다. 그런데 책이 없었으므로 매양 (낙양洛陽의) 책가게로 가서

그 책을 보았는데 종신토록 잊지 않았다."(『註解千字文』)
◆ 왕충(王充) : 27년~?. 동한(東漢) 초기의 사상가, 문학가. 자는 중임(仲任). 상우(上虞) 사람. 젊어서 작은 벼슬을 하다 그만두고 고향에서 저술활동에 전념했다. 30년 동안 노력한 끝에 『논형(論衡)』 30권을 완성했다. 이를 통해 그는 당시 유행하던 유가의 학설을 비판하고, 기타 도가(道家), 묵가(墨家)의 학설도 의심을 가지고 분석, 비판했다.

寓目囊箱

【훈음】
◆ 寓(우) : 부칠 우. 붙일 우. 부쳐 살 우.
◆ 目(목) : 눈 목.
◆ 囊(낭) : 주머니 낭. 자루 낭.
◆ 箱(상) : 상자 상.

【주해】
◆ 寓目(우목) : 주의해 살펴보다. 눈을 붙여 한번 보다.
◆ "사람들은 왕충(王充)이 '눈길이 한 번 가면 주머니와 상자에 책을 넣어두는 것이다.'라고 하였으니, 한번만 눈을 붙여 책을 보면 잊지 아니하여 주머니나 상자 속에 책을 넣어둔 것과 같았기 때문이었다."(『註解千字文』)
◆ "이는 위의 '옛것을 구하여 논의를 찾는 것'을 이었다."(『千字文釋義』)

* 한번 보면 글이 글 주머니와 책 상자처럼 다가온다. 곧 눈에 띄는 글자는 뱃속에 들어오게 된다.

100

易輶攸畏니 屬耳垣墻이라
이 유 유 외　　촉 이 원 장

직역 (말을) 쉽사리 가볍게 하는 것이 두려운 바니, 담장에 귀가 붙어 있다.

의역 언어를 가벼이 하는 것이 두려운 바니, 담장에도 다른 사람의 귀가 붙어 있어 후에 번거로움을 일으킬 수도 있다.

易輶攸畏

【훈음】

- 易(이) : 쉬울 이. 경솔할 이. 바꿀 역.
- 輶(유) : 가벼울 유. 가벼운 수레 유. 여기서는 가벼운 것을 가리킨다. 忽也, 輕也. 꾀, 계모 유. 계책 유.
- 攸(유) : 바 유. '바 소(所)'와 같은 뜻으로 쓰이는 어조사.
- 畏(외) : 두려워할 외. 懼也. **용례)** 畏敬(외경) : 두려워하면서 공경함.

【주해】

- 일설에는, 이 구를 "경솔한 계모(計謀)가 두려운 것이니"라고 해석하기도 한다.

屬耳垣墻

【훈음】

- 屬(촉) : 붙일 촉. 부탁할 촉. 권할 촉. 무리 속. 엮을 속.
- 耳(이) : 귀 이.
- 垣(원) : 담 원.
- 墻(장) : 담 장. = 牆(담 장). **용례)** 장유이(牆有耳) – '담에도 귀가 있다'는 뜻으로, '비밀이 누설되기 쉬움'을 비유하는 말. 어떤 판본에는 "牆".

【주해】

- 속담에 "낮말은 새가 듣고 밤말은 쥐가 듣는다." "발 없는 말이 천리 간다."라고 하였다. 말을 신중히 하라.
- 『詩經(시경)·大雅(대아)·烝民(증민)』 – "사람들이 또한 이르기를, 덕은 가볍기가 털과 같으나, 사람들이 능히 덕을 행하는 이가 적다고 한다(人亦有言, 德輶如毛, 民鮮克擧之)."
- 『詩經(시경)·小雅(소아)·小弁(소변)』 – "군자는 나오는 말을 쉽게 하지 마라. 귀가 담장에 붙어 있다(君子無易由言, 耳屬于垣)."
- 『中庸(중용)』 – "군자는 홀로만 아는 것을〔홀로 있을 때를〕삼간다(君子愼獨)."
- 앉아서도 주의해야 된다. 성찰 공부, 조심하는 공부는 언제나 필요하다.
- "언어를 신중히 하는 것이 또한 처신의 방법이다. 언어를 가벼이 하지 말라. 이것이 바로 두려워하여야 할 것이니, 비록 담장이 막혔더라도 듣는 자가 그 사이에 연이어 있다. 내 입에서 나오면 바로 남의 귀에 들어가니, 두려워하지 않을 수 있겠는가."(『千字文釋義』)

* 말을 신중히 하기

101

具膳餐飯하니 適口充腸이라
구 선 찬 반   적 구 충 장

직역 (음식을 먹는 데는) 반찬을 갖추어 밥을 먹으니,
입에 맞고 배를 채우면 된다.

의역 하루 삼찬의 요리를 준비하는 데는 평상시대로 하고,
입맛에 맞고 배를 부르게 한다면 어느 것을 먹어도 같다.

具膳餐飯

【훈음】

- 具(구) : 갖출 구. 마련하다(辦也).
- 膳(선) : 반찬 선. 음식 선 = 饍. **참고)** 飯饌(반찬) – 밥에 곁들여 먹는 여러 가지 음식.
- 餐(찬) : 먹을 찬 = 湌(먹을 찬). 『智永眞書千字文』에는 "湌". 어떤 판본에는 "飱(먹을 손. 밥 손. 저녁밥 손)".
- 飯(반) : 밥 반.

適口充腸

【훈음】

- 適(적) : 맞을 적. 便也. 마땅할 적. 즐거울 적.

- 口(구) : 입 구. 사람의 입 모양을 본뜬 글자. 말할 구. 어귀 구.
- 充(충) : 채울 충. 가득할 충. 滿也.
- 腸(장) : 창자 장.

【주해】
- 이 두 구는 "반찬과 음식을 장만하니 입에 맞고 위장을 채운다."라고 이해할 수도 있다.
- 『論語(논어)・學而(학이)』- "공자가 말했다. '군자는 먹음에 배부름을 구하지 아니하며, 거처함에 편안함을 구하지 아니하고, 일에 민첩하고 말을 삼가며, 도가 있는 이에게 나아가 자기를 바로잡는다면, 학문을 좋아한다고 할 것이다'(子曰, 君子食無求飽, 居無求安, 敏於事而愼於言, 就有道而正焉, 可謂好學也已.)."
- "여기부터 '노소이량(老少異粮)'까지는 음식의 절도에 대해 말하였다."(『千字文釋義』)

* 식생활의 소박한 태도

102

飽飫烹宰요 飢厭糟糠이라
포 어 팽 재　　기 염 조 강

> **직역**　배부르면 삶은 고기도 싫증나고[느끼하고],
> 　　　　배고프면 지게미나 겨에도 만족한다.

> **의역**　지나치게 배부르면 삶은 고기도 생각이 나지 않고,
> 　　　　배가 고프면 술지게미나 겨에도 만족한다.

飽飫烹宰

【훈음】

- 飽(포) : 배부를 포. 食多也.
- 飫(어) : 배부를 어. 실컷 먹을 어. 물릴 어.
- 烹(팽) : 삶을 팽. 달일 팽. 煮也.
- 宰(재) : 도살할 재. 屠殺也. 요리할 재. 재상 재. 주장할 재.

【주해】

- 飫(어) : 물리다. 실컷 먹다. 포식(飽食)하다. 여기서는, 지나치게 배부르게 먹다.
- 烹宰(팽재) : 고기를 삶아 요리한 것. 고기 요리. 진수성찬.

飢厭糟糠

【훈음】

- 飢(기) : 주릴 기. = '餓'. 어떤 판본에는 '饑(주릴 기)'
- 厭(염) : 싫을 염. 만족할 염 = 饜(만족할 염). 足也. 물릴 염.
- 糟(조) : 지게미 조. 재강 조. 술을 거르고 난 뒤의 찌꺼기. '술 찌꺼기[지게미](酒之滓)'.
- 糠(강) : 겨 강. '쌀의 껍질(米之皮)'.

【주해】

- 厭(염) : 여기서는, "배부르다, 만족하다"의 뜻이다.
- 糟糠(조강) : 지게미와 쌀겨. 곧 변변치 않은 음식의 비유. **용례)** 조강지처불하당(糟糠之妻不下堂) - 가난할 때 고생을 같이한 아내는 내치지 않는다. 조강지처는 가난하여 지게미나 쌀겨 같은 험한 음식을 먹으며 함께 고생해 온 아내를 말한다.
- 『論語(논어)·雍也(옹야)』 - "공자가 말했다. '어질도다, 안회(顔回)여. 한 그릇의 밥과 한 표주박의 물을 마시며, 누추한 골목에서 사는 것을 사람들은 그 근심을 견디지 못하거늘, 안회는 그 즐거움을 고치지 않으니, 어질도다, 안회여.'(子曰, 賢哉 回也. 一簞食, 一瓢飮, 在陋巷, 人不堪其憂, 回也不改其樂, 賢哉 回也)."

* 시장이 반찬이다.

103

親戚故舊에 老少異糧이라
친 척 고 구   노 소 이 량

직역 친척과 친구에게는,
노인과 젊은이를 대접함에 양식을 달리한다.

의역 친척이나 친구가 찾아올 경우,
장유(長幼)가 유별(有別)하니 음식을 대접함에 같아서는 안 된다.

親戚故舊

【훈음】

- 親(친) : 친할 친. 어버이 친. 몸소 친. 일가의 친족. **용례)** 친구(親舊) - 오랜 세월을 두고 가깝게 사귄 벗. 예전에 알던 사람이다(昔所知識之人也).
- 戚(척) : 친척 척. 겨레 척. 성이 다른 외가나 고종, 이종 등의 외척. **용례)** 인척(姻戚) - 외가와 처가의 혈족.
- 故(고) : 옛 고. 오래될 고. 연고 고. 죽을 고. 짐짓 고.
- 舊(구) : 옛 구. 예 구, 오랠 구.

【주해】

- 故舊(고구) : 오랜 친구.

老少異粮

【훈음】

- 老(로) : 늙을 로. 익숙할 로. 어른 로. 年長者.
- 少(소) : 젊을 소. 어릴 소. 적을 소. 年幼者.
- 異(이) : 다를 이. 分別也.
- 粮(량) : 양식 량. = 糧(양식 량). 어떤 판본에는 "糧".

【주해】

- 『孟子(맹자)·盡心上(진심상)』- "50세에는 비단옷이 아니면 따뜻하지 않고, 70세에는 고기가 아니면 배부르지 않다(五十非帛不煖, 七十非肉不飽)."
- "반찬을 마련하여 먹는 것은 오직 입에 맞게 하여 자신의 배를 채울 따름이다. 그러므로 배가 부르면 맛있는 음식이 있더라도 더 이상 실컷 먹을 수 없으며, 배가 고프면 술지게미와 거친 겨일지라도 만족한다. 친척과 친구에 있어 노인과 젊은이에게는 그 음식을 분별하여야 한다. 노인은 고기가 아니면 배부르지 않고 젊은이는 거친 쌀로도 배를 채울 수 있으니, 구분이 없어서는 안 된다."(『千字文釋義』)

* 상대에 따른 다른 음식 대접

104

妾御績紡이요 侍巾帷房이라
첩 어 적 방   시 건 유 방

직역
아내나 첩은 (남편을) 모시어 길쌈하고,
휘장을 두른 방안에서 수건으로 (남편을) 모신다.

의역 1
첩과 부인은 남편을 모시고 길쌈하고,
(남편이 세수하고 오면) 수건을 가지고 침실에서 모신다.

의역 2
아내와 첩은 집안일을 주로 하여 날마다 집에서 길쌈하는 일에 종사하고,
커튼 친 방안에서 옷이나 수건을 건네주어 남편을 시봉한다.

妾御績紡

【훈음】

- 妾(첩) : 첩 첩. 처의 다음가는 사람(次于妻者). 여기서는 널리 아내를 포함한 부녀자를 가리킨다.
- 御(어) : 어거할 어. 거느릴 어. 다스릴 어. 모시다(侍也). 말부릴 어. 경칭 어.
- 績(적) : 길쌈할 적. 실 자을 적. 績麻也. 공, 사업 적.
- 紡(방) : 자을 방. 실 뽑을 방. 길쌈 방.

【주해】

◆ 『禮記(예기)·內則(내칙)』 - "(남자가) 예법으로 맞이하면 처(妻)가 되고, (여자가) 예법 없이 쫓아가면 첩이 된다(聘則爲妻, 奔則爲妾)."
◆ 御(어) : 모시다. 종사하다.

侍巾帷房

【훈음】

◆ 侍(시) : 모실 시. 받들 시. 심부름꾼 시.
◆ 巾(건) : 수건 건. 두건 건. 머리를 가린다는 뜻(蒙首之意).
◆ 帷(유) : 휘장 유. 커튼.
◆ 房(방) : 방 방. 室也.

【주해】

◆ 侍巾(시건) : 수건으로 (남편을) 모시다. 여기서는 '남편을 음식이나 일상생활에서 시봉한다'는 의미이다.
◆ 帷房(유방) : 휘장을 두른 방. 침실.

* 어른이 땀이 나거나 세수를 할 때 수건을 가지고 기다린다. - 부녀자의 직분

105

紈扇圓潔이요 銀燭煒煌이라
환 선 원 결　　　은 촉 위 황

직역 비단 부채는 둥글고 깨끗하고,
　　　은빛 촛불은 휘황찬란하게 빛난다.

의역 (낮에) 비단으로 만든 둥근 부채는 깨끗하고 예쁘고,
　　　(밤에) 은빛의 촛불은 실내를 휘황찬란하게 비춘다.

紈扇圓潔

【훈음】

- 紈(환) : 흰 비단 환.
- 扇(선) : 부채, 부채질할 선. 바람을 부르는 물건이다(招風之物).
- 圓(원) : 둥글 원. 『智永眞書千字文』에는 "員".
- 潔(결) : 깨끗할 결. 어떤 판본에는 "絜(깨끗할 결)".

銀燭煒煌

【훈음】

- 銀(은) : 은 은.
- 燭(촉) : 촛불 촉. 蠟炬也. 밝을 촉.
- 煒(위) : 밝을 위. 빛날 위. 『智永眞書千字文』에는 "瑋(아름다울 위.

아름다운 구슬 위)".
* 煌(황) : 빛날 황. 번쩍거릴 황.

【주해】
* 銀燭(은촉) : 밀랍으로 만든 촛불. 은빛 촛불.
* 煒煌(위황) : 환하게 빛남.

* 부채와 촛불

106

晝眠夕寐하니 藍筍象床이라
주 면 석 매   남 순 상 상

직역 낮에는 졸기도 하고 저녁에는 자기도 하니,
      쪽빛 대자리와 상아로 장식한 침상이라.

의역 낮에는 휴식하고 밤에는 길게 자니,
      사용하는 것은 쪽빛 대자리와 상아로 장식한 침대이다.

晝眠夕寐

【훈음】

- 晝(주) : 낮 주. **용례)** 주경야독(晝耕夜讀) - 낮에는 농사짓고 밤에는 글을 읽음.
- 眠(면) : 잠잘 면. 졸음 면.
- 夕(석) : 저녁 석. 저물다(暮也).
- 寐(매) : 잠잘 매. ↔ 寤(깰 오). **용례)** 오매(寤寐) - 잠에서 깨어 있을 때나 잘 때. 자나 깨나. / 몽매(夢寐) - 잠을 자며 꿈을 꿈.

藍筍象床

【훈음】

- 藍(람) : 쪽 람. 푸른색을 물들이는 풀(染靑之草). 쪽빛 람.『智永眞

書千字文』에는 "籃".
- 筍(순) : 죽순 순.
- 象(상) : 코끼리 상. 형상 상. 본뜰 상.
- 床(상) : 평상 상. 상 상. = 牀(평상 상). 어떤 판본에는 '牀(침상 상, 평상 상)'

【주해】

- 藍筍(남순) : 쪽빛 대자리. 푸른 대나무로 짠 자리.
- 『荀子(순자)』 - "푸른색은 쪽에서 나왔으나 쪽빛보다 더 푸르다 (靑出於藍靑於藍)."
- 첩과 아내는 삼과 고치실로 실을 잣고, 수건과 빗을 들고 휘장 친 방안에서 남편을 모신다. 깁으로 부채를 만들어 둥글게 묶는다. 은빛 촛불이 빛난다. 낮에 눕고 밤에 자는데 남색의 대나무 자리와 상아로 꾸민 침대가 있으니, 아름다움이 이와 같다.(『千字文釋義』)

* 우아한 잠자리

107

絃歌酒讌하니 接杯擧觴이라
현 가 주 연   접 배 거 상

직역 현악을 연주하고 노래를 하며 술 마시고 잔치하는데, 잔을 주고받으며 잔을 든다.

의역 성대한 주연(酒宴)에는 가무와 노래가 따르는데, 잔을 주고받으며 술을 마시니 기분 좋고 거나하다.

絃歌酒讌

【훈음】

- 絃(현) : 악기 줄 현. 현악기 현. 어떤 판본에는 "弦(활시위 현)".
- 歌(가) : 노래 가. 唱也.
- 酒(주) : 술 주.
- 讌(연) : 잔치 연. 어떤 판본에는, "宴(잔치 연)". 술을 차려 손님을 모으다(置酒以會客也). **용례)** 연회(讌會) – 연회(宴會). 여러 사람이 모여 주식(酒食)을 베풀고 가창(歌唱), 무도 등을 하는 일.

接杯擧觴

【훈음】

- 接(접) : 맞을 접. 이을 접. 受也.

- 杯(배) : 잔 배.
- 擧(거) : 들 거. 온통 거. 다 거. **용례)** 거수(擧手) – 손을 위로 들어 올림. / 거국(擧國) – 온 나라. 전국.
- 觴(상) : 술잔 상. **용례)** 남상(濫觴) – 사물의 처음. 시작. 큰 강도 근원을 따라 올라가면 잔을 띄울 만한 적은 물이었다는 뜻에서 온 말. 기원.

* 주연에서의 술 권하기

108

矯手頓足하니 悅豫且康이라
교 수 돈 족　　　열 예 차 강

직역	(연회에서 흥이 나면) 손을 들고 발을 구르며 춤추기도 하니, 기쁘고 기쁘며 또 마음이 편안하다.
의역	흥이 나서 손을 흔들며 춤을 추고 발로 구르니, 즐거움에 서로 술을 권하며 편안하기를 기원한다.

矯手頓足

【훈음】

- 矯(교) : 들 교. 바로잡을 교. 높이 드는 모양(高擧之貌).
- 手(수) : 손 수.
- 頓(돈) : 조아릴 돈. 구를 돈. 가지런히 할 돈. '발로 땅을 디디다(以足着地)'. 갑자기 돈. **용례)** 돈수(頓首) - 머리가 땅에 닿도록 절함. / 정돈(整頓) - 가지런히 하여 바로잡음. / 돈오(頓悟) - 별안간 깨달음.
- 足(족) : 발 족.

悅豫且康

【훈음】

- 悅(열) : 기쁠 열. 喜也.
- 豫(예) : 미리 예. 기뻐할 예. 喜也. **용례)** 예감(豫感) - 무슨 일이 있기 전에 암시적으로 또는 육감으로 미리 느낌. / 예습(豫習) - 미리 학습함. 미리 익힘.
- 且(차) : 또 차. 잠깐 차. 장차 차.
- 康(강) : 편안할 강. 安樂也. **용례)** 강녕(康寧) - 건강하고 마음이 편안함.

【주해】

- 悅豫(열예) : 기쁘다. 쌍성연면어(雙聲連綿語)이다. 연면어란 두 음절이 모여 하나의 의미 단위를 이루는 어절을 말한다. 즉 두 글자이지만 뜻은 하나인 경우이다. 글자를 연결하여 새로운 하나의 뜻을 나타내는 어취이다. 성(聲)이 같은 것을 쌍성이라 한다.
- "풍악을 울리고 술을 차려 빈객을 모시어 잔치를 연다. 잔을 든 이는 손을 높이 들고, 현악기 노래를 듣는 이는 발로 땅을 굴러 가락을 맞춘다. 그러니 마음이 즐겁고 편안하다."(『千字文釋義』)

* 술자리에서 흥겨워 춤추기

109

嫡後嗣續하니 祭祀蒸嘗이라
적 후 사 속   제 사 증 상

직역	맏아들 후손[적장자嫡長子]이 대를 이으니, 제사를 지내는 것이 증(蒸 : 겨울 제사)과 상(嘗 : 가을 제사)이로다.
의역	자손들이 대대로 이어 나가니, 철마다 제사를 지내 조상님께 (자신들에게) 복을 주기를 기원한다.

嫡後嗣續

【훈음】

- 嫡(적) : 정실 적. 본마누라 적. '정실 아내가 낳은 아들(妻所生之子也)'. **용례)** 적자(嫡子) – 정실 아내가 낳은 맏아들. 적장자는 계승권을 갖는다. ↔ 서자(庶子).
- 後(후) : 뒤 후. 할아버지와 아버지를 계승하는 종자(宗子)(承祖父之宗者也). 후손.
- 嗣(사) : 이을 사. 대 이을 사. '잇다, 계승하다(繼也)'. **용례)** 후사(後嗣) – 대를 잇는 자식.
- 續(속) : 이을 속. 接也. **용례)** 속간(續刊) – 정지되었던 신문이나 잡지를 다시 간행함.

祭祀蒸嘗

【훈음】

- 祭(제) : 제사 제.
- 祀(사) : 제사 사.
- 蒸(증) : 찔 증. 겨울 제사 증. 무리 많을 증.
- 嘗(상) : 맛볼 상. 가을 제사 상. 일찍 상.

【주해】

- 祭祀(제사) : 신령에게 음식을 바쳐 정성을 표하는 예절. 음식을 조상에게 바치는 것을 '제사'라고 한다(以飮食享其先人曰祭祀).
- 蒸嘗(증상) : 고대에 겨울 제사는 '蒸', 가을 제사는 '嘗'이라고 불렀다. 여기서는 널리 '제사'를 가리킨다.
- 『中庸(중용)』 - "공자가 말했다. '귀신의 덕이 지극하다. 보아도 보이지 않으며 들어도 들리지는 않으나, 사물의 본체가 되어 빠뜨릴 수 없다.'(子曰, 鬼神之爲德, 其盛矣乎. 視之而弗見, 聽之而弗聞, 體物而不可遺)."
- 『禮記(예기)·王制(왕제)』 - "천자와 제후가 종묘에서 제사를 지냄에, 봄 제사를 '약(礿)'이라 하고, 여름 제사를 '체(禘)'라 하고, 가을 제사를 '상(嘗)'이라 하고, 겨울 제사를 '증(烝)'이라 한다(天子諸侯宗廟之祭, 春曰礿, 夏曰禘, 秋曰嘗, 冬曰烝)." 이는 하(夏), 상(商) 시기의 제사 명칭이다. 이와 달리 주(周)나라에서는 봄 제사를 '사(祠)', 여름 제사를 약(礿)이라고 했다.
- 실제로는 봄, 여름, 가을, 겨울에 모두 제사가 있다. 여기서 가을 제사와 겨울 제사만 얘기한 것은 천자문이 4언시라 글자의 제한을 받기 때문이다. 또 운을 맞추기 위해 가을 제사〔嘗〕와 겨울 제사〔蒸〕를 도치하였다.

* 계절마다 조상께 제사지내기

110

稽顙再拜하니 悚懼恐惶이라
계 상 재 배　　　송 구 공 황

직역 (제사를 지낼 때에는) 이마를 조아리고 두 번 절하니, (조상에 대해) 송구스럽고 황송하다.

의역 이마를 조아리고 땅에 대고 예의에 맞추어 두 번 절하니, 진실로 황송하여 예의를 잃을까봐 두려워한다.

稽顙再拜

【훈음】

- 稽(계) : 생각할 계. 조아릴 계.
- 顙(상) : 이마 상. 이마(額也).
- 再(재) : 두 재. 거듭 재. 재차 재. 거듭(重也).
- 拜(배) : 절 배. '손으로 땅에 엎드리는 것이다(以手伏地也)'.

【주해】

- 稽顙(계상) : 이마가 땅에 닿도록 등을 굽혀 절함. 계수(稽首). 이마를 땅에 대다(以額至地也). 극도로 슬프거나 감격하는 심정을 표현한다.
- 再拜(재배) : 두 번 절함.

悚懼恐惶

【훈음】

- 悚(송) : 두려워할 송. 송구스러울 송. **용례)** 죄송(罪悚) – 죄스럽고 황송함.
- 懼(구) : 두려워할 구.
- 恐(공) : 두려울 공.
- 惶(황) : 두려워할 황. **용례)** 황공(惶恐) – 높은 자리에 눌려 두려움 = 황송(惶悚).

【주해】

- 悚(송), 懼(구), 恐(공), 惶(황) : 모두 두려워하는 뜻이니, 그 공경이 지극함을 말한다(畏怖之意, 甚言其敬之至也).
- 悚懼(송구) : 마음에 두렵고 거북함.
- "적장자가 그 할아버지와 아버지의 뒤를 이어 사철의 제사에 예를 다한다. 그 제사는 반드시 공경하여 머리를 땅에 대고 거듭 절하니 깊이 경외(敬畏)를 다한다."(『千字文釋義』)

* 조상께 제사지낼 때의 송구스럽고 황송스러운 마음

111

牋牒簡要요 顧答審詳이라
전 첩 간 요   고 답 심 상

직역
편지는 간략하며 요점적이어야 하고,
안부하며 회답할 때는 자세히 살필 것이다.

의역
편지와 공문서의 문장은 간명하고 요점을 잡아야 하고,
답장할 때는 신중하고 자세히 해야 한다.

牋牒簡要

【훈음】
- 牋(전) : 편지 전. 문서 전. 장계 전. 종이 전. 어떤 판본에는 "箋(문서 전)".
- 牒(첩) : 편지 첩. 공문서 첩.
- 簡(간) : 간략할 간. 대쪽 간. 略也.
- 要(요) : 요약할 요. 요점 요. 사북 요. 근본 요. 묶다(約也). 구할 요. 원할 요.

【주해】
- 牋牒(전첩) : 서신 문장. 편지. =箋牒(전첩).

顧答審詳

【훈음】

- 顧(고) : 돌아볼 고. 돌아보다(回視也). **용례)** 삼고초려(三顧草廬) – 중국 삼국시대에, 유비(劉備)가 제갈량(諸葛亮)의 초려(草廬)를 세 번이나 찾아서 마침내 그를 군사(軍師)로 삼은 일.
- 答(답) : 대답할 답. 대답하다(對也).
- 審(심) : 살필 심. 자세히 살피다(熟察也).
- 詳(상) : 자세할 상. 갖추다(備也).

【주해】

- '고(顧)'는 『주해천자문(註解千字文)』에서는 '안부하다(通候: 안부를 통하는 것)'로, 『천자문석의(千字文釋義)』에서는 '돌아보다(回視也)'로 해석하고 있다.
- "남과 응접하는 자는 편지에서 그 요점과 간략함을 다하여, 읽는 자로 하여금 번거롭지 않게 한다. 말로써 남을 대하는 경우, 그 이치를 익히 살펴서 말하여 듣는 자로 하여금 두루 알게 한다. 비록 상세하고 간략함은 같지 않지만 각기 방법이 있음이 이와 같다." (『千字文釋義』)

* 여기서는 응대하는 방법을 말하고 있다.(『천자문석의』)

* 편지를 쓰는 자세 – 간단, 요점

112

骸垢想浴이요 執熱願凉이라
해 구 상 욕　　집 열 원 량

직역 몸에 때가 묻었으면 목욕할 생각을 하고, 뜨거운 것을 잡으면 서늘하게 하기를 바란다.[시원한 물에 손 담그기를 원한다]

의역 몸이 더러워졌으면 목욕할 생각을 하고, 혹서(酷暑)에 참기 어려울 때에는 좀 일찍 서늘해지기를 바란다.

骸垢想浴

【훈음】

- 骸(해) : 뼈 해. 몸 해. 身體也. 해골 해.
- 垢(구) : 때 구. 때 묻을 구. 더러울 구. 더럽다(汚穢也). **용례)** 무구(無垢) – 더러움이 없음. 곧 때가 묻지 아니하고 깨끗함.
- 想(상) : 생각할 상. 생각 상. 생각하다(思也). …하고 싶다.
- 浴(욕) : 목욕 욕. 멱감을 욕. 몸을 씻다(澡身也).

執熱願凉

【훈음】
- 執(집) : 잡을 집. 쥐는 것이다(持也).
- 熱(열) : 뜨거울 열. 더울 열. 열 열.
- 願(원) : 원할 원. 바라다. 하고자 하다(欲也).
- 凉(량) : 서늘할 량. 추운 기운이다(寒氣也). 『智永眞書千字文』에는 "涼". **용례)** 납량(納凉) – 여름에 더위를 피하여 서늘한 바람을 쐼.

【주해】
- 『詩經(시경)·大雅(대아)·桑柔(상유)』 – "누가 뜨거운 물건을 쥐면서 손을 씻지 않겠는가(誰能執熱, 逝不以濯)."
- "몸의 더러운 것은 씻어서 깨끗하게 하길 생각하고, 뜨거운 것을 잡은 경우에는 찬 기운으로 그것을 풀기를 바란다. 사람의 감정이 모두 같다."(『千字文釋義』)
- 뜨거운 것을 잡았으면 서늘한 곳에 손을 넣어야 한다. 어느 때나 자태는 달라도 항상 공경 "敬"자를 가슴에 간직하고 있어야 한다.

* 인간의 상정(常情)

113

驢騾犢特은 駭躍超驤이라
여 라 독 특　　해 약 초 양

> 직역　(가축이 번성하여) 나귀와 노새와 송아지와 수소 이 네 짐승들은,
> 놀라서 뛰어오르고 달린다.

驢騾犢特

【훈음】

- 驢(려) : 나귀 려. 당나귀 려.
- 騾(라) : 노새 라. 수나귀와 암말 사이에 난 튀기. 나귀가 아버지이고 말이 어머니이다(驢父馬母也). 크기는 말과 같고 생김새는 나귀와 같다.
- 犢(독) : 송아지 독. 소의 새끼(牛子也).
- 特(특) : 특별할 특. 수소 특. 소의 수컷. 아비 소이다(牛父也).

【주해】

- 이 구는 널리 달리는 데 능하지 못한 가축들을 가리키고 있다.

駭躍超驤

【훈음】

- 駭(해) : 놀랄 해. 놀라다(驚也). **용례**) 해괴(駭怪) - 놀라 이상하게 여김.
- 躍(약) : 뛸 약. 뛰어오를 약. 뛰다(跳也). **용례**) 약동(躍動) - 뛰어 움직임. 생기 있고 활발하게 움직임.
- 超(초) : 뛰어넘을 초. 뛰어 지나가다(躍而過也). 뛰어날 초. 초탈할 초.
- 驤(양) : 달릴 양. 뛰어오르다(騰躍也).

【주해】

- 驤(양) : 달리다. 말이 머리를 들고 빨리 달리다. 여기서는 널리 말이 달리는 것을 가리킨다.
- 『禮記(예기)·曲禮(곡례)』 - "서민의 부유한 정도를 물으면, 가축이 몇 마리인지 세어서 대답한다(問庶人之富, 數畜以對)."
- "이 네 종류의 가축이 놀라 뛰니 그 재질은 쓸 만하다. 가축의 번식함을 말하고 있다."(『千字文釋義』)

* 약동하는 여러 종류의 가축들

114

誅斬賊盜요 **捕獲叛亡**이라
주 참 적 도   포 획 반 망

직역	(고을이 태평하려면) 도적을 주살하고[죽이고], 배반한 사람[반역자]이나 도망간 사람[도망자]을 잡아들인다.
의역	법률이 엄하여 도적은 죽이고, 반역자나 도망간 사람은 잡아들인다.

誅斬賊盜

【훈음】

- 誅(주) : 벨 주. 죽이다(戮也). 벌 줄 주.
- 斬(참) : 벨 참. 끊을 참. 殺也. 매우 참. **용례)** 참수(斬首) – 목을 베어 죽임.
- 賊(적) : 도둑 적. 도둑질 적. 훔칠 적. 도적 적. 사람을 죽이기를 꺼리지 않는 것을 적(賊)이라 한다(殺人不忌曰賊). 해칠 적. 역적, 원수 적. **용례)** 적반하장(賊反荷杖) – 도둑이 도리어 몽둥이를 듦. 곧 '잘못한 사람이 도리어 성내는 것'을 비유하여 이르는 말.
- 盜(도) : 도둑 도. 도둑질할 도. 재물을 훔치는 것이 도둑이다(竊賄爲盜).

捕獲叛亡

【훈음】

- 捕(포) : 잡을 포. 붙잡을 포. 사로잡다(擒也).
- 獲(획) : 얻을 획. 얻다(得也).
- 叛(반) : 배반할 반. 저버릴 반. 등지다(北也).
- 亡(망) : 망할 망. 달아날 망. 도망 망. 도주하다(逃也). 잃을 망. 죽을 망.

【주해】

- "환난을 대비하는 사람은 도둑은 죽이고, 배반하여 도망간 자는 반드시 사로잡은 후에 환난이 없게 된다."(『千字文釋義』)
- '도적은 죽이고 반역자나 도망자는 잡아들인다'는 내용의 이 구는 현대법의 관점에서 보면 형량이 적재적소로 되어 있지 않다. 반역자보다 도적의 형량이 높은 것은 타당하지 않다.(정노찬 변호사의 자문)

* 도적 및 반역자, 도망자의 처치

115

布射僚丸과 嵇琴阮嘯와
포 사 료 환   혜 금 완 소

직역	여포(呂布)의 활쏘기와 웅의료(熊宜僚)의 탄환[탄알, 탄자] 던지기요, 혜강(嵇康)의 거문고와 완적(阮籍)의 휘파람이라.
의역	여포는 활쏘기에 능했고, 웅의료는 탄환을 가지고 노는 것을 잘했고, 혜강은 거문고를 잘 연주했으며, 완적은 휘파람을 잘 불었다.

布射僚丸

【훈음】

♦ 布(포) : 베 포. 펼 포. 여기서는 여포(呂布)이다.
♦ 射(사) : 쏠 사. 화살을 쏘다(發矢也). 벼슬이름 야.
♦ 僚(료) : 동료 료. 관리 료. 여기서는 웅의료(熊宜僚)이다. 『智永眞書千字文』에는 "遼".
♦ 丸(환) : 알 환. 탄환 환. 彈也.

【주해】

♦ 布(포) : 여포(呂布). 삼국시대 서주자사(徐州刺史)로 화살을 잘

쏘았다. 일찍이 영문(營門)에서 극(戟: 가지창)을 쏘아서, 유비(劉備)와 원술(袁術)의 대장 기령(紀靈)의 싸움을 해결하였다.

유비와 원술이 서로 공격하자, 여포가 말하기를, "저는 싸움 붙이기를 좋아하지 않고 다만 싸움을 풀기를 좋아할 뿐입니다."라고 하고, 가지창[戟]을 군영 앞에 세우게 하고는 말했다. "여러분께서는 제가 가지창의 작은 가지를 활로 쏘는 것을 보십시오. 한 번에 맞히거든 여러분께서는 싸움을 풀고 떠나셔야 합니다."하고는, 즉시 활을 들어 가지창을 쏘아 작은 가지를 정확하게 맞추었다.(『千字文釋義』)

◆ 僚(요) : 웅의료(熊宜僚). 춘추시대 초나라의 용사로, 탄환(彈丸) 가지고 노는 것을 잘했다. 초나라와 송나라의 전쟁에서, 그는 진(陣) 앞에서 탄환을 가지고 노는 것을 공연하여 송나라 군사의 주의력을 분산시켜 초나라 군대로 하여금 송나라 군대를 대파시키게 했다. 기록에 따라서는, 웅의료의 탄환은 3개, 또는 9개라 하기도 한다.

嵇琴阮嘯

【훈음】

◆ 嵇(혜) : 산 이름 혜. 성 혜. 여기서는 혜강(嵇康)이다.
◆ 琴(금) : 거문고 금. 악기 이름. 금(琴)에는 여러 가지가 있어 우리나라의 거문고와 조금 다른데, 여기서는 편의상 거문고라 칭하겠다.
◆ 阮(완) : 성 완. 여기서는 완적(阮籍)이다.
◆ 嘯(소) : 휘파람 불 소. 읊조릴 소.

【주해】

◆ 嵇(혜) : 혜강(嵇康). 삼국시대 위(魏)나라의 문인. 죽림칠현 중

의 한 사람. 자는 숙야(叔夜). 초군(譙郡: 안휘성 숙주宿州) 출신. 완적과 함께 이름을 떨쳤다. 젊어서 박학다문한데다 서화(書畵)와 비파 연주에 능했다. 노장(老莊)의 자연주의, 양성(養性)사상을 좋아했으며, 유가의 예교사상에 반대했다. 관직은 중산대부(中散大夫)를 지냈다. 위(魏)의 종실과 인척관계였으므로 사마씨(司馬氏)의 전권에 반대하여 피살되었다.

◆ 阮(완) : 완적(阮籍). 삼국시대 위(魏)나라의 문인. 죽림칠현 중의 한 사람. 완우(阮瑀)의 아들. 위 왕조에서 보병교위(步兵校尉)의 관직을 지냈으므로 세칭 완보병(阮步兵)이라고도 했다. 당시 집권하던 사마씨 집단의 모순을 보고 염세에 빠져 음주와 시로 일생을 살았다. 술과 미친 체하는 수법으로 복잡한 정치현실에서 도피하였다고 한다. 철학적 입장은 노장사상에 가까웠으며, 예교(禮敎)를 멸시하고 예속(禮俗)에 빠진 선비들을 백안시하였다. 문학적으로는 오언시에 능했다. 「영회(詠懷)」 시 80여 수는 옛것을 빌어 당시를 풍자한 내용으로 언어가 간결하면서도 고민하고 방황하는 자신의 내밀한 뜻을 함축하고 있다. 휘파람에 뛰어났으며, 매양 길을 끝까지 가다가 막힌 곳에 이르면 통곡했다고 한다.

◆ "위나라 혜강은 거문고를 잘 타 「광릉산(廣陵散)」 한 곡조가 당세에 절묘하였다. 완적은 휘파람을 잘 불어 일찍이 손등(孫登)을 소문산(蘇門山)에서 만났는데, 이 산에 있는 소대(嘯臺)는 바로 손등과 완적이 휘파람을 불던 곳이다."(『註解千字文』)

◆ 죽림칠현(竹林七賢) : 중국 진(晉)나라 초기에 노자(老子)와 장자(莊子)의 허무(虛無)의 학(學)을 숭상하여 죽림에 모여 청담(淸談)을 일삼았던 일곱 명의 선비. 곧 산도(山濤), 왕융(王戎), 유영(劉伶), 완적(阮籍), 완함(阮咸), 혜강(嵇康), 상수(向秀).

◆ 춘추시대의 웅의료가 후한시대의 여포보다 시대상으로 앞서나,

여기서는 압운 때문에 도치되었다.

* 4인의 특기 - 여포의 활쏘기, 웅의료의 탄자 던지기, 혜강의 거문고 연주, 완적의 휘파람

116

恬筆倫紙와 釣巧任釣는
염 필 륜 지   균 교 임 조

직역
몽염(蒙恬)이 만든 붓과 채륜(蔡倫)이 만든 종이와, 마균(馬鈞)의 재주와 임공자(任公子)의 낚시라.

의역
몽염은 붓을 만들었고, 채륜은 종이를 발명했으며, 마균은 지남거(指南車)를 만든 일대(一代)의 뛰어난 기술자이고, 전국시대 임공자는 낚시질을 잘하였다.

恬筆倫紙

【훈음】

- 恬(념) : 편안할 념(염). 여기서는 몽염(蒙恬)을 가리킨다.
- 筆(필) : 붓 필.
- 倫(륜) : 인륜 륜. 무리 륜. 사람으로서 지켜야 할 떳떳한 도리. 여기서는 채륜(蔡倫)을 가리킨다.
- 紙(지) : 종이 지.

【주해】

- 몽염(蒙恬) : 진(秦)의 명장. 선조는 전국시대 제(齊)나라 사람이나 조부 때부터 진나라에서 장수로 활약했다. 제나라를 멸망시킨 일등공신이며 통일 진 성립 후 흉노를 쳐서 하내(河內: 내몽고

하투河套 일대)를 수복했다. 시황제의 명을 받들어 만리장성을 축성하였다. 진시황 사후 조고(趙高)의 계책에 밀려 자살했다. 몽염은 붓을 만들었다고 전해진다. 그러나 출토한 실물을 보면 전국시대 말년에 이미 붓이 존재했다. 몽염은 아마도 붓의 제작방법을 개선했을 것이다.

◆ 채륜(蔡倫) : ?~121년. 동한(東漢)의 과학자. 종이 발명가. 자는 경중(敬仲). 계양(桂陽: 호남성 뇌양耒陽) 출신. 한 명제(明帝) 때 낙양(洛陽)에 들어가 환관이 되었으며, 장제(章帝) 때 소황문(小黃門), 화제(和帝) 때 중상시(中常侍)와 상방령(尙方令)의 관직을 지내면서 조정에서 수공업 생산을 맡았다. 원흥(元興) 원년(105) 나무껍질, 삼베 자투리, 낡은 헝겊, 그물 등을 이용하여 종이 만드는 신기술을 개발하였다. 이 공로로 화제로부터 용정후(龍亭侯)에 봉해졌다.

鈞巧任釣

【훈음】

◆ 鈞(균) : 고를 균. 무게 단위 균. 30근(斤). 여기서는 마균(馬鈞)을 가리킨다.
◆ 巧(교) : 공교로울 교. 예쁠 교.
◆ 任(임) : 맡길 임. 마음대로 할 임. 성 임. 여기서는 임공자(任公子)를 가리킨다.
◆ 釣(조) : 낚시 조. 낚을 조. 미끼로 물고기를 잡는 것이다(以餌取魚).

【주해】

◆ 鈞(균) : 마균(馬鈞). 위(魏)나라 부풍(扶風) 사람. 저명한 기술자로 용골수차(龍骨水車)를 발명하였고, 지남거(指南車: 고대에

방향을 지시하는 수레)를 만들었으며, 또한 연노(連弩), 발석기(發石機) 등의 병기(兵器)를 만들었다. 또 나무 사람을 만들었는데 뛰어 춤을 출 수 있어 사람과 다름이 없었다고 한다.

◆ 『莊子(장자)·外物(외물)』 - "임공자는 커다란 낚싯바늘과 굵은 검은 줄을 만들어 50마리의 소를 미끼로 해서 회계산에 앉아 낚싯대를 동해에다 던져 놓고 매일 아침마다 낚시를 했으나 1년이 되어도 물고기를 잡지 못했다. (그러나) 이윽고 큰 고기가 미끼를 물어 커다란 낚싯바늘을 끌고 물속으로 들어갔다가 솟구쳐 올라 등지느러미를 떨치니 흰 파도가 산더미 같고 바닷물은 출렁이며 그 소리는 귀신같았다. 천리 사방 사람들이 두려움에 떨었다. 임공자는 이런 물고기를 잡아 갈라내서 포(脯)를 만들었다. 절강에서 동쪽, 창오로부터 북쪽에 사는 사람들은 모두 이 물고기를 배불리 먹을 수 있었다(任公子爲大鉤巨緇, 五十犗以爲餌, 蹲乎會稽, 投竿東海, 旦旦而釣, 期年不得魚. 已而大魚食之, 牽巨鉤, 錎沒而下, 鶩揚而奮鬐, 白波若山, 海水震蕩, 聲侔鬼神, 憚赫千里. 任公子得若魚, 離而腊之, 自淛河以東, 蒼梧已北, 莫不厭若魚者)." 淛: 절강(浙江).

◆ "옛날에는 대나무를 깎아 책을 만들어 옻을 칠해서 글씨를 썼는데, 진(秦)나라의 몽염이 처음으로 토끼털 붓과 송연묵(松煙墨: 소나무를 태운 그을음과 아교를 섞어 만든 먹)을 만들었으며, 후한의 환관인 채륜이 처음으로 닥나무 껍질과 낡은 솜을 이용하여 종이를 만들었다.

위(魏)나라의 마균은 뛰어난 생각이 있어 지남거(指南車)를 만들었는데, 수레 안에 나무로 만든 사람이 있어 손가락이 반드시 남쪽을 가리켰다. 전국시대 임공자는 백균(百鈞: 1균은 30근)이나 되는 갈고리를 만들어 동해에 낚싯대를 드리워 큰 고기를 낚았다." (『註解千字文』)

♦ 몽염은 진(秦)나라, 채륜은 동한(東漢), 마균은 위(魏)나라, 임공자는 전국시대 인물이다. 시대순으로 기록하자면 임공자, 몽염, 채륜, 마균의 순으로 해야 하나, 압운 때문에 도치되었다.

* 4인의 발명과 능력 – 몽염의 붓, 채륜의 종이, 마균의 지남거, 임공자의 낚시질

117

釋紛利俗하니 竝皆佳妙라
석 분 리 속　　병 개 가 묘

직역 (위의 여덟 사람은) 어지러운 것을 풀어주고 풍속을 이롭게 하니,
아울러 모두 (재주가) 아름답고 묘하다.

의역 그들은 혹은 분규를 잘 해결해 주었고, 혹은 발명과 창조에 능했으며, 혹은 성격이 독특해 뛰어난 점이 있어서,
이 때문에 사회와 세상 사람들에게 이로움을 주었다고 일컬어졌다.

釋紛利俗

【훈음】

- 釋(석) : 풀 석. 풀다(解也). 부처 석.
- 紛(분) : 어지러울 분. 엉클어질 분. 煩亂也.
- 利(리) : 이로울 리. 편하다(便也). 날카로울 리. 이자 리.
- 俗(속) : 풍속 속. 속될 속. 인간세상 속. 세속이다(世俗也).

【주해】

- 利俗(이속) : 세속과 사회에 이로움을 주다.

竝皆佳妙

【훈음】

- 竝(병) : 아우를 병. 나란할 병. '並(아우를 병)'은 略字. 『智永眞書千字文』에는 "並".
- 皆(개) : 다 개. 모두 개. 모두(俱也).
- 佳(가) : 아름다울 가. 좋을 가. 훌륭할 가. 善也.
- 妙(묘) : 묘할 묘. 예쁠 묘. 젊을 묘. 好也.

* "이는 기물 사용의 이로움과 기예의 정밀함을 말하고 있다. 이상 8인의 뛰어난 재주는 번거로운 것을 풀어주고 어지러운 것을 다스려서 세상의 쓰임을 편하게 해주었으니 훌륭하고도 좋다."(『千字文釋義』)

118

毛施淑姿는 工嚬姸笑라
모 시 숙 자 공 빈 연 소

직역	(절세미인) 모장(毛嬙)과 서시(西施)의 아름다운 자태는, 찡그려도 예쁘고 웃어도 예쁘다.[보기 좋게 찡그리고 예쁘게 웃는다]
의역	미녀 모장과 서시는 모두 용모가 아름다워, 찡그려도 예쁘고 웃어도 예뻐 사람을 감동시킨다.

毛施淑姿

【훈음】

- 毛(모) : 털 모. 터럭 모. 여기서는 '모장'이다(毛嬙也).
- 施(시) : 베풀 시. 여기서는 '서시'이다(西施也).
- 淑(숙) : 맑을 숙. 착할 숙. 아름답다(美也). 사모할 숙.
- 姿(자) : 맵시 자. 모습 자. 용모(容也).

【주해】

- 毛(모) : 모장(毛嬙). 서시(西施)와 병칭되는 옛날 미인의 이름. 월왕(越王)의 애첩.
- 『莊子(장자)·齊物論(제물론)』-"모장과 여희는 사람들이 아름답다고 하는 미인들이지만, 물고기가 그녀를 보고는 깊이 숨고, 새

가 보고는 높이 날아오르며, 순록과 사슴이 보고는 급히 달아난다
(毛嬙麗姬, 人之所美也. 魚見之深入, 鳥見之高飛, 麋鹿見之決驟)."
◆ 施(시) : 서시(西施). 춘추시대 월(越)나라의 미인. 서자(西子)라고도 한다. 월나라 왕 구천(句踐)이 회계(會稽)에서 패하고 나서 범려(范蠡)가 서시를 데려다가 오(吳)나라 왕 부차(夫差)에게 바치고, 부차가 미혹되어 정치를 잊게 하여 후에 월나라가 마침내 오나라를 망하게 하였다. 전설에 서시는 범려에게 돌아가서 함께 배를 타고 오호(五湖)로 떠났다고 한다.
◆ 『莊子(장자)・天運(천운)』 - "서시가 가슴을 앓아 마을에서 얼굴을 찡그리고 다녔는데, 그 마을의 추녀가 그녀를 보고 아름답게 여겨 돌아가 역시 (손으로) 가슴을 받치고 마을에서 얼굴을 찡그리고 다녔다. 그 마을의 부자(富者)가 이를 보고 문을 굳게 잠근 채 밖에 나오지 않았으며, 가난한 사람은 그를 보고는 처자를 데리고 떠나갔다. 그녀는 (서시가) 얼굴을 찡그리는 모습이 아름다운 것만 알고 얼굴을 찡그리는 것이 아름다운 이유를 알지 못했다(西施病心而矉其里, 其里之醜人見之而美之, 歸亦捧心而矉其里. 其里之富人見之, 堅閉門而不出, 貧人見之, 挈妻子而去走. 彼知矉美, 而不知矉之所以美)." 그녀는 설사 찡그리더라도 그 요염함이 사람을 감동시킨다.

工嚬姸笑

【훈음】

◆ 工(공) : 장인 공. 공교할 공. 잘할 공. 잘하다(善也). 일 공.
◆ 嚬(빈) : 찡그릴 빈. 찌푸릴 빈. 눈썹을 찌푸리다(蹙眉也). 어떤 판본에는 "빈(顰)". 이는 이체자(異體字)이다. 용례) 빈축(嚬蹙) – 얼굴을 찡그림. / 효빈(效顰) – 맥락도 모르고 덩달아 흉내 냄. 남의 결점을

장점인 줄로 알고 본뜸.
- 姸(연) : 고울 연. 아름다울 연. 好也.
- 笑(소) : 웃을 소. 기뻐서 얼굴을 펴다(喜而解顔也).

【주해】

- "이는 아름다운 미인을 멀리해야 함을 말하였으니, 또한 처신의 도이다. 여자 용모의 아름다움이 옛날의 모장이나 서시와 같으면, 찡그려도 예쁘고 웃어도 예뻐 충분히 사람을 미혹시킬 만하다." (『千字文釋義』)

* 미인의 자태

119

年矢每催하니 曦暉朗曜라
연 시 매 최   희 휘 랑 요

| 직역 | 해는 화살같이 (빨라서) 매양 재촉해 가는데, 희씨의 해[태양]는 밝게 빛난다. |

| 의역 | 세월은 화살같이 사람을 재촉해 늙어가게 하고, 찬란한 햇빛은 밝게 사방을 비춘다. |

年矢每催

【훈음】

- 年(년) : 해 년. 歲也. 나이 년.
- 矢(시) : 화살 시. '물시계바늘이다(漏矢也)'.
- 每(매) : 매양 매. 늘 매. 항상 매. 자주(頻也).
- 催(최) : 재촉할 최. 재촉하다(促也).

【주해】

- 矢(시) : '화살'이다. '물시계바늘'로 보기도 한다.
- 年矢(연시) : 해[시간, 세월]는 화살과 같다.

曦暉朗曜

【훈음】

- 曦(희) : 햇빛 희. 햇살 희. 햇빛(日之光). 어떤 판본에는 "羲(희)".
- 暉(휘) : 빛 휘. 빛날 휘. 햇빛(日之光).
- 朗(랑) : 밝을 랑. 明也. 소리 또랑또랑할 랑.
- 曜(요) : 빛날 요. 비출 요. 照也. 어떤 판본에는 "耀(빛날 요)".

【주해】

- 曦暉(희휘) : 햇빛. 성(聲)이 같은 두 글자가 이어서 한 의미를 이루는 쌍성연면어이다. 연면어란 두 음절이 모여 하나의 의미 단위를 이루는 어절을 말한다. 즉 두 글자이지만 뜻은 하나인 경우이다. 글자를 연결하여 새로운 하나의 뜻을 나타내는 어휘이다. 성(聲)이 같은 것을 쌍성이라 한다.
- 『書經(서경)·虞書(우서)·堯典(요전)』 - "이에 희씨, 화씨에게 명하여 하늘을 공경스런 마음으로 따라서 해와 달과 별을 역상(曆象 : 책력으로 기록하고 관상觀象하는 기구로 관찰함)하여 백성들의 농사철을 공경히 주게 하였다(乃命羲和, 欽若昊天, 曆象日月星辰, 敬授人時)."
- "희화(羲和 : 희와 화)는 요순시대에 책력〔천체의 운행〕을 주관하던 관직이었다. 그러므로 해를 희휘(羲暉)라 한 것이니, 햇빛이 밝게 빛나면서 운행하여 쉬지 않음을 말한다."(『註解千字文』)
- 희화(羲和) : 희씨(羲氏)와 화씨(和氏). 전설에 요임금이 희중(羲仲), 희숙(羲叔)과 화중(和仲), 화숙(和叔) 양쪽 형제에게 명령하여 사방에 나누어 머물면서 하늘의 상징을 살피고 아울러 역법을 만들게 하였다. 태양을 대신 가리킨다.

* 세월의 빠른 흐름

120

璇璣懸斡이요 晦魄環照라
선 기 현 알 　 회 백 환 조

직역	선기(璇璣: 혼천의渾天儀)가 (공중에) 매달려 돌고, 달이 그믐으로 또 보름달 뒤에는 검은 부분(어둠)이 생겨 순환하며 비춘다.
의역 1	선기옥형(璇璣玉衡: 혼천의)은 매달려 돌고, 그믐달에는 (달의 밝음이 소진되었다가 보름달 뒤에는) 검은 부분이 생겨 순환하여 비춘다.
의역 2	선기옥형은 (공중에) 매달려 돌면서 하늘의 운행에 응하고, 달은 초승달 - 반달 - 그믐달로 순환하여 대지를 비춘다.

璇璣懸斡

【훈음】

- 璇(선) : 아름다운 옥 선. 美珠也. 『智永眞書千字文』에는 "旋".
- 璣(기) : 구슬 기. 천체의 모형 기. 틀(機也).
- 懸(현) : 매달 현. 걸 현. 동떨어질 현. 허공에 매달리다(繫于空處也).
- 斡(알) : 돌 알. 주선할 알. 轉也.

【주해】

- 璇璣(선기) : 선기옥형(璇璣玉衡: 고대에 천체를 관찰하던 기구)의 준말. 천체의 운행과 그 위치를 관측하는 기계. 혼천의(渾天儀). '璇'은 '旋(돌 선)', '璿(아름다운 옥 선)'과 통용된다.
- 『書經(서경)·虞書(우서)·舜典(순전)』 - "선기옥형으로 살피어 칠정〔일월日月과 오성五星 : 천체의 운행〕을 고르게 하였다(在璿璣玉衡, 以齊七政)."

晦魄環照

【훈음】

- 晦(회) : 그믐 회. 어두울 회. 月盡也.
- 魄(백) : 넋 백. '혼(魂)'은 양(陽)으로서 정신을, '백(魄)'은 음으로서 육체를 주관한다. 달의 검은 부분(月體之黑者).
- 環(환) : 고리 환. 두를 환. 還也. 돌다. 순환하다.
- 照(조) : 비출 조. 비칠 조.

【주해】

- 魄(백) : 어둠. 재생명(哉生明)은 음력 초이틀, 초사흘에 달이 비로소 밝음이 생기는 것이다. 재생백(哉生魄)은 음력 16일, 17일에 비로소 어둠이 생기어, 달이 기울기 시작하는 것이다.
- 晦魄環照(회백환조) : "이는 달이 그믐이 되면 광채가 없고 다만 형체의 검은 부분만 있다가 다음 달 초에 이르러 또다시 밝음이 생겨서 순환하여 서로 비춘다는 의미이다."(『千字文釋義』)
- 『孟子(맹자)·離婁下(이루하)』 - "하늘이 지극히 높고 별들이 멀리 있지만, 진실로 자연히 그러한 바를 탐구할 수 있다면, 천년 후의 동지(冬至)도 앉아서 미루어 알 수 있다(天之高也, 星辰之遠

也, 苟求其故, 千歲之日至, 可坐而致也)."
◆ "기(璣)는 틀이다. 구슬로 틀을 장식하여 매달아놓아 돌게 하니, 천체의 회전을 본뜬 것이다. 회백(晦魄)은 달그림자가 그믐이면 밝음이 다해 없어지고, 초하루면 밝은 빛이 다시 생겨나며, 보름 뒤에는 백(魄: 검은 부분)이 생기는 것이니, 날이 가고 날이 오면서 순환하여 밝게 비추는 것을 말한 것이다."(『註解千字文』)
◆ 이 구는 달이 찼다가 이지러져, 그믐달 – 초승달 – 반달 – 보름달로 순환되는 모습을 말했다.

* 천체의 회전과 달의 순환

121

指薪修祜하니 永綏吉劭라
지 신 수 호　　영 수 길 소

직역	손가락을 써서 땔나무를 지피듯이 복을 닦으면, 영원히 편안하여 길한 일에 (스스로) 힘쓴다.
의역1	덕을 닦고 복을 쌓으면 자손에게 전해 이어지니, 영원히 편안하고 상서롭게 되기를 스스로 힘쓴다.
의역2	땔나무가 타 재가 되어도 불이 전해지듯이 복을 닦으니, 길이 편안히 높이 (집이) 흥한다.[邵라고 할 경우]

指薪修祜

【훈음】

- 指(지) : 가리킬 지. 손가락 지. 보이다(示也).
- 薪(신) : 땔나무 신. 섶나무 신. 섶나무(柴也).
- 修(수) : 닦을 수. 꾸밀 수. 고칠 수. '다스림의 뜻이니, 스스로 그 몸을 다스린다.(治也, 自治其身也)'. 『智永眞書千字文』에는 "脩(닦을 수)".
- 祜(호) : 복 호. 어떤 판본에는 "祐(복 우)".

【주해】

- 修祜(수호) : 복을 닦다. 복 받는 일을 하다.

- 『莊子(장자)·養生主(양생주)』 - "땔나무가 불이 다 타서 없어질 때 손가락으로 나무를 밀어 넣으면 불씨가 전해져서 그 다하는 것을 알지 못한다(指窮於爲薪, 火傳也, 不知其盡也)."
- "선을 쌓아 복을 닦음은 손가락으로 땔나무를 지피는 것에 비유할 수 있으니, 땔나무는 다하여도 불씨는 전해져 영원히 없어지지 않음과 같은 것이다."(『註解千字文』)

永綏吉劭

【훈음】

- 永(영) : 길 영.
- 綏(수) : 편안할 수.
- 吉(길) : 길할 길. 좋을 길. 상서로울 길. 祥也.
- 劭(소) : 힘쓸 소. 권할 소. 권장하다. 勸勉也. 아름답다. 어떤 판본에는 "卲(높을 소)", "邵".

【주해】

- 모든 일은 공경〔敬〕해야 하고 조심해야 한다. 조심하여 공경하는 자는 위의(威儀)가 있다. 일동일정(一動一靜)을 모두 조심해야 자손에게 복이 있게 된다.
- "선을 쌓아 복을 닦는 것은 손가락으로 땔나무를 지피는 것에 비유할 수 있으니, 땔나무가 다 타더라도 불씨는 전해져 오래도록 사라지지 않는 것과 같다. 이와 같이 하면 영원히 편안하게 되어 길하고 상서로운 일들이 절로 높아질 것이다."(『註解千字文』) - 여기서는 '卲(높을 소)'의 의미로 해석하고 있다.
- "이는 선을 행하는 것을 부지런히 해야 할 것을 말했으니, 또한 처신하는 방법이다.

사람은 마땅히 선행을 하는 데 힘써서 오직 날이 부족할까 해야 한다. 세월이 감에 물시계바늘이 재촉하고 선기(璇璣: 혼천의)가 운동하는 것이 밤낮으로 재촉한다. 낮에는 햇빛이 밝게 비추고 밤에는 달의 검은 부분이 순환하여 날과 달이 가서 늙음이 장차 이르니, 몸을 닦지 않을 수 없다.『장자(莊子)·양생주(養生主)』의 지신(指薪)의 비유를 들어서, 섶은 비록 다해도 불은 전해지니, 오직 부지런히 (덕을) 닦아서 복을 얻으면 몸이 오래도록 편안해질 것이니 세월과 함께 소멸되지 않는다. 그 길하고 상서로운 일에 스스로 힘쓰는 것이 좋겠다."(『千字文釋義』) - '劭(힘쓸 소)'의 의미로 해석하고 있다.

◆ 덕을 수양하고 복을 쌓아 자손이 전해 이으니 영원히 편안하고 상서롭게 된다. 이처럼 불, 정신, 이상은 내내 전해지게 된다.

* 복을 닦으면 집이 흥함

122

矩步引領하여 俯仰廊廟라
구 보 인 령　　　부 앙 랑 묘

직역 (나라에 벼슬하는데도) 걸음걸이를 법도에 맞게 하고 옷깃을 당기어 여미고[얼굴을 반드시 들어서], 조정에 나가고 들어간다[오르고 내린다].

의역 걸음걸이가 단정하게 머리를 들고 앞으로 나가, 조정에 나감에 모름지기 공경하고 우러른다.

矩步引領

【훈음】

- 矩(구) : 법 구. 곡척, 곱자 구. 네모를 만드는 기구(爲方之器).
- 步(보) : 걸음 보.
- 引(인) : 끌 인. 당길 인. 늘일, 연장할 인.
- 領(령) : 옷깃 령. 목 령. 頸也. 거느릴 령, 받을 령.

【주해】

- 矩步(구보) : 걸을 때 걸음걸이를 단정하게 법도에 맞게 한다.
- 引領(인령) : 옷깃을 당기다. 목을 빼다. 여기서는 '머리를 들고 앞으로 나가다'는 것을 가리킨다.

俯仰廊廟

【훈음】

- 俯(부) : 구부릴 부. 굽어볼 부.
- 仰(앙) : 우러를 앙.
- 廊(랑) : 행랑 랑. 곁채 랑.
- 廟(묘) : 조정 묘. 묘당 묘. 사당 묘. 종묘 묘. '신이 머무는 곳이다(棲神之處)'.

【주해】

- 俯仰(부앙) : 구부리고 우러르다. 여기서는 '조정에 출입하는 것'을 가리킨다. 『주해천자문』에서는 "'俯仰'은 '주선(周旋: 예절을 행할 때 갖추는 동작)'과 같다"고 했다.
- 廊廟(낭묘) : 조정. 묘당(廟堂).

* 신하가 조정에 출입할 때의 자세

123

束帶矜莊하니 俳佪瞻眺라
속 대 긍 장   배 회 첨 조

직역	(조회할 때 관복의) 띠를 묶어 자태가 엄숙하고 씩씩하니 (단정하니), 서성이며 바라본다.
의역 1	(관복의) 띠를 (단단히) 묶어 긍지를 지니고 씩씩하게, 이리저리 배회하며 (잠깐 몸을 돌리는 사이에도 백성들이) 우러러 바라보게 된다.
의역 2	의관(衣冠)을 정제하고 태도를 단정히 하고 엄숙하게, 이리저리 배회하며 공경히 이 『천자문』을 임금께 바친다.

束帶矜莊

【훈음】

◆ 束(속) : 묶을 속. 약속할 속. 매다(繫也).
◆ 帶(대) : 띠 대. 찰 대. '띠이다(紳也)'.
◆ 矜(긍) : 엄숙할 긍. 엄할 긍. 자랑할 긍. 가엾이 여길 긍.
◆ 莊(장) : 씩씩할 장. 장중할 장. 용모의 단정함(容貌之端).

【주해】

◆ 束帶(속대) : 옷과 띠를 묶다. 의관(衣冠)을 정제하다.
◆ 矜莊(긍장) : 엄숙하고 씩씩하다〔단정하다〕.

제4장 은거하는 선비의 처신과 치가(治家)의 도(道) 349

徘徊瞻眺

【훈음】

- 徘(배) : 어정거릴, 거닐 배. 『지영진서천자문』에는 '俳'.
- 徊(회) : 어정거릴 회. = 佪. 『지영진서천자문』에는 '佪'.
- 瞻(첨) : 쳐다볼 첨. 올려다보는 것이다(仰視也). **용례)** 첨망(瞻望) – 바라봄. 멀리서 우러러 봄. / 첨앙(瞻仰) – 우러러 봄. 존경하고 사모함.
- 眺(조) : 바라볼 조. 바라보다(望也). **용례)** 조망(眺望) – 먼 데를 바라봄. 멀리 바라보이는 풍경.

【주해】

- 徘徊(배회) : 정한 곳이 없이 이리저리 거닒. '작가가 자신이 『천자문』을 임금에게 바칠 때의 긴장하며 기다리는 모양을 형용한다. 실제로는 겸사(謙辭)이다.'〔이일안李逸安〕
첩운연면어(疊韻連綿語)이다. 연면어란 두 글자가 모여 하나의 의미 단위를 이루는 어절이다. 첩운은 운(韻)이 같은 두 글자로 이루어진 것을 말한다. 『지영진서천자문(智永眞書千字文)』에는 "俳佪".
- "이는 거동을 신중하게 해야 함을 말하였으니, 또한 처신하는 방법이다. 거동을 신중하게 하면 걸음이 반드시 법도에 맞는다. 머리를 들어 목을 빼고 한 번 우러러보고 굽어보는 사이에 조정 안에서 띠를 묶고 단정하고 엄한 형상이 있으며, 배회하여 바라보는 것이 예에 맞지 않는 것이 없다. 조정에 들어서면 공경히 띠를 매어 복장을 훌륭히 차려 입는다. 거동과 표정에 공손함을 보이니, 마치 『논어(論語)·선진(先進)』의 '큰 제사를 받들 듯이 하며, 큰 손님을 만나는 듯이 한다(如承大祭, 如見大賓)'고 한 것과 같다."(『千字文釋義』)

  * 올바른 의관과 행동으로 백성의 우러름이 됨

124

孤陋寡聞하니 愚蒙等誚라
고 루 과 문　　우 몽 등 초

직역 (나의 학식이) 외롭고 고루하고 견문이 적으니,
어리석고 몽매하여 꾸짖음을 기다린다.

의역 신(臣)은 천박하고 누추하고 식견이 적으니,
어리석고 몽매하여 남의 꾸짖음을 기다린다.

孤陋寡聞

【훈음】
- 孤(고) : 외로울 고. 홀로(獨也). 부모 없을 고.
- 陋(루) : 더러울 루. 추할 루. 鄙也.
- 寡(과) : 적을 과. 적다(少也). 과부 과.
- 聞(문) : 들을 문. 지식(知識也). 냄새 맡을 문. 들릴 문.

【주해】
- 孤陋(고루) : 외롭게 자라 견문이 좁음.
- 『예기(禮記)·학기(學記)』에 이르기를, "홀로 공부하여 벗이 없으면 외롭고 누추하여 견문이 적다(獨學無友則孤陋寡聞)."고 하였다. 이 때문에 서로 살펴서 훌륭하게 되는 것이 귀하다. 홀로 공부하여 견문이 적으면 혼미하여 몽매한 자와 똑같이 비난을 받는다.

(『註解千字文』) - 여기서는 '等'을 '같을 등'으로 보고 있다.

愚蒙等誚

【훈음】

- 愚(우) : 어리석을 우. 아는 것이 없는 사람(無知之人).
- 蒙(몽) : 어리석을 몽. 어둡다(昧也). 입을 몽. 어릴 몽. **용례)** 계몽(啓蒙) - 어린아이나 무식한 사람을 깨우쳐 줌. / 동몽(童蒙) - 어려서 아직 사리에 어두운 아이.
- 等(등) : 같을 등. 부류(類也). 무리 등. 등급 등. 기다릴 등.
- 誚(초) : 꾸짖을 초. 나무라다(譏也).

【주해】

- 等誚(등초) : (남의) 꾸짖음을 기다린다. '等'을 '기다린다'의 의미로 해석한다.
- "위의 글을 이어 결론지어 말하여 그 경계하는 뜻을 지극히 하였다. 자신의 처신과 집안을 다스리는 것은 그 방법이 여러 가지이니, 널리 살피고 상세히 알아야 한다. 만약 외롭고 누추하여 식견이 적으면 어리석고 몽매한 자와 같이 꾸지람을 받는다. 경계하지 않을 수 있겠는가."(『千字文釋義』) - 여기서는 '等'을 '같다'는 의미로 보고 있다.

* 겸사(謙辭) - 내가 외롭고 누추하고 과문하니 남들이 나를 꾸짖으리.

* "여기까지가 제4장이다. 군자가 곤궁하게 아래에 있으면서 오직 몸을 처신하고 집을 다스리는 도를 다하여야 한다. 앞 장과 상대적으로 말하였다.
처신이라는 것은 조심함을 요점으로 삼는다. 그 부류를 미루

어 나가 기미를 보는 명철함, 아름다운 여색을 멀리함, 선행을 하는 근면함, 그리고 언어를 삼감, 거동을 신중히 함을 소홀히 해서는 안 된다는 것을 말하고 있다. 집안을 다스리는 것은 부유함을 근본으로 삼는 것을 중점으로 삼는다. 그 부류를 미루어 나가, 음식의 절제, 잠자리의 편안함, 연회의 즐거움, 제사의 예법, 응대 방법, 인정의 마땅함, 환난을 막는 방법, 가축의 번식, 기용(器用)의 편리함, 기예의 정밀함 등도 소홀하게 해서는 안 된다. 마지막에는 총괄해 말하여 깊이 경계하고 있다."(『千字文釋義』)

125

謂語助者는 焉哉乎也라
위 어 조 자 언 재 호 야

직역	말을 돕는 것[어조語調]을 이르는 말은[어조사라고 말하는 것은], 언(焉), 재(哉), 호(乎), 야(也)이다.
의역	저의 학식은 언(焉), 재(哉), 호(乎), 야(也), 이 넉 자에 불과할 따름입니다.

謂語助者

【훈음】

- 謂(위) : 이를 위. 稱也.
- 語(어) : 말씀 어. 言也.
- 助(조) : 도울 조. 도와 보태는 것이다(輔益之也).
- 者(자) : 놈 자.

焉哉乎也

【훈음】

- 焉(언) : 어조사 언. 어찌 언. 의문이나 반어를 나타냄. '어조사'란 '말이 되도록 도와주는 글이다'.
- 哉(재) : 어조사 재. 감탄, 강조, 반어, 의문을 나타낸다.

- 乎(호) : 어조사 호. 온 호. 의문, 영탄, 반어, 호격 등을 나타냄. '…에', '…보다'의 뜻을 나타내는 전치사.
- 也(야) : 어조사 야. 입 기운 야. 문미(文尾)에 놓여 단정, 결정의 뜻을 나타낸다.

【주해】

- "문자에는 실자(實字)와 허자(虛字)가 있으니, 허자도 없어서는 안 된다. 그 시작하고 끝맺고 이어줄 때 연결하여 글을 만들 수 있는 것이니, 곧 이른바 어조사이다. 언(焉), 재(哉), 호(乎), 야(也)가 바로 어조사이니, 이(而), 야(耶), 여(歟), 의(矣), 혜(兮) 등이 모두 그 부류이다."(『註解千字文』)
- 실사는 실제 의미를 갖는 글자이며, 허사는 문법적으로 기능하는 글자로서 어조사라고 한다.
- "무릇 말의 뜻이 이미 완전해도 글자가 아직 충분치 못하면 통용하는 글자로 보태니, 이를 어조사라고 한다. 재(哉), 호(乎)는 의문사이고, 언(焉), 야(也)는 결정하는 말이다. 이는 위의 전체 문장과 서로 이어지지 않는다. 작자가 글을 짓는 것을 마치고 나서, 아직도 몇 자가 남아 다시 압운(押韻)하여 마친 것이다."(『千字文釋義』) 압운(押韻) - 여기서는 '자(者)', '야(也)'가 2구 안에서 압운되었음을 말한다.
- "작자는 이 네 가지 어기조사로 결말을 삼아 『천자문』을 맺는다. 아울러 스스로 자신이 고루하고 과문하며 학식이 부족하다고 말한다. 본문이 조서를 받들어 쓴 글이기 때문에 공경스럽고 겸손하게 했다. 또 문언문의 네 가지 허사(虛辭)를 자연스럽게 본문 안으로 끼워넣었으니, 그 구성이 절묘하다."(이일안李逸安)

* 어조사(語助辭)

* 마지막 남은 글자가 8자인데, 이렇게 표현하였다.

❖ 주요 참고문헌

東洋學硏究所 編纂, 『千字文』, 檀國大學校 出版部, 1995. 1. 2쇄(1973. 8. 초판)

馬自毅 注譯, 『新譯增廣賢文, 千字文』, 三民書局, 2版 4刷, 2012.3.

李暹 注, 오가와 다마키(小川環樹), 기다 아키요시(本田章義) 註解, 『注千字文』, 신정근 譯, 『世上을 삼킨 千字文』, 심산출판사, 2009. 1.

李逸安 譯注, 『三字經, 百家姓, 千字文, 弟子規』, 中華書局, 2015(2010. 제1판).

李忠九, 『교수용지도서 註解 千字文』, 전통문화연구회, 2010.

周興嗣 著, 林東錫 譯註, 『千字文』, 동서문화사, 2010.

周興嗣 纂, (淸) 汪嘯尹 纂輯, 孫謙益 參注, 『千字文釋義』, 『千字文』, 岳麓書社出版社, 2005. 6. 1987. 5. 제1판(『三字經』·『百字姓』·『千字文』의 合本)

編者 軼名, 『千字文釋義』, 『三字經, 百家姓, 千字文』, 四川文藝出版社, 2001. 1.

洪聖源 註解, 成百曉 譯註, 『懸吐完譯 註解千字文』, 傳統文化硏究會,1993. 12. 초판2쇄(1992. 12. 초판).

허경진 편역, 『난세의 어진 글, 주해천자문』, 알마출판사, 2014.

황문환, 김건곤, 신익철, 조융희, 박부자, 이헌주 역해, 『천자문-장서각 소장 왕실천자문 역해』, 한국학중앙연구원 출판부, 2016.

기타 十三經, 諸子百家書, 工具書 등은 기재를 생략한다.

한국고전번역원 DB

색 인

假途滅虢 踐土會盟 _ 221
蓋此身髮 四大五常 _ 76
渠荷的歷 園莽抽條 _ 285
劍號巨闕 珠稱夜光 _ 40
堅持雅操 好爵自縻 _ 160
景行維賢 克念作聖 _ 94
稽顙再拜 悚懼恐惶 _ 316
高冠陪輦 驅轂振纓 _ 195
孤陋寡聞 愚蒙等誚 _ 351
昆池碣石 鉅野洞庭 _ 245
空谷傳聲 虛堂習聽 _ 100
恭惟鞠養 豈敢毀傷 _ 79
孔懷兄弟 同氣連枝 _ 146
果珍李柰 菜重芥薑 _ 44
曠遠綿邈 巖岫杳冥 _ 248
矯手頓足 悅豫且康 _ 312
交友投分 切磨箴規 _ 148
求古尋論 散慮逍遙 _ 281
矩步引領 俯仰廊廟 _ 347

具膳餐飯 適口充腸 _ 298
九州禹跡 百郡秦幷 _ 233
宮殿盤鬱 樓觀飛驚 _ 168
金生麗水 玉出崑崗 _ 37
起翦頗牧 用軍最精 _ 227
旣集墳典 亦聚群英 _ 184
綺廻漢惠 說感武丁 _ 212
女慕貞烈 男效才良 _ 81
年矢每催 曦暉朗曜 _ 339
恬筆倫紙 鈞巧任釣 _ 330
德建名立 形端表正 _ 96
圖寫禽獸 畫綵仙靈 _ 171
都邑華夏 東西二京 _ 164
篤初誠美 愼終宜令 _ 127
杜藁鍾隸 漆書壁經 _ 187
兩疏見機 解組誰逼 _ 276
驢騾犢特 駭躍超驤 _ 322
聆音察理 鑑貌辨色 _ 265
龍師火帝 鳥官人皇 _ 49

臨深履薄 夙興溫凊	_	117
罔談彼短 靡恃己長	_	85
孟軻敦素 史魚秉直	_	259
鳴鳳在樹 白駒食場	_	69
毛施淑姿 工嚬姸笑	_	336
墨悲絲染 詩讚羔羊	_	90
磻溪伊尹 佐時阿衡	_	201
背邙面洛 浮渭據涇	_	166
丙舍傍啓 甲帳對楹	_	173
府羅將相 路挾槐卿	_	190
枇杷晚翠 梧桐早凋	_	287
似蘭斯馨 如松之盛	_	120
肆筵設席 鼓瑟吹笙	_	176
上和下睦 夫唱婦隨	_	138
索居閑處 沈默寂寥	_	279
庶幾中庸 勞謙謹勅	_	263
釋紛利俗 竝皆佳妙	_	334
璇璣懸斡 晦魄環照	_	341
宣威沙漠 馳譽丹靑	_	230
省躬譏誡 寵增抗極	_	271
性靜情逸 心動神疲	_	156
世祿侈富 車駕肥輕	_	197
稅熟貢新 勸賞黜陟	_	256
束帶矜莊 徘徊瞻眺	_	349
守眞志滿 逐物意移	_	158
俶載南畝 我藝黍稷	_	254
升階納陛 弁轉疑星	_	179
始制文字 乃服衣裳	_	53
信使可覆 器欲難量	_	88
樂殊貴賤 禮別尊卑	_	135
嶽宗恒岱 禪主云亭	_	238
鴈門紫塞 鷄田赤城	_	242
愛育黎首 臣伏戎羌	_	64
奄宅曲阜 微旦孰營	_	206
榮業所基 藉甚無竟	_	129
外受傅訓 入奉母儀	_	140
容止若思 言辭安定	_	125
右通廣內 左達承明	_	182
雲騰致雨 露結爲霜	_	34
謂語助者 焉哉乎也	_	354
遊鵾獨運 凌摩絳霄	_	291
閏餘成歲 律呂調陽	_	30
貽厥嘉猷 勉其祗植	_	268
易輶攸畏 屬耳垣牆	_	296
仁慈隱惻 造次弗離	_	152
日月盈昃 辰宿列張	_	25
資父事君 曰嚴與敬	_	111
嫡後嗣續 祭祀蒸嘗	_	314

牋牒簡要 顧答審詳 _ 318	親戚故舊 老少異糧 _ 302
節義廉退 顚沛匪虧 _ 154	耽讀翫市 寓目囊箱 _ 294
諸姑伯叔 猶子比兒 _ 144	殆辱近恥 林皐幸卽 _ 274
弔民伐罪 周發殷湯 _ 59	布射僚丸 嵇琴阮嘯 _ 326
存以甘棠 去而益詠 _ 133	飽飫烹宰 飢厭糟糠 _ 300
坐朝問道 垂拱平章 _ 62	遐邇壹體 率賓歸王 _ 67
晝眠夕寐 藍筍象床 _ 308	何遵約法 韓弊煩刑 _ 224
誅斬賊盜 捕獲叛亡 _ 324	學優登仕 攝職從政 _ 131
俊乂密勿 多士寔寧 _ 215	寒來暑往 秋收冬藏 _ 28
知過必改 得能莫忘 _ 83	骸垢想浴 執熱願凉 _ 320
指薪修祐 永綏吉劭 _ 344	海鹹河淡 鱗潛羽翔 _ 47
陳根委翳 落葉飄颻 _ 289	絃歌酒讌 接杯擧觴 _ 310
晉楚更覇 趙魏困橫 _ 218	戶封八縣 家給千兵 _ 193
策功茂實 勒碑刻銘 _ 199	禍因惡積 福緣善慶 _ 104
尺璧非寶 寸陰是競 _ 107	化被草木 賴及萬方 _ 71
川流不息 淵澄取映 _ 122	桓公匡合 濟弱扶傾 _ 209
天地玄黃 宇宙洪荒 _ 22	紈扇圓潔 銀燭煒煌 _ 306
妾御績紡 侍巾帷房 _ 304	孝當竭力 忠則盡命 _ 114
推位讓國 有虞陶唐 _ 55	欣奏累遣 感謝歡招 _ 283
治本於農 務玆稼穡 _ 252	

❖ 역주자 후기

『천자문』에는 우주와 인사(人事)에 대한 질서가 내포되어 있다. 옛날 백제(百濟)의 왕인(王仁)이 일본에 전해주었다는 『천자문』은 이 주흥사(周興嗣)의 『천자문』보다 시대가 훨씬 앞서므로 그 이전의 고본(古本) 천자문임에 틀림없다.

역자는 학창시절에 천자문 쓰기본을 사서 한 권을 다 쓰면 또 다른 쓰기본을 사서 쓰곤 했다. 결과적으로 여러 권을 사서 써 본 경험이 있었다. 당시의 쓰기본 교재의 번역이 허술해 아쉬운 점이 있어서, 보다 올바른 천자문 책이 나오기를 기대했다. 1992년 2월경, 고(故) 연청(硏靑) 오호영(吳虎泳) 선생님으로부터 천자문 강의를 듣고 그 내용이 참신하고 알차서 언젠가 천자문을 번역하기로 마음먹었다. 그 후 그 아드님 오규근(吳圭根) 선생님께 가르침을 청해 보다 더 나은 책을 이룰 수 있었다. 이왕 늦었으니 보다 더 좋은 역주서를 만들어 오래도록 가치를 빛낼 수 있도록 하리라 다짐했다. 더불어 천자문에 나오는 천 자를 한한대사전으로 모두 찾아보았다.

그간 국내외에서 여러 천자문 역주서가 나왔다. 필자가 검토해 본 것 가운데, 중국 판본으로는 중화서국의 이일안(李逸安)의 역주본이, 대만 판본으로는 삼민서국의 마자의(馬自毅) 역주본이, 일본 판본의 한역본(韓譯本)으로는 신정근의 번역본(李暹 注, 小川環樹, 本田章義 註解), 국내 것으로는 성백효 역주본, 이충구 역주본, 임동석 역주본, 허경진의 역주본, 한국학중앙연구원의 역주본이, 각기 비교적 나름대로 학술적 가치가 있다고 판단되어 그것들을 참조하였다. 특히 청대(淸代)의 『천자문석의(千字文釋義)』(汪嘯尹 纂輯, 孫謙益 叅注)와 조선시대 홍성원(洪聖源)의 『주해천자문(註解千字文)』은 좋은 지침이 되어 많이 참조하였다.

천자문은 조선시대 한학의 입문서로 학동에게 읽혔지만, 실상 그 내용이 어렵고 담겨진 의미가 넓고 깊다. 여기서는 연세가 많으신 분이나 학동을 막론하고 이해하기 쉽도록, 어려운 원문을 가급적 쉽고 명료하게 우리말로 풀도록 노력하였다. 이 주해(註解)에는 한학자 오호영(吳虎泳) 선생님과 그 아드님 오규근(吳圭根) 선생님의 가르침이 녹아 들어있고, 전반적으로 역자의 사유가 반영되어 있다.

『천자문』은 중국의 4언시(四言詩)인데도 국내에서는 중국시 연구자에 의한 번역서는 찾아보기 힘들었다. 불초(不肖)한 필자가 그 역할을 감히 자임(自任)하였다. 본인은 많은 학자들이 자신들은 번역서에 많이 의지하지만 번역서의 가치를 덜 인정해주는 학계의 풍토에도 아랑곳하지 않고, 평소 여러 권의 중국고전 번역서를 내었다. 번역서가 논문보다 더 사회에 공헌할 수 있다는 사실을 염두에 두었기 때문이다.

가르침을 주신 오호영 선생님과 그 아드님 오규근 선생님께 거듭 감사드린다. 『지영진서천자문(智永眞書千字文)』, 『구양순행서천자문(歐陽詢行書千字文)』의 원문을 보내준 벗 중국 남개대학(南開大學) 장봉흘(張峰屹) 교수께 감사드린다. 그는 예전에 나와 함께 제주도를 자전거로 일주한 경험이 있는데 여행에 대한 추억이 새롭다고 했다. 그리고 위의 두 천자문 서체의 특징과 가치에 대해 자문해 주신 사곡(砂曲) 이숭호(李崇浩) 선생님께 감사드린다.

천자문의 난구(難句) 몇 군데에 대해 올바른 의미를 찾는 데 힘을 보태어준 복단대학(復旦大學) 섭안복(聶安福) 교수께 감사드린다. 아울러 주해 방법에 대한 조언을 주신 최봉원 교수님, 천자문을 앞으로부터 또 거꾸로 뒤로부터 외우시면서 고견을 주신 정노찬 변호사님, 책을 받은 뒤 두 달 만에 천자문을 외움은 물론 고견까지 준 벗 유효종, 그리고 김대희, 이영근 학우, SNS로 널리 홍보해주는 이수형 학우 등 여러 분께도 감사드린다.

우둔한 자질에도 평소 독려하고 격려해 주신 여러 선생님들, 교열을 봐준 일일지장(一日之長)의 벗 김창환(金昌煥) 선생님, 한상덕 교수, 그 외 여러분께 고마움을 표시한다. 앞으로 다음 과제를 향해 힘차게 전진하리라.

본서를 읽는 선후배분들, 나의 아들과 딸, 그리고 이 땅의 많은 아들과 딸들이 천자문을 통해 뜻을 키워 고귀한 뜻을 널리 펼치기를 바란다. 착오나 미흡한 점이 있다면 모두 역자의 책임이다. 부족한 점이나 착오에 대해서는 제현(諸賢)의 질정(叱正)을 기다린다.

방배동 상우재(尙友齋)에서
조규백 삼가 쓰다
2016년 12월 5일

조규백 고쳐 쓰다
2017년 9월 1일

❖ 저자 소개

주흥사(周興嗣)

?~ 521년. 중국 남조(南朝)의 뛰어난 인물로 자(字)가 사찬(思纂). 지금의 하남성 항성(項城) 사람이다. 조상은 일찍이 한(漢)나라 태자의 스승을 맡았으며, 가학의 소양이 두터웠다. 주흥사는 당시 문학으로 이름이 나서, 양 무제(梁武帝) 소연(蕭衍)의 알아줌을 입어, 산기시랑(散騎侍郞)을 제수받고, 왕명을 받아 국사(國史)를 편찬하였으며, 문집 백여 권이 있다.

『천자문』은 원래 주흥사가 조서를 받아 편찬한 것으로 『왕희지가 쓴 천자에 차운함(次韻王羲之書千字)』이다. 이러한 사실은 『양서(梁書)』에 기록되었지만 간략하였는데, 다행히 송(宋)의 『태평광기(太平廣記)』에 비교적 상세히 기록되어, 『천자문』이 책으로 만들어진 과정을 전해주고 있다.

❖ 역자 소개

조 규 백(曹圭百) sudongpo@hanmail.net

1957년생. 한국외국어대 중국어과를 졸업하고, 성균관대 중문과에서 박사학위를 받았다. 國立臺灣大學 중문과 訪問學人, 중국 復旦大學 중문과 박사후연구원(한국학술진흥재단 지원), 중국 四川大學 古籍硏究所 硏究學者를 역임했다. 민족문화추진회(현 한국고전번역원) 국역연수원에서 중국고전을 배웠으며, 이어서 한학자 故 硏靑 吳虎泳 老師께 漢學을 사사하였다. 현재는 한국외국어대와 숭실대에서 강의하고 있다.

◆ 저역서

『史記世家(下)』(共譯), 圖書出版 까치, 1994.
『濟州觀光中國語會話(上, 下)』(共著), 백산출판사, 2000.
『千字文註解(前) - 아들을 위한 千字文』, 曹圭百 註解, 백산출판사, 2002.
『譯註蘇東坡散文選』, 蘇東坡 著, 曹圭百 譯註, 백산출판사, 2005.(2011, 수정판)
『蘇東坡詞選』, 蘇東坡 著, 曹圭百 譯註, 문학과지성사, 2007.
『蘇東坡詩選集(上) - 텅 비니 만 가지 경지가 다 담기네』, 蘇東坡 著, 曹圭百 譯註, 학고방, 2010.
『唐詩三百首精選』, 孫洙 編, 曹圭百 譯註, 학고방, 2010.(2012, 개정판)
『千字文註解(後) - 아들을 위한 천자문』, 周興嗣 著, 曹圭百 譯註, 백산출판사, 2011.
『蘇東坡 詩 硏究』, 曹圭百 著, 역락출판사, 2012.
『소동파평전 - 중국의 문호 소식의 삶과 문학』, 왕수이자오 著, 조규백 역, 돌베개, 2013.
『한국 한문학에 끼친 소동파의 영향』, 조규백 저, 명문당, 2016.
  [세종도서 우수학술도서 선정]
『소동파 시선 - 사환전기』, 조규백 역, 명문당, 2016.
『소동파 시선 - 황주유배와 사환후기』, 조규백 역, 명문당, 2016.
  이외 다수의 논문이 있다.

부 록

지영진서천자문
智永眞書千字文
[원 문] / 1~44

●

구양순행서천자문
歐陽詢行書千字文
[원 문] / 45~63

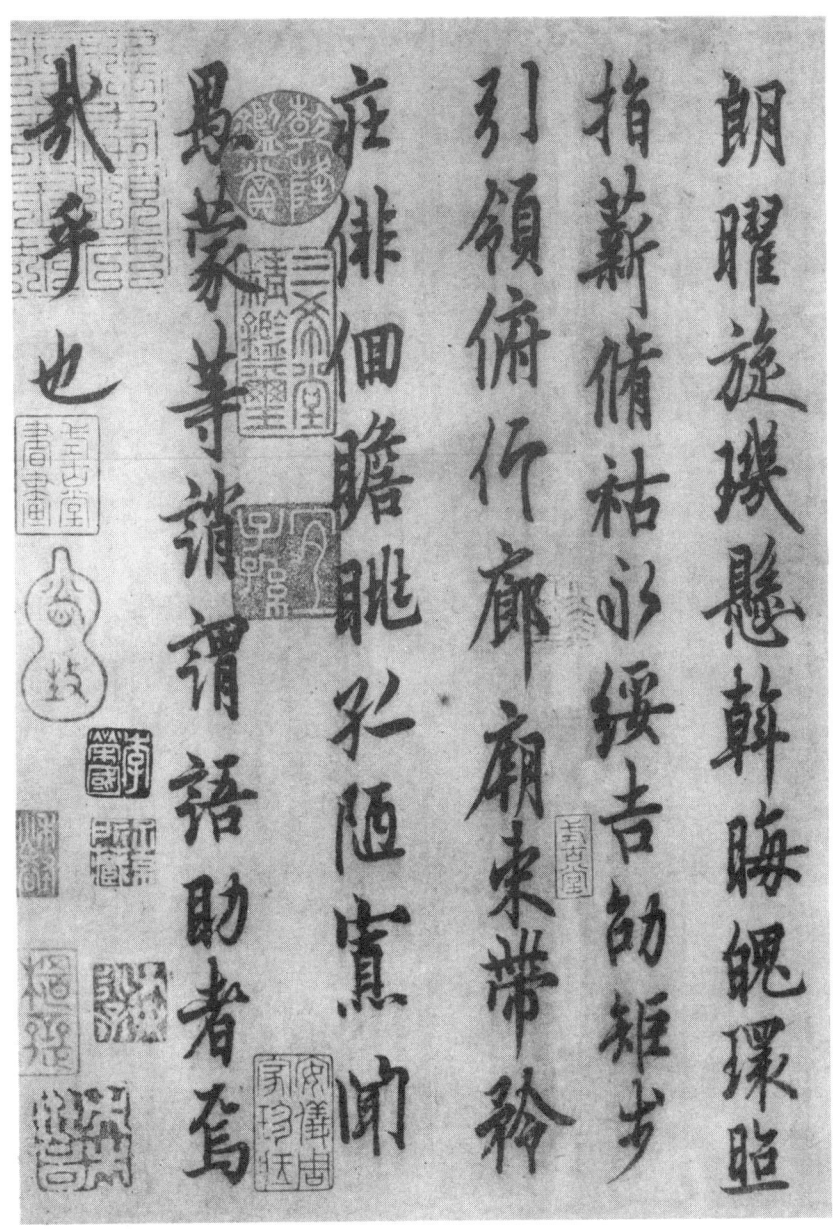

朗曜旋璣懸斡晦魄環照
指薪修祜永綏吉劭矩步
引領俯仰廊廟束帶矜
庄俳佪瞻眺孤陋寡聞
愚蒙等誚謂語助者焉
哉乎也

想浴執熱願涼驢騾犢特
駭躍超驤誅斬賊盜捕獲
叛亡布射遼丸嵇琴阮嘯
恬筆倫紙鈞巧任釣釋紛
利俗並皆佳妙毛施淑姿
工顰妍笑年矢每催羲暉

帷房紈扇貟潔銀燭煒煌
晝眠夕寐藍笋象床絃歌
酒讌接杯擧觴矯手頓足
悅豫且康嫡後嗣續祭祀
蒸嘗稽顙再拜悚懼恐惶
牋牒簡要顧答審詳骸垢

委翳落葉飄颻遊鵾獨運
凌摩絳霄耽讀翫市寓目
囊箱易輶攸畏屬耳垣墻
具膳湌飯適口充腸飽飫
享宰飢厭糟糠親戚故舊
老少異糧妾御績紡侍巾

枕極殆辱近恥林皋幸即
兩疏見機解組誰逼索居
閑處沈默寂寥求古尋論
散慮逍遙欣奏累遣慼謝
歡招渠荷的歷園莽抽條
枇杷晚翠梧桐早凋陳根

治本於農　務玆稼穡　俶載南畝
我藝黍稷　稅熟貢新　勸賞
黜陟孟軻　敦素史魚秉直
庶幾中庸　勞謙謹勅聆音
察理鑑貌辨色貽厥嘉猷
勉其祗植省躬譏誡寵增

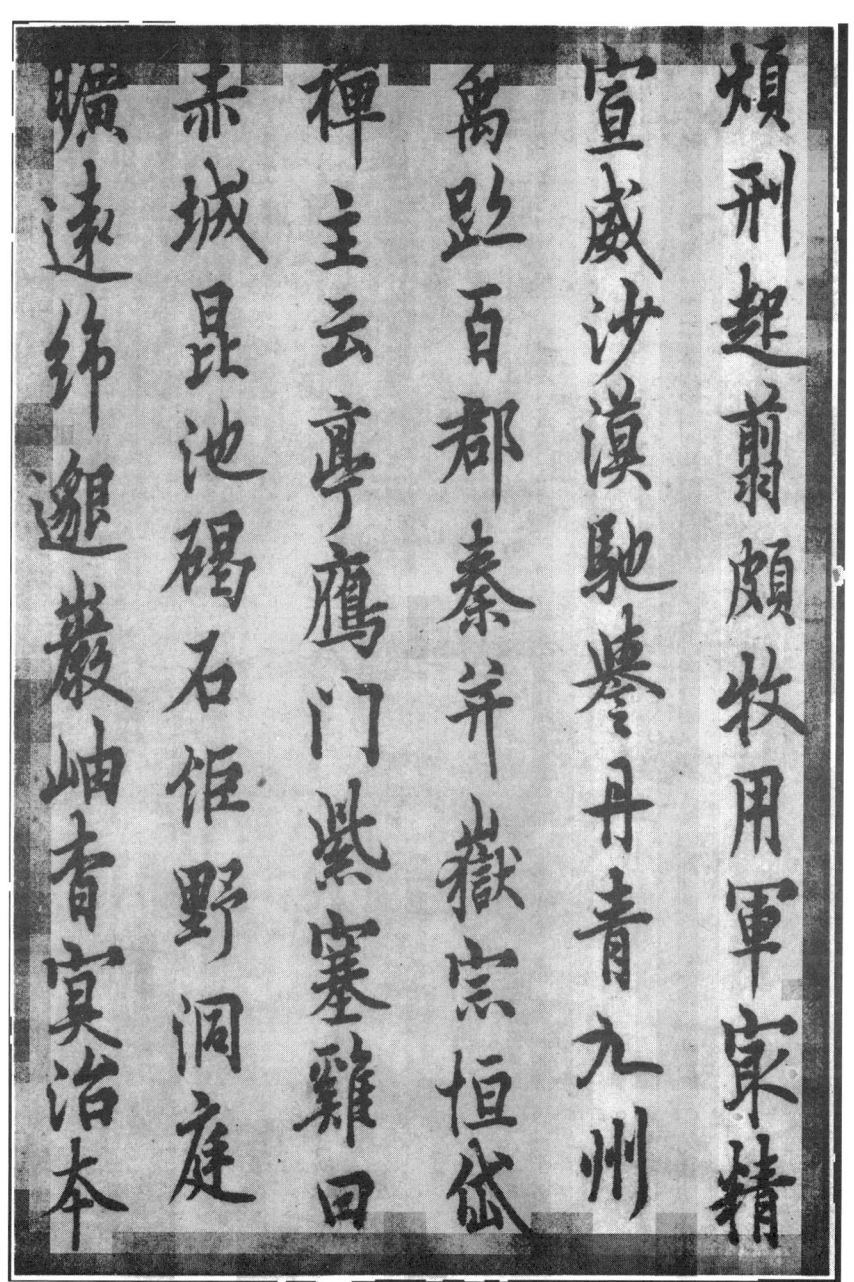

煩刑起翦頗牧用軍最精
宣威沙漠馳譽丹青九州
禹跡百郡秦并嶽宗恒岱
禪主云亭鴈門紫塞雞田
赤城昆池碣石鉅野洞庭
曠遠綿邈巖岫杳冥治本

伊尹佐時阿衡奄宅曲阜
微旦孰營桓公匡合濟弱
扶傾綺迴漢惠說感武丁
俊乂密勿多士寔寧晉楚
更霸趙魏困橫假途滅虢
踐土會盟何遵約法韓弊

永明既集墳典亦聚群英
杜稾鍾隸漆書壁經府羅
將相路俠槐卿戶封八縣
家給千兵高冠陪輦驅轂
振纓世祿侈富車駕肥輕
策功茂實勒碑刻銘磻溪

華夏東西二京背芒面洛
浮渭據涇宮殿盤鬱樓觀
飛驚圖寫禽獸畫綵仙靈
丙舍傍啓甲帳對楹肆筵
設席鼓瑟吹笙升階納陛
弁轉疑星右通廣內左達

比兒孔懷兄弟同氣連枝
交友投分切磨箴規仁慈
隱惻造次弗離節義廉退
顚沛匪虧性靜情逸心動
神疲守眞志滿逐物意移
堅持雅操好爵自縻都邑

誠美慎終宜令榮業所基
藉甚無竟學優登仕攝職
從政存以甘棠去而益詠
樂殊貴賤禮別尊卑上和
下睦夫唱婦隨外受傅訓
入奉母儀諸姑伯叔猶子

善慶尺璧非寶寸陰是競
資父事君曰嚴與敬孝當
竭力忠則盡命臨深履薄
夙興溫清似蘭斯馨如松
之盛川流不息淵澄取暎
容止若思言辭安定篤初

殆辱近恥　林皐幸卽　兩疏見機　解組誰逼
索居閒處　沈默寂寥　求古尋論　散慮逍遙
欣奏累遣　慼謝歡招　渠荷的歷　園莽抽條

平章愛育黎首臣伏戎羌
遐邇壹體率賓歸王鳴鳳
在樹白駒食場化被草木
賴及萬方蓋此身髮四大
五常恭惟鞠養豈敢毀傷
女慕貞絜男效才良知過

巨闕珠稱夜光菓珍李柰
菜重芥薑海鹹河淡鱗潛
羽翔龍師火帝鳥官人皇
始制文字乃服衣裳推位
讓國有虞陶唐弔民伐罪
周發殷湯坐朝問道垂拱

次韻
天地玄黃宇宙洪荒日月
盈昃辰宿列張寒來暑往
秋收冬藏閏餘成歲律召
調陽雲騰致雨露結爲霜
金生麗水玉出崑岡劍號

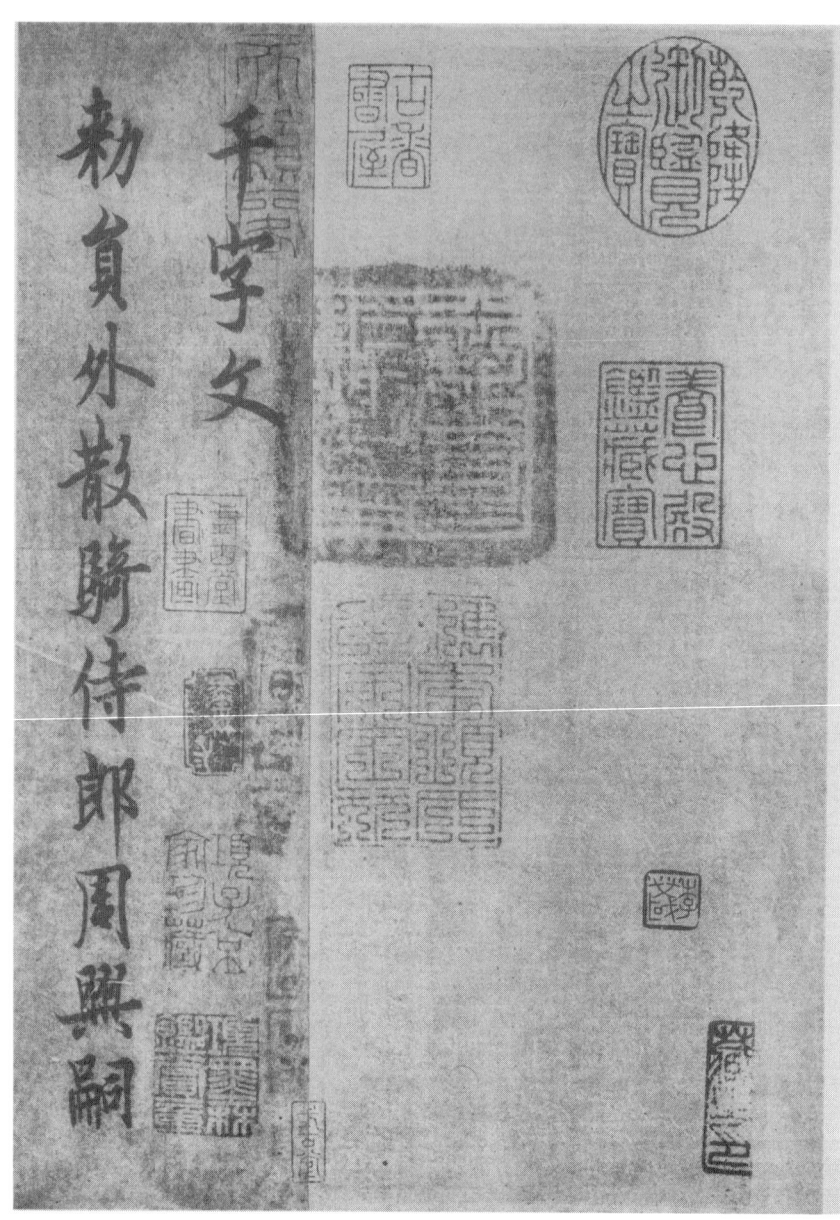

[구양순행서천자문]
歐陽詢行書千字文

구양순(歐陽詢:五五七-六四一)은 당(唐) 초기의 서예가. 그의 서예는 방필(方筆)이며 절도가 있고 규범적이어서 필법의 전범(典範)이 되었다. 그는 북위(北魏) 비문(碑文)의 호방한 필법을 지녔으며, 해서의 완성자라 할 수 있다. 『구양순행서천자문』은 필획이 가늘고 절도가 있어 규범적이며 해서처럼 쓰는 단아한 느낌을 준다. 구양순다운 개성 있는 글씨로, 해서를 쓰는 방식이 행서 안에 들어 있다. 이는 왕희지의 필법을 전승하여 개성화시킨 것이다.

孤陋寡聞　愚蒙等誚
謂語助者　焉哉乎也

矜	俯	吉	指
莊	仰	劭	薪
俳	廊	矩	脩
佪	廟	步	祐
瞻	束	引	永
眺	帶	領	綏

希	阮	鈞	利
射	嘯	巧	俗
遼	恬	任	並
丸	筆	釣	皆
嵇	倫	釋	佳
琴	紙	紛	妙

賊	駭	顧	骸
盜	躍	涼	垢
捕	超	驢	想
獲	驤	騾	浴
叛	誅	犢	執
亡	斬	特	熱

蘭	悚	蒸	嫡
要	懼	嘗	後
顧	恐	稽	嗣
答	惶	顙	續
審	牋	再	祭
詳	牒	拜	祀

392 천자문 주해

貟	侍	異	親
潔	巾	粮	戚
銀	帷	妾	故
燭	房	御	舊
煒	紈	績	老
煌	扇	紡	少

— 36

晚	園	歡	欣
翠	莽	招	奏
梧	抽	渠	累
桐	條	荷	遣
早	枇	的	慼
凋	杷	歷	謝

察	勞	秉	盖
理	謙	直	軻
鑑	謹	庶	敦
貌	勅	幾	素
辯	聆	中	史
色	音	庸	魚

鴈門紫塞雞田
赤城昆池碣石
鉅野洞庭曠遠
綿邈巖岫杳冥

— 28 —

恒	百	丹	宣
岱	郡	青	威
禪	秦	九	沙
主	幷	州	漠
云	嶽	禹	馳
亭	宗	跡	譽

頗	韓	會	假
牧	弊	盟	途
用	煩	何	滅
軍	刑	遵	虢
最	起	約	踐
精	翦	法	土

茂	車	振	高
實	駕	纓	冠
勒	肥	世	陪
碑	輕	祿	輦
刻	策	侈	驅
銘	功	富	轂

墳	左	疑	升
典	達	星	階
亦	承	右	納
聚	明	通	陛
群	既	廣	弁
英	集	內	轉

磻	浮	二	都
溪	渭	京	邑
樓	據	背	華
觀	涇	芒	夏
飛	宮	面	東
驚	殿	洛	西

性	神	逐	雅
靜	疲	物	操
情	守	意	好
逸	眞	移	爵
心	志	堅	自
動	滿	持	縻

存以甘棠去而
益詠樂殊貴賤
禮別尊卑上和
下睦夫唱婦隨

登	藉	宜	篤
仕	甚	令	初
攝	無	榮	誠
職	竟	業	美
從	學	所	慎
政	優	基	終

若	淵	之	似
思	澄	盛	蘭
言	取	川	斯
辭	暎	流	馨
安	容	不	如
定	止	息	松

資父事君曰嚴
與敬孝當竭力
忠則盡命臨深
履薄夙興溫清

遐邇壹體率賓
歸王鳴鳳在樹
白駒食場化被
草木賴及萬方

河	菜	夜	劍
淡	重	光	號
鱗	芥	菓	巨
潛	薑	珍	闕
羽	海	李	珠
翔	鹹	柰	稱

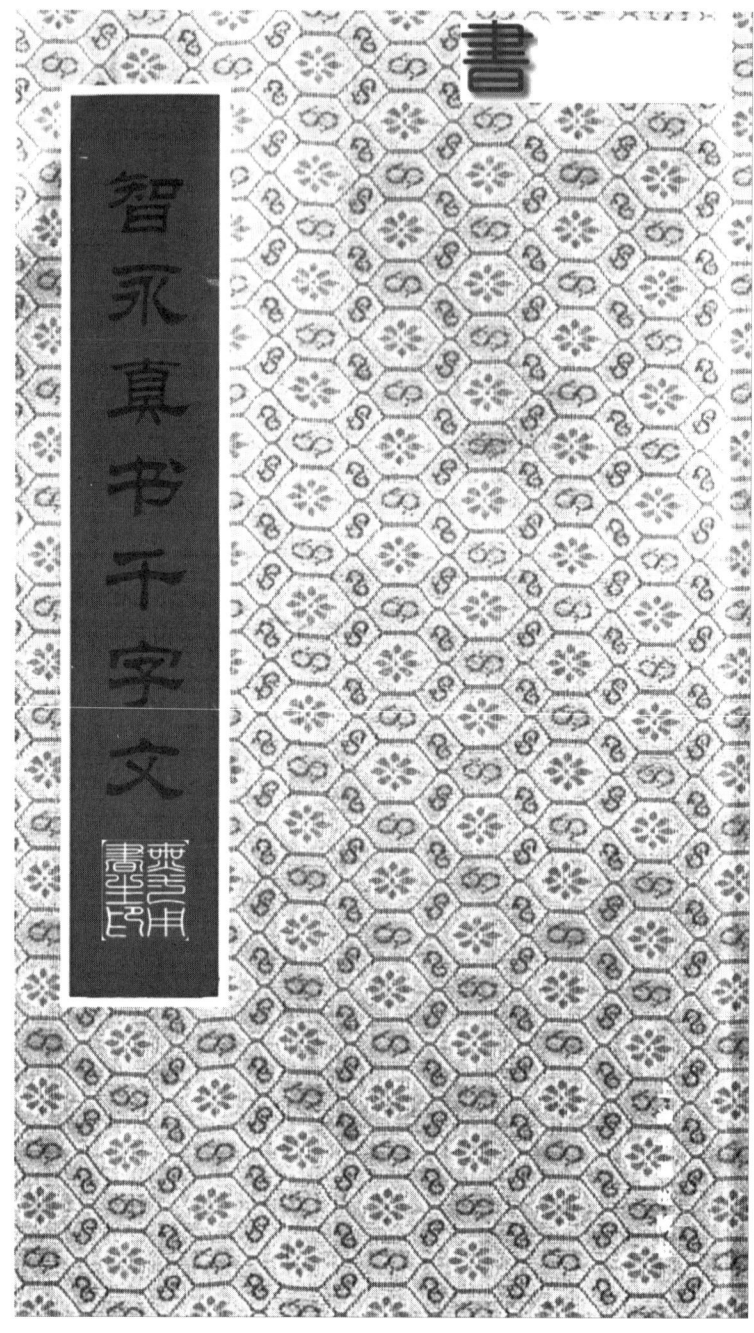

[지영진서천자문]
智永眞書千字文

지영(智永)은 남조(南朝) 진(陳)나라 때의 승려. 속명은 왕(王)씨이다. 왕희지(王羲之)의 7대손이다. 천자문 8백본을 써서 각 절에 한 부씩 보급하였다. 그는 왕희지의 풍격을 계승하여 전통을 이어나갔다. 『지영진서천자문』은 현존 최고(最古) 천자문 판본의 하나로서, 행서에 가까운 해서체를 세필로 쓴 것이다.

숭실대학교 한국문학과예술연구소 학술총서 54

개정판 千字文 註解

초 판 발행 — 2017년 1월 25일
개정판 발행 — 2017년 12월 15일

저 자 — 周興嗣
역주자 — 曹圭百
발행인 — 金東求
발행처 — 명 문 당(창립 1923년 10월 1일)
　　　　서울특별시 종로구 안국동 윤보선길 61
　　　　우체국 010579-01-000682
　　　　전 화 (02) 733-3039, 734-4798
　　　　FAX (02) 734-9209
　　　　Homepage / www.myungmundang.net
　　　　E-mail / mmdbook1@hanmail.net
　　　　등록 1977.11.19. 제1-148호

* 낙장 및 파본은 교환해 드립니다.
* 불허 복제
* 정가 22,000원
ISBN 979-11-88020-36-2　13710